加強判解研究

推進司法改革

肖揚

二〇〇〇年七月一日

2019 年第 3 辑

总第 89 辑

判解研究

中国人民大学民商事法律科学研究中心　主办

王利明・主编

人民法院出版社

图书在版编目(CIP)数据

判解研究. 2019年. 第3辑: 总第89辑 / 王利明主编. --北京 : 人民法院出版社,2019.12

ISBN 978-7-5109-2758-4

Ⅰ.①判… Ⅱ.①王… Ⅲ.①判例-研究-中国-丛刊 ②法律解释-研究-中国-丛刊 Ⅳ.①D920.5-55

中国版本图书馆CIP数据核字(2019)第294512号

判解研究

总第89辑(2019年第3辑)

中国人民大学民商事法律科学研究中心　主办

王利明　主编

责任编辑　兰丽专　陈晓璇

出版发行　人民法院出版社

地　　址　北京市东城区东交民巷27号　邮编　100745

电　　话　(010)67550520(责任编辑)　67550558(发行部查询)
65223667(读者服务部)

客服QQ　2092078039

网　　址　http://www.courtbook.com.cn

E-mail　courtpress@sohu.com

印　　刷　三河市国英印务有限公司

经　　销　新华书店

开　　本　787毫米×1092毫米　1/16

字　　数　227千字

印　　张　14.25

版　　次　2019年12月第1版　　2019年12月第1次印刷

书　　号　ISBN 978-7-5109-2758-4

定　　价　58.00元

《判解研究》丛书编委会

目录 CONTENTS

◇焦点笔谈

◇法学专论

◇案例评析

民商事案件繁简智能分流的实践探索*

姚　辉** 翟　墨***

近年来，人民法院案件数量持续增长，“案多人少”矛盾不断加剧。为科学调配和高效运用审判资源，全面提升司法供给能力，最高人民法院先后制定出台了《最高人民法院关于进一步推进案件繁简分流优化司法资源配置的若干意见》《最高人民法院关于民商事案件繁简分流和调解速裁操作规程（试行）》等一系列规范性文件，鼓励指导全国各地法院积极探索建立民商事案件繁简分流新机制。经过一段时间的改革探索，全国各地法院相继出现了三种民商事案件繁简分流模式，包括人工识别模式、智能识别模式、人工＋智能识别模式。① 其中尤以S市中级人民法院探索出来的民商事案件繁简智能分流模式，充分将大数据技术融入民商事案件繁简分流机制，较好地实现了民商事案件繁简分流的智能化和

* 本文系国家重点研发计划“高质高效的审判支撑关键技术及装备研究”（2018YFC0830300）的阶段性成果。

** 中国人民大学法学院教授、民商事法律科学研究中心主任。

*** 广东省深圳市中级人民法院法官。

① 参见王星光：《立识审三合一的繁简分流模式探究》，载中国知网。该文被评为“最高人民法院深化司法体制综合配套改革重点问题研讨会”优秀论文。

系统化，促进了人民法院审判体系和审判能力的现代化。

一、民商事案件繁简智能分流的目标定位

民商事案件繁简智能分流是应当前人民法院案件数量爆发式增长和审判体系、审判能力现代化转型趋势的一项系统性改革举措。S市中级人民法院从2016年初开始深入推进“繁简分流、简案快办”机制改革，并将改革目标定位于以下三个方面。

（一）更好地满足人民群众多元化的司法需求

人民性是我国司法的根本属性。本轮司法改革的根本目标就是“努力让人民群众在每一个司法案件中感受到公平正义”。正如最高人民法院李少平副院长所言：“人民群众对于不同案件有着不同的司法需求，即对于复杂案件，当事人可能愿意使用相对复杂的普通程序并为此支付较高的诉讼成本；而对于简单案件，当事人对诉讼程序的需求更偏重于及时、便捷、低成本、高效益，不希望因为程序复杂而导致诉讼拖延。”① 因此，根据民商事案件的繁简程度进行智能分流，以便依法快速审理简单案件，严格规范审理复杂案件，就是为了更好地满足人民群众对于“简案快审、繁案精审”的多元化司法需求。

（二）更好地提升人民法院的司法供给能力

由于资源的稀缺性，任何一个国家能够为纠纷解决提供的司法资源都是有限的。特别是在当面我国法院全面推行员额制改革的背景下，更不能寄希望于通过增加编制、人员提升司法供给能力，只能通过深化改革，从制度机制上进一步释放司法供给能力。民商事案件繁简智能分流就是以对案件难易程度进行智能甄别为切入点，通过流程再造、资源重组，实现人、案、程序和管理的最优配置，力争在不增加人员编制的情况下，最大限度地提升人民法院的司法供给能力。

（三）更好地实现人民法院审判体系和审判能力的现代化

党的十八届三中全会决定指出：“全面深化改革的总目标是完善和发

① 参见李少平主编：《〈最高人民法院关于进一步推进案件繁简分流优化司法资源配置的若干意见〉读本》，人民法院出版社2016年版，代序第3页。

展中国特色社会主义制度，推进国家治理体系和治理能力的现代化。”作为代表国家行使审判权的人民法院同样承担着国家治理者的角色。推进民商事案件繁简智能分流改革，不但要完善审判流程、优化司法资源，还要借力信息化和智慧法院建设，全面提升人民法院的司法生成力和参与国家治理的能力，有效缓解人民群众不断增长的司法需求与人民法院司法供给能力不足之间的矛盾。①

二、民商事案件繁简智能分流的实现路径

最高人民法院周强院长多次强调，司法改革和信息化建设是人民法院发展的“车之两轮，鸟之双翼”。S市中级人民法院在推进民商事案件繁简智能分流的实践探索过程中亦坚持一手抓制度创新，一手抓信息化建设，逐步探索形成了一条从机制建构到规则确立，从规则确立到平台开发，从平台开发到综合配套的改革推进路线图，为制度创新与信息化建设在民商事案件繁简智能分流领域的有效契合提供了一条可复制、可推广的实现路径。

（一）机制建构

民商事案件繁简智能分流改革并不仅仅是将案件根据繁简程度一分了之，而是以案件繁简程度区分为基础，对人民法院的审判流程、人力资源配置结构、法官考评制度以及信息化配套支撑等加以系统性的完善优化，进而实现人民法院审判能力和审判水平的整体提升。因此，在推进民商事案件繁简智能分流改革过程中，不可避免地会遇到以下三个机制建构问题。一是案件分流机制问题。主要解决对于民商事案件究竟应当采取简单案件、复杂案件的二分法还是简单案件、普通案件、复杂案件的三分法以及对于不同难度的民商事案件究竟应当交给具有哪些特质的法官进行审理等问题。二是审判业务部门设置机制问题。主要解决是否有必要设置独立的民商事速裁庭集中办理简单民商事案件的问题。三是裁判标准统一机制。主要解决同一类型案件交由不同业务部门办理后，如何确保裁判标准的统一的问题。这些问题都涉及繁简分流的基础性机制建构，只有将这些

---

① 参见邵新：《司法体制改革背景下繁简分流的法理论证》，载《法治现代化研究》2018年第4期。

基础性的机制问题有效解决，繁简分流改革才可能真正地有效落地。

（二）规则确立

民商事案件繁简智能分流改变了人民法院传统分案工作机制，涉及人民法院内部审判管理流程的重新再造，因此，必须通过新的规则确立实现案件流转机制顺畅。从审判流程管理角度出发，设计民商事案件繁简分流工作模式必须有效明确以下三个基本规则：一是民商事繁简案件的甄别规则；二是民商事繁简案件的分案规则；三是民商事繁简案件的退案规则。

（三）平台开发

实现民商事案件繁简智能分流不但需要对人民法院海量案件信息进行分析、提取、标识，还需要对人民法院审理不同案件的法官工作绩效进行量化计算，并对不同类型案件的审理流程、工作机制加以优化再造。这些海量工作的完成仅仅依靠传统的人力分析已经远远不能胜任，必须借助信息技术手段的强力支撑才能得以实现。① 因此，实现民商事案件繁简智能分流，必须建立一个具有可操作性的繁简分流信息平台。

（四）综合配套

任何制度设计都有其自身的体系效应，往往牵一发而动全身。民商事案件繁简智能分流看似只是改变了人民法院传统的人案配置机制，但这种改变已经触动到人民法院内部管理机制的深刻变革，不可避免地产生一系列体系效应。因此，为了应对民商事案件繁简智能分流带来的体系效应，人民法院必须从人力资源配置调整、审判管理机制创新、信息化建设支持等多个方面协同推进，确保案件、人力、技术、管理的综合配套。

三、民商事案件繁简智能分流的机制建构

S 市中级人民法院在推进民商事案件繁简智能分流改革过程中面临的首要问题，就是如何妥当解决案件繁简分流的三个基础性机制建构问题，

---

① 参见高伟、秦洁：《大数据视野下民事案件繁简分流机制研究》，载《深化司法改革与行政审判实践研究——全国法院第28届学术讨论会获奖论文集》，人民法院出版社2017年版。

即案件如何分类、人力如何配置、标准如何统一。

（一）案件如何分类

在民商事案件繁简分流改革实践中，对于民商事案件的分类主要有两种：一种是二分法，亦即将民商事案件分为简单案件和复杂案件两类，其中民商事简单案件交由速裁法官审理，民商事复杂案件交由专业业务庭法官审理。一种是三分法，即将民商事案件分为简单案件、普通案件和复杂案件三类，其中民商事简单案件交由速裁法官审理，民商事普通案件交由专业业务庭的普通法官审理，民商事复杂案件交由院庭长及专业业务庭的资深法官审理。S市中级人民法院在推进民商事案件繁简智能分流改革过程中最终选择了三分法。主要理由如下：

第一，三分法有利于保障“简出效率”。采用“二分法”的人民法院对于民商事案件往往有一个经验判断，就是人民法院占比80%的民商事案件为简单案件，占比20%的民商事案件为复杂案件。对此，S市中级人民法院在民商事繁简智能分流改革过程中曾经做过多次阶段性实验。当该院速裁庭分流全院民商事案件的占比不超过45%时，该院速裁庭法官的平均审理周期一般可以控制在45天以内；当该院速裁庭分流全院民商事案件的占比达到55%时，该院速裁庭法官的平均审理周期将会延长到60天以上；而当该院速裁庭分流全院民商事案件的占比达到80%时，该院速裁庭法官的平均审理周期则会延长到90天以上，亦即超过民事二审案件的正常法定审限。也就是说，在人力资源配置不变的前提下，民商事案件的审理周期与速裁庭办理民商事案件的分流比例明显呈现出正相关。为了确保“简出效率”的改革目标实现，对于民商事简单案件比例的界定一般应当控制在45%左右。

第二，三分法有利于保障人民法院的专业性。近年来，随着经济社会的不断发展，民商事案件的专业性日益突出，人民法院在内部机构设置上也日趋专业化。如S市中级人民法院，除速裁庭外，还有8个民商事审判业务部门分别审理民事、商事、金融、知识产权、涉外商事、房地产、劳动争议以及破产案件。而专业性实际上也是提升司法质量和效率的重要保障。如果将80%的民商事案件交给速裁庭集中进行跨业务领域审理，一方面，会导致8个专业化的民商事审判业务部门的工作量严重失衡；另一方面，反而会降低大量专业化案件的审判质效，背离了民商事案件繁简分流改革的初衷。

第三，三分法有利于保障院庭长办案制度的有效落实。司法责任制是本轮司法体制改革的“牛鼻子”。本轮司法改革特别强调由审理者裁判，让裁判者负责，并且明确规定了院庭长带头办案制度。① 将民商事案件分为简单案件、普通案件和复杂案件，并将复杂案件交由院庭长及专业业务庭的资深法官审理，为落实司法责任制改革当中的院庭长办案制度提供了有力抓手，有助于确保司法责任制改革的真正落地。

（二）人力如何配置

明确了将民商事案件分为简单案件、普通案件和复杂案件的三分法后，实际上人民法院的人力资源配置的基本原则也就可以相应确定，亦即将民商事简单案件交由速裁法官审理，民商事普通案件交由专业业务庭的普通法官审理，民商事复杂案件交由院庭长及专业业务庭的资深法官审理。而司法实践的关键点在于对速裁法官应当采取何种配置管理模式。在以往的民商事案件繁简分流改革实践中，对此主要存在两种模式：一种是分别集中模式。即在人民法院的各个民商事审判业务部门内部设置专门的速裁合议庭负责集中审理各民商事审判业务部门内的简单民商事案件。另一种是统一集中模式。即在人民法院内部设立专门的速裁机构，统一负责集中审理全院各民商事审判业务部门的简单案件。S 市中级人民法院在推进民商事案件繁简智能分流改革过程中最终选择了统一集中模式。主要理由如下：

第一，设立专门的民商事速裁机构有利于统一推进简案快办的各项改革创新机制。繁简分流改革不仅仅是简单案件的集中审理，更是一项涉及审判工作流程再造的系统性改革创新工作。设立专门的民商事速裁机构有

① 《最高人民法院关于完善人民法院司法责任制的若干意见》第 7 条第 1 款规定：“进入法官员额的院长、副院长、审判委员会专职委员、庭长、副庭长应当办理案件。院长、副院长、审判委员会专职委员每年办案数量应当参照全院法官人均办案数量，根据其承担的审判管理监督事务和行政事务工作量合理确定。庭长每年办案数量参照本庭法官人均办案数量确定。对于重大、疑难、复杂的案件，可以直接由院长、副院长、审判委员会委员组成合议庭进行审理。”

助于集中集体智慧，统一探索民商事简单案件审理方式提速的各项改革举措。充分运用“速转、速送、速调、速审、速判、速结”以及“当天立案、当天移送、当庭调解或宣判、当庭制作裁判文书、当庭履行”的“六速五当”简案快办机制，实现简出效率。其功能类似于医院的“急诊科”，对于法律关系单一、事实清楚、权利义务关系明确、争议不大的案件，都可按照“门诊式庭审”的审判方式在专门的民商事速裁机构快速审结。

第二，设立专门的民商事速裁机构有利于人民法院的队伍管理。在过去的民商事案件繁简分流改革实践中，有的人民法院在各个民商事审判业务部门内部设置专门的简案快办团队负责简单民商事案件的审理，此种模式会造成各个民商事审判业务部门对繁简分流、简案快办工作的推进力度不一，体现在庭领导对此相对重视的部门可能推进得较好，而庭领导对此关注不足的部门可能推进缓慢。设立专门的民商事速裁机构可以对全体速裁法官设立统一的工作流程和工作标准，并进行统一考核，有利于提升民商事速裁法官队伍的管理效能。

第三，设立专门的民商事速裁机构有利于加强上下级法院之间的沟通交流。在我国，上下级法院之间存在着审判业务监督指导关系。设立专门的民商事速裁机构，既可以统一上下级法院的民商事速裁机构审理的案件范围，也便于上级法院对于下级法院简案快办工作的监督指导，有利于形成上下联动的简案快办机制。

（三）标准如何统一

传统上，人民法院内部各审判业务部门的设置划分主要是根据其所负责审理的案件审判业务类别设定。其优势在于对于同一类型的审判业务，往往比较容易统一不同案件的裁判标准。而民商事速裁庭的出现打破了原有审判业务部门的设置标准，进而导致同一类型的案件可能分别交由速裁庭和专业审判业务部门分别进行审理。虽然速裁庭审理的案件相对较为简单，但在司法实践中仍然会出现速裁庭与专业审判业务部门存在意见分歧的情形。此外，由于速裁庭需要同时审理多个民商事审判业务细分领域的案件，而民事、商事、知产、房产、劳动等细分领域的审判理念和裁判标准亦存在较大差异，如何让速裁法官可以胜任跨领域的民商事审判业务工作并确保裁判标准统一，也是人民法院面临的一个新的重要课题。为了解决好上述问题，S市中级人民法院在推进民商事案件繁简智能分流改革过程中相继推出了以下三项改革举措：

第一，在速裁庭内部建立完善常见类案裁判指引体系。组织速裁庭审判业务骨干起草制定了十二类民商事简单案件审理要点及裁判标准，细致梳理了各类简单民商事案件的常见请求权基础、基本要素事实及关联规范、常见法律争点及裁判标准，使全体速裁法官可以在较短的时间内胜任跨领域的民商事审判业务工作。

第二，建立速裁庭与专业审判业务庭的业务分歧解决机制。进一步完善S市中级人民法院专业法官会议工作规则，明确规定因繁简分流，案件承办部门在审理案件过程中出现与案件原业务部门裁判指引、相关类案存在不同法律理解适用意见或者遇到新类型、疑难复杂案件时，可以提请召开跨部门专业法官会议。跨部门专业法官会议，由案件原业务部门分管院领导、审判委员会专职委员、庭长（含处长）、副庭长（含副处长）、审判长以及本部门或其他业务部门擅长该业务领域的若干名资深法官组成。

第三，建立关联类案强制检索机制。起草制定《S市中级人民法院进一步加强审判管理监督工作要点》。立足繁出精品，建立“繁案”法律依据及关联类案强制检索机制，实行精细化深度评议，明确要求承办法官应当向合议庭报告检索情况、说明有关法律解释选择、法律漏洞填补问题的主要理论依据及价值判断标准，并记入合议笔录。“繁案”的法律依据及关联类案检索报告，应当作为提请专业法官会议、审委会讨论案件的必备材料。

四、民商事案件繁简智能分流的规则确立

在明确了民商事案件繁简智能分流的机制架构后，接下来需要确立的就是民商事案件繁简智能分流的基本规则。从S市中级人民法院的改革实践来看，实现民商事案件繁简智能分流至少需要明确以下三个基本规则。

（一）民商事案件繁简甄别规则

对于民商事案件的繁简程度进行快速准确地甄别是实现民商事案件繁简智能分流的核心所在。在确立民商事案件繁简甄别规则的过程中，必须考虑如下几个因素：一是甄别的准确性。也就是在规则设置过程中，充分

考虑案件繁简甄别的客观难度，尽可能地通过制度设计提高案件繁简甄别的准确性。二是审理程序的稳定性。任何制度设计都需要在不同价值选择当中进行妥当的平衡。由于民事诉讼的程序具有不可逆性，如果仅仅因为个别案件的繁简识别疏漏而变更审判组织将导致已经进行过的诉讼程序空转，极大地浪费诉讼资源。因此，在设置繁简分流的规则时，必须考虑审理程序的稳定性。三是一、二审程序的差异性。我国民事诉讼制度实行续审制。民事二审程序在很大程度上是民事一审程序的延续，因此，相当一部分普通案件甚至复杂案件经过一审程序之后已经化解了部分争议。也就是说，民商事二审案件的繁简甄别与一审案件明显不同。四是甄别标准的可识别性。在理论上，判断民商事案件繁简的因素非常之多，例如法律关系的复杂性、新颖性，诉讼请求或者上诉请求的数量，诉讼标的的大小，诉辩双方的证据情况，诉讼过程中是否存在程序性申请，案件的社会影响度，甚至是否存在信访投诉情况等。但是要实现民商事案件繁简程度的智能甄别，必须确保甄别要素具有可识别性，亦即我们所确定的民商繁简程度甄别要素必须是可以通过计算机系统自动抓取的要素。五是甄别标准的可配置性。民商事案件审理的难易一方面取决于案件本身的难易，同时也取决于审判主体的司法能力和力量配置，以及该法院辖区的案件类型结构。从目前全国各地法院制定出台的民商事案件繁简甄别标准来看，还没有任何两个法院的甄别标准完全相同，甚至S市中级人民法院辖区的各个基层人民法院的民商事案件繁简甄别标准也不尽相同。但通过对于这些标准的对比分析，我们也会发现，虽然不同法院确定的具体繁简甄别标准有所不同，但是各个法院选定的繁简甄别要素却是大同小异，区别仅仅在于对于配置要素设定的具体标准和组合方式。综合以上考量，S市中级人民法院在对民商事案件繁简进行智能甄别时，确立了如下四个基本规则。

1. 二次甄别规则。为了兼顾繁简甄别的准确性和审理程序的稳定性，S市中级人民法院设置了民商事案件繁简智能分流的二次甄别规则。其中首次甄别放在立案阶段，二次甄别放在法官收案后的五日阅卷期内。如果经过两次甄别，仍然没有准确甄别出案件的繁简情况，则在后续案件审理过程中不再进行繁简标识变更。

2. 双面清单规则。与二次甄别规则相配套，S市中级人民法院为民商事繁简案件的首次甄别和二次甄别分别设置了正面清单和负面清单。其中确定案件繁简程度的正面清单包括一审民商事简单案件甄别要素清单、一审民商事复杂案件甄别要素清单、二审民商事简单案件甄别要素清单、二审民商事复杂案件甄别要素清单四个；负面清单包括一审民商事简单案件剔除要素清单和二审民商事简单案件剔除要素清单两个。

3. 个性化配置规则。为了充分体现一、二审程序和不同法院案件结构的差异性，S市中级人民法院为一、二审民商事案件繁简程度的正面甄别清单设置了十二个常见甄别要素库，可以由各个辖区法院根据自己的审级和案件结构特点进行个性化配置。该十二个甄别要素库分别为：案由配置库、诉讼标的范围配置库、诉讼主体数量配置库、上诉主体数量配置库、诉讼请求数量配置库、上诉请求数量配置库、起诉状字数配置库、上诉状字数配置库、一审案件审理期限配置库、程序性申请配置库、新证据配置库、系列案配置库。各个法院可以根据自身的审级、案件类型结构特点有选择地进行个性化配置。例如：S市中级人民法院对二审民商事简单案件的甄别标准即从中选取了九个要素进行组合配置。一是从案由配置库中挑选了90个常见案由；二是从标的配置库中分别选取了两个组合标准，即合同类纠纷标的额在1000万以下，非合同类纠纷标的额在100万以下；三是从上诉主体配置库中分别配置了两个组合标准，即劳动争议类案件上诉主体数量不超过两个，非劳动争议类案件上诉主体数量不超过一个；四是从上诉请求数量配置库设置了上诉请求不超过五个的上限；五是从上诉状字数配置库设置了上诉状字数不超过3000字的上限；六是从一审案件审理期限配置库设置了一审审理期限不超过一年的上限；七是从程序性申请配置库设置了不包含的选项；八是从新证据配置库设置了不包含的选项；九是从系列案配置库中设置了三宗以上系列案全部推定为速裁案件的标准。需要注意的是，上述标准可以根据该法院人力资源配置情况不断加以调整优化，也可以采取不同组合的形式加以综合配置。

4. 开放性配置规则。如前所述，民商事案件繁简程度的智能甄别，必须确保甄别要素具有可识别性。但是甄别要素的可识别往往取决于一个法院信息化建设的发展水平。例如，当一个法院实现了全流程无纸化办案，那么其通过计算机可以识别的要素一定会比为未实现全流程无纸化办案的法院更高。因此，对于民商事繁简案件的甄别要素配置也需要保持一定的开放性，假使某项要素目前在某个法院没有满足智能甄别的条件，但是仍然可以作为负面清单的选项加以配置，以方便未来具有识别可行性时的系统对接。如S市中级人民法院在设置二审民商事简单案件剔除要素清单时即将非因程序问题被上级法院发回重审、原审证据提交量、存在较大社会影响或信访隐患等目前尚不能完全通过系统自动甄别的要素列入，进而为未来无纸化办案水平的提升和系统之间的对接预留空间。

（二）民商事繁简案件分案规则

在对民商事案件的繁简程度进行智能甄别之后，接下来需要确定的就是民商事繁简案件的分案规则。S市中级人民法院根据民商事案件的繁简程度确定了以下三个分案规则：

1. 民商事简单案件的分案规则。由于S市中级人民法院采取了设立专门的速裁庭集中统一审理民商事简单案件的模式，因此，原则上对于系统自动甄别出来的民商事简单案件，均按照速裁庭每名法官的存案情况加以随机均衡分案。但对于30宗以上的超大系列案，则以合议庭为单位单独加以计算，由系统根据各合议庭的系列案收案总数随机均衡分案。

2. 民商事普通案件的分案规则。对于系统自动甄别出来的民商事普通案件，由于其系按照各专业业务庭的分工进行专业化审理，因此，在分案规则上原则上由系统根据各专业业务庭法官的存案情况加以随机均衡分案。需要注意的是，由于各专业业务庭的资深法官同时需要审理复杂案件，因此，在计算各专业业务庭法官的存案情况时，可以对复杂案件与普通案件的权重系数比例加以配置，如设定一宗复杂存案折抵两宗普通存案。

3. 民商事复杂案件的分案规则。S市中级人民法院规定民商事复杂案件统一交由院庭长及专业业务庭的资深法官审理。因此，系统自动甄别出来的民商事复杂案件，对于院庭长，由审判管理部门的分案人员根据院庭长的存案情况及行政管理事务工作压力进行随机分案；对于各专业业务庭的资深法官，则根据其复杂案件的存案情况进行自动随机均衡分案。

（三）民商事繁简案件退案规则

如前所述，为了提升民商事案件繁简分流的准确性，S市中级人民法院设置了民商事案件繁简智能分流的二次甄别规则。其中首次甄别放在立案阶段，二次甄别放在法官收案后的五日阅卷期内。亦即S市中级人民法院速裁庭法官在收到所分民商事简单案件五日内，如果发现所收案件存在民商事简单案件负面清单列举的情形，如非因程序问题被上级法院发回重审、当事人在二审提交了新证据、当事人在二审提出了程序性申请、案件存在较大社会影响等情况，可以向庭领导报批申请退回案件给审管办（或者立案庭的分案组），由审管办再向各审判业务庭室的普通法官随机分案；审判业务庭室的普通法官在收到案件五日内发现案件属于复杂案件，也可以向庭领导报批申请退回案件给审管办（或者立案庭的分案组），由审管办再向院庭长及各专业业务庭的资深法官随机分案。

需要说明的是，理论上也存在收到案件五日后甚至案件开庭审理后才发现案件繁简程度判断有误的情形，对于此种情况是否需要再次进行繁简标识的调整，实践中存在两种观点：一种观点认为只要履行严格的审批判断手续仍然可以对繁简标识进行调整，但出于审判程序稳定性的考量，可以不再进行退案，而是在法官绩效考核时予以调整；另一种观点则认为，任何事情都不可避免地存在偶发性的例外，只要这种情形存在的概率较低且对法官绩效考核影响不大即可加以忽略。对此，S 市中级人民法院采纳了后一种意见，主要理由如下：

第一，民商事案件繁简程度的判断本身即存在一定的主观性，甚至某个案件对于一个法官可能属于简单案件，但对于另外一个法官却可能属于复杂案件。即使是简单案件，也存在简单程度的差别。因此，对于民商事繁简案件甄别的精确性需要一个度的把握。实践中，通过二次甄别已经可以大概率地实现民商事繁简案件的区分，没有必要为了百分之百地区分案件繁简程度而进行无休止的繁简程度甄别。实际上我们也很难确立一个可以获得百分之百认可度的案件繁简程度区分标准。

第二，民商事案件繁简程度的个别误判不影响当事人的诉讼权利的基本保障。我国现行民事诉讼制度虽然区分了简易程序和普通程序，但亦设置了简易程序向普通程序转换的制度通道，因此，即使对个别案件的繁简程度存在误判，在诉讼程序上亦不会影响当事人诉讼权利的行使。

第三，即使考虑法官工作量的评定问题，民商事案件繁简程度个别误判的问题亦可通过其他配套制度加以解决。例如，如果一个复杂案件被误判为简单案件，在这个案件审理过程中如果确实出现需要提请专业法官会议讨论或者审判委员会讨论的情况，亦可以通过设置相应的提请上会加分规则予以解决。相反，如果对案件的繁简程度甄别进行无限制地追求，会造成法官过于关注繁简标识对于绩效考核的影响，不利于法官队伍的和谐发展。

五、民商事案件繁简智能分流的平台开发

如果说民商事案件繁简智能分流的机制建构和规则确立是实现民商事案件繁简智能分流的基石，那么民商事案件繁简智能分流的平台开发则是民商事案件繁简智能分流得以实现的主体架构。结合S市中级人民法院的改革实践，我们认为，建立一个完整的民商事案件繁简智能分流平台至少需要以下五个功能模块。

（一）繁简案件甄别标识模块

繁简案件甄别标识模块在本质上系对人民法院审判业务管理系统当中的案件数据进行加工整理和分类标识。如前所述，民商事案件的繁简判断具有审级差异性、案件结构差异性，并受到审判力量的配置、能力以及有关法院信息化发展水平的影响，因此，在对民商事繁简案件甄别标识模块进行设计时，宜采取组合要素配置模式。即对影响民商事案件繁简程度的要素尽可能地进行要素化细分，并根据各个法院有关判断要素的特点情况自由设置要素标准，进而确保繁简案件甄别标识模块的广泛应用性。① 对于给定条件下系统自动甄别出来的民商事简单案件可以用“速”字标识，对于系统自动甄别出来的民商事复杂案件则可用“繁”字标识（如下图）。

简案标识图例：

已缴 速	（2017）粤03民终380号	买卖合同纠纷

繁案标识图例：

已缴 繁	（2017）粤03民终354号	名誉权纠纷

① 具体配置方式可参见本文第四部分“民商事案件繁简智能分流的规则确立”当中关于“民商事案件繁简甄别规则”的介绍。

（二）繁简案件工作量计算模块

民商事繁简案件智能分流将传统按照各审判业务类别进行分案的模式变更为以案件繁简程度为主、业务类别为辅的分案模式。其也造成了之前可以通过繁简概率大致相当解决的法官工作量评定问题必须转变为对繁简工作量的精确评定。因此，民商事案件繁简智能分流平台除了数据加工整理功能之外，还必须承担一定的数据计算功能。这就需要引入权重系数概念，对于不同业务类别、不同程序的民商事案件根据其繁简程度设置不同的权重系数，从而更加精确地解决不同案件工作量的可比性问题。例如S市中级人民法院即为此设置了较为细致的民商事繁简案件权重系数表：

表1　S市中级人民法院民商事繁简案件权重系数表

案件类别	繁简程度	权重系数	繁简程度	权重系数	繁简程度	权重系数
民事案件	简单	0.33	普通	1	复杂	2
商事案件	简单	0.36	普通	1.1	复杂	2.2
知识产权案件	简单	0.26	普通	0.8	复杂	1.6
涉外商事	简单	0.4	普通	1.2	复杂	2.4
房产	简单	0.3	普通	0.9	复杂	1.8
劳动争议	简单	0.23	普通	0.7	复杂	1.4
破产	简单	10	普通	20	复杂	30

（三）繁简案件分案模块

民商事繁简案件分案模块本质上属于人民法院进行审判流程管理的操作平台。其主要解决两个问题：一是不同业务类别的民商事繁简案件应当由系统自动或者分案人员手动分给哪个审判业务部门的哪个法官；二是自动分案的量化逻辑问题。由于其内在机理已在前述民商事繁简案件分案规则部分加以阐明，这里就不再赘述。

（四）繁简案件退案模块

民商事繁简案件退案模块本质上亦属于人民法院进行审判流程管理的操作平台。其主要包括退案发起、退案功能锁定、退案事由选择、退案审批四个子功能模块。S市中级人民法院开发的繁简案件退案模块将退案发起的权限配置给案件承办法官，将退案功能锁定时间设置为承办法官收案后的五日以内，锁定比例设置为收案总量的10%，将退案事由以负面清单的形式列出，将退案审批权限配置给了承办法官所在部门的负责人。

（五）统计分析模块

在进行民商事案件繁简分流改革之前，人民法院对民商事案件进行司法统计的维度主要是案件的审级和类别。随着民商事案件繁简分流改革的推进，为了更好地检验和优化民商事案件繁简分流改革，有必要根据繁简分流改革的特点，建立专门的民商事案件繁简分流统计分析模块，实时显示各法院各部门以及各个法官繁简案件的旧存、新收、已结、未结情况，不同难度案件的审理周期、立案周期、分案周期、排期周期、庭前准备周期、裁判周期、判后送达周期、结案归档周期以及上诉移送周期等效率指标、不同难度案件的二审案件发改率、生效案件发改率等质量指标以及不同难度案件的调撤率、服判息诉率等效果指标。

六、民商事案件繁简智能分流的综合配套

民商事案件繁简智能分流看似只是改变了人民法院传统的人案配置机制，但这种改变已经触动到人民法院内部管理机制的深刻变革。S市中级人民法院的改革实践表明，深入推进民商事案件繁简智能分流必须加强综合配套改革，确保案件、人力、技术、管理的协调推进，全面提升人民法院审判体系和审判能力的现代化水平。

（一）人力资源的综合配套

民商事案件繁简分流改革旨在实现人案资源的优化配置。从人力资源配置角度出发，关键在于如何为办理不同难度案件的审判组织配置适宜的法官和司法辅助人员。

对于办理简单案件的速裁法官团队而言，实践中有两种配置模式：一种是统一配置青年法官模式，亦即由法官任职年限一般在三年以内的法官

专职负责审理简单民商事案件。[①] 一种是以老带新模式，亦即各速裁合议庭的审判长由原专业审判业务部门的资深法官担任，速裁合议庭的普通法官由法官任职年限一般在三年以内的法官担任。S市中级人民法院经过深入调研采取了后一种模式，主要理由如下：

第一，速裁法官采取的是一种跨业务领域集中审理模式。而以往的司法实践中，某个法官熟悉某一专业审判领域往往需要三到五年的时间。对于熟悉某一审判领域的法官而言属于简单案件，对于不熟悉这一审判领域的法官来说却可能属于普通甚至复杂案件。因此，对于速裁法官团队的人力资源配置必须考虑跨审判领域这一实际特点，保障每个速裁审判团队至少有一名较为资深的法官。

第二，速裁法官办理了全院接近50%的民商事案件。如果速裁法官队伍的审判能力不足，很容易导致人民法院相当比例的案件质量出现问题。而本轮司法改革的一个重要目标就是让人民群众在每一个司法案件中感受到公平正义，如果对于相当简单的民商事案件仍然无法保障案件质量，其对司法公信力的伤害将会更大。

第三，速裁法官的收案范围包括人民法院绝大部分系列案件，这些系列案件之所以被视为简单案件，主要原因在于其比相同数量的民商事单案审理的工作量要小，但并不意味着这些系列案本身的审理难度较小，甚至很多系列案往往都是社会影响较大的案件，因此，对于速裁法官队伍的配置不宜简单追求年轻化。

此外，繁简分流改革所影响的人力资源配置，除了法官之外还有司法辅助人员。所谓简单案件，主要是指司法判断权的行使相对简单，但是案件从立案、分案、庭前准备到开庭审理、合议裁判、结案归档各个阶段涉及的程序性工作几乎没有减少。因此，S市中级人民法院考虑到速裁法官的人均结案数基本可以达到其他专业审判业务部门法官人均结案数3倍的实际情况，对速裁审判团队的司法辅助人员配置采取了不低于1∶2的配置比例，远远高于其他专业审判业务部门法官司法辅助人员1∶1的配置

---

① 参见黄祥青：《深入推进案件繁简分流制度的基本思路与方法》，转引自法影斑斓微信公众号，微信推文标题为《简案快审、难案精审、普案简审，破解人案矛盾三个关键》。

比例。

（二）技术支持的综合配套

民商事案件繁简智能分流本质上是对人民法院审判业务数据的系统重构。但巧妇难为无米之炊，一个法院民商事案件繁简智能分流水平的高低在很大程度上取决这个法院信息化建设的发展程度。特别是以下几个关键环节：

第一，审判业务系统案件流程信息设置的精细化程度。在司法实践中，影响民商事案件繁简程度甄别的案件流程信息主要包含案由、诉讼标的、诉讼主体数量、上诉主体数量、诉讼请求数量、上诉请求数量、一审案件审理周期、程序性申请情况、系列案情况等，只有人民法院的审判业务系统对于上述案件信息配置了录入选项，才有通过计算机系统提取上述信息的可能性。

第二，审判业务数据录入质量。在司法实践中，虽然很多法院已经开发了精细化程度较高的审判业务系统，但是由于种种原因，存在审判信息节点无人及时录入或者录入质量较低的问题，导致审判业务数据质量较低，甚至无法使用，进而影响了对民商事案件繁简程度的准确甄别。

第三，全流程网上办案发展水平。影响民商事案件繁简程度甄别的要素除了案件流程信息之外，还有起诉状字数、上诉状字数、程序性申请情况、证据页数、新证据情况、原审判决情况等案件实体信息。这些实体信息的抓取除了需要依靠现代语义识别技术之外，还取决于有关实体信息是否能够在办案过程中实时扫描上传录入到人民法院的审判业务系统当中。因此，一个法院全流程网上办案的发展水平实际上决定了其可以通过计算机系统抓取分析信息的边界范围。

（三）审判管理的综合配套

民商事案件繁简分流打破了原有审判业务部门架构和案件分配的基本规则，亦对人民法院的审判管理带来了诸多挑战。为此，S 市中级人民法院从以下三个方面深化审判管理改革，加强综合配套。

第一，建立了繁简分流制度架构体系。S 市中级人民法院推行繁简分流、简案快办机制改革以来，先后起草制定了《全市法院繁简分流简案快办机制改革实施方案》《S 市中级人民法院关于推进繁简分流简案快办机制改革的指导意见（试行）》《S市中级人民法院简单案件和复杂疑难案件立案识别分流标准》《S市中级人民法院关于基层法院简单民事案件速裁的标准化流程指引》《S市中级人民法院简单民事案件速裁的标准化流程指引（试行）》等一系列制度流程规范，为实现民商事案件繁简智能分流提供了较为坚实的制度基础。

第二，建立了审判绩效量化评价体系。近年来，S市中级人民法院不断优化完善审判绩效考核制度，结合繁简分流改革，修订完善了《S市中级人民法院审判绩效量化计算办法》，分别设置了基础案件权重系数体系、程序案件权重系数体系和繁简案件浮动系数体系。有效解决了办理不同类型、不同繁简程度案件法官工作量的可比性难题。

第三，建立了审判资源动态调配机制。针对繁简分流改革对于原有专业化审判业务部门人员及工作量的影响，S市中级人民法院逐步完善了与审判态势相适应的审判资源动态调配机制，以各类案件权重系数体系为支撑，起草制定了《S市中级人民法院人案动态平衡调配暂行规则》，实行常态化案件调度分流。探索适度打破业务庭界限的“大审判”业务格局，将十三类常见二审案件在两个刑事审判庭之间随机均衡分案，六类常见民商事案件在各专业民商事庭间进行跨部门均衡分案。结合繁简分流、跨部门分案等情况，对全院各审判团队进行调配、重组，促进同类审判庭之间合议庭、法官数量相对平衡，人案配比更加合理，解决了长期以来存在的部门规模失衡、管理负担悬殊、人案平衡难以兼顾等审判管理难题。

结　语

综合以上分析，我们认为，民商事案件繁简分流改革是对实现人民法院审判能力和审判体系的现代化意义重大的一项系统性改革。推进民商事案件繁简智能分流，必须遵循机制建构、规则确立、平台开发、综合配套的实现路径系统推进，努力实现制度创新与信息化建设的协调并进，进而更好地满足人民群众关于“简案快审、繁案精审”的多元化司法需求。判

（本文仅代表作者个人观点）

繁简分流实践与若干技术问题的思考[*]

甄　峰[**]

案件繁简分流是最高人民法院大力推进的一项实践性工作，对于优化司法审判资源配置，提高审判效率，缓解基层法院人少案多的现状，促进司法公正和减少当事人诉讼成本有积极意义。自《最高人民法院关于进一步推进案件繁简分流优化司法资源配置的若干意见》(法发〔2016〕21 号，以下简称《意见》) 发布以来，在案件繁简分流操作流程标准化，繁简分流实践与探索方面获得较快进步，为该项举措逐渐成熟奠定基础。

在实践过程中，由于区域差异，案由与案情等判断要素的多样性，实际操作流程与构想的偏差，以及统计与大数据方法的引入，形成了诸多实际问题，特别是在以提高审判效率和提高司法透明度为主旨的人民法院信息化进程中，尤其需要关注实践与技术之间的均衡。本文拟就其中的部分关键问题展开讨论，特别是如何理解实践经验和繁简智能分流技术间的矛盾问题，以期推动

* 本文系国家重点研发计划“高质高效的审判支撑关键技术及装备研究”(2018YFC0830300) 的阶段性成果。

** 中国人民大学统计学院、应用统计科学研究中心副教授。

繁简分流相关研究和信息化进程。

本文结构如下：第一部分讨论繁案和简案的定义问题；第二部分在明确定义的相对性之后，引入繁简分流的一般流程；第三部分就判断流程中的关键因素，即人、证、事、法基本要素进行讨论；第四部分则从智能化的方法角度介绍繁简分流技术的思维逻辑和面临的问题；第五部分就其他一些关键点展开讨论；最后总结全文。

一、“繁”与“简”的相对关系

案件繁简分流虽然是立案阶段一个非常明确的案件处理行为，旨在推动案件按照“繁”和“简”的特征进入不同审理程序，但仔细探究，“繁简分流”并没有统一的定义，其中的“繁”和“简”也没有形成统一的标准。如何定义“繁”和“简”本身是一个值得思考的问题，即什么是“繁案”，什么是“简案”。

从《意见》的第1条“遵循司法规律推进繁简分流”来看，最高人民法院强调通过案由、法律适用和社会影响来选择适当的审理程序审理案件，“当简则简，繁简得当，努力以较小的司法成本取得较好的法律效果”。《意见》和相关文件并没有对“繁简”进行标准化或定义，而是一种体现主观能动性，在繁简之间寻求均衡，保持审理效果和司法成本间平衡的态度。这一态度既是对现状的一种探索，预留了能动空间，也体现了这一对概念的相对性。

本文认为概念非常重要且相对稳定，应来源于充分的实践，不必急于形成，但以下三组概念间的对应关系值得重视。

一是“繁案”与“简案”。该组概念直接来源于对“繁简分流”的字面理解，即分流之后形成两类案件，“繁案”与“简案”。“繁案”即相对复杂或办理比较繁琐的案件；“简案”则是相对简单或办理难度较小的案件，但二者并没有明显的界限，在不同地区、不同法院、不同法官判断下可能有不同的结果。从操作流程看，该组概念可以与如下的“普通程序”和“简易程序”相对应。

二是普通程序与简易程序。[①] 普通程序即人民法院按照一般的立案庭审程序予以审理和结案。简易程序则在此基础上，根据不同的案由和法律适用，由相应法律或最高人民法院相关规定，确定可以进入简易程序的条件。如《民事诉讼法》第 133 条规定了人民法院对受理案件可以“根据案件情况，确定适用简易程序或者普通程序”；第 157 条则规定：“基层人民法院和它派出的法庭审理事实清楚、权利义务关系明确、争议不大的简单的民事案件，适用本章[②]规定。”又如最高人民法院对一审行政案件，按照“基本事实清楚、法律关系简单、权利义务明确”的属性规定了适用简易程序的条件和流程。[③] 这些法条和文件从案由、举证、审理、移交、结案等程序上将该组概念进行了区分，确立了不同程序的可操作性。

从实际操作看，可以将案件繁简分流后的“繁”和“简”分别对应案件审理的“普通程序”和“简易程序”，即如果进行案件的繁简分流，进入普通程序审理的案件可以被视为“繁案”，进入简易程序审理的案件则是“简案”。这样对照的优势是将不清晰的概念流程化，即以相关法条和最高人民法院的相关文件为依据，将“繁简分流”落地，使得“繁案”与“简案”具有可操作性。其劣势则在于由于地区差异、时间差异、分案差异、法官能力差异等因素的存在，类似案件可能进入不同的审理程序，特别是不同地区根据案件数量和法官员额确定的繁简分流参考比例具有较大差异时，将放大这种不一致。

从基层实践看，可以引入第三组概念，即复杂案件与简单案件。该组概念与以上两组概念可以基本对应，但在实践中略有区别。基层法院速裁庭按照经验或程序对案件进行繁简分流后，法官在深入了解案件时，会有部分案件有悖一般繁简分流的判断标准。以标的额为例，某些标的额不大

---

① 2018 年 10 月 26 日，《全国人民代表大会常务委员会关于修改〈中华人民共和国刑事诉讼法〉的决定》对我国《刑事诉讼法》作出部分修改并生效，新增了一节“速裁程序”。从繁简分流服务主体看，民商事案件和行政案件数量较大；从基层人民法院成立速裁庭或速裁组的实践看，旨在推动简易案件进入简易或速裁程序。这里暂不讨论速裁程序，或可将速裁视为对“简案”的一种处理。

② “本章”即《中华人民共和国民事诉讼法》第十三章“简易程序”。

③ 《最高人民法院关于开展行政诉讼简易程序试点工作的通知》（法〔2010〕446 号）。

的民间借贷，由于当事人的态度和情绪，按照简易程序审理可能会带来较差的效果，或存在潜在的过激行为或信访风险，反而成为复杂案件。相反，一些标的额巨大的经济纠纷，由于事实清楚，实际上则是较为简单的案件。这些特殊因素往往是文本经验和信息化标准难以判断的因素，需要通过法官经验和当事人交流对个案进行判断。其结果则是基层法院实际操作中，部分“繁案”可以使用简易程序轻松应答，而看似“简案”的部分案件则需要走普通程序，甚至成为普通程序中的棘手案件。

由此可见，案件繁简分流中的“繁”与“简”本身是一对相对概念，难以准确定义或用统一标准衡量，这对利用统计方法和计算机软件系统实现案件繁简智能分流带来挑战。实践中可以将其与普通程序和简易程序相对应，实行繁简分流结果与审理程序的对照，一定程度上解决标准不一致问题，有利于构建繁简分流的标准化信息系统。

二、繁简分流的流程设计

在明确定义或标准后，案件繁简分流需要一套标准化流程作为基本参照，推动基层法院案件处理流程规范化，提升案件繁简分流的标准化和一致性。最高人民法院信息中心于2019年9月发布了《人民法院繁简分流和速裁案件办理平台业务规范指引》和《人民法院繁简分流和速裁案件办理平台技术规范指引》（以下简称《两个指引》），向案件办理标准化和规范化迈出重要一步。其中涉及案件繁简分流的业务流程设计可概括为图1的基本流程。①

参照该流程设计和《两个指引》，案件繁简分流的基本流程包括调解和分流。诉前调解需要法官（调解员）介入，调解成功则撤诉，调解不成功则进入繁简分流程序。繁简分流可以由法官人工判断，也可以先由系统

① 图1引用了《两个指引》中“人民法院分调裁平台业务流程”关于“繁简分流”的部分，突出了“繁简分流”作为一个独立判断系统，并对其内容进行了优化设计。优化体现在如下方面：一是将“互联网立案”改称“起诉”，因为诉前调解结果存在当事人不起诉或撤诉的处理方式，法院存在不立案和立案的不同情形；二是将“繁简分流”的结果对照关系标准化，即“简案”对照“简易程序”，“繁案”对照“普通程序”，而不使用“简单案件”和“复杂案件”的表述；三是增加简易程序向普通程序转换的可能性路径。

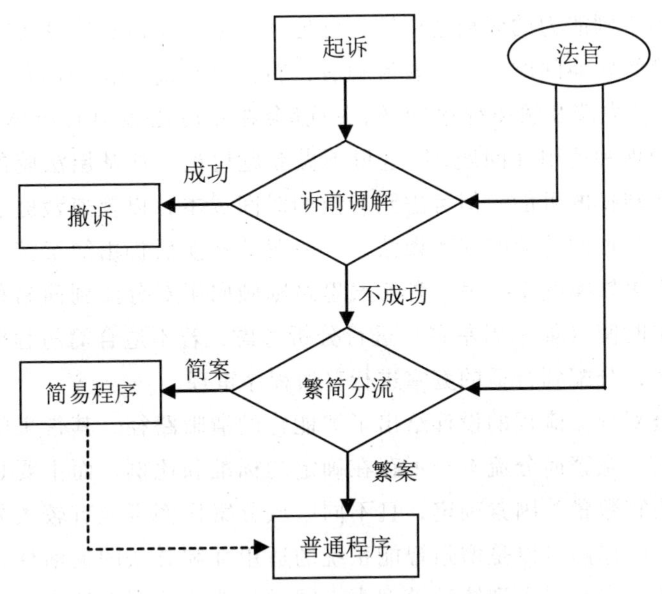

图 1　案件繁简分流业务流程示意图

按照算法推荐，再由法官确认。结论判断为简案的走简易程序，实现快速裁判，结论为繁案的进入普通程序。进入简易程序的案件，法官仍可依据案情和经验判断是否需要转入普通程序。

从实践来看，基层法院已积极引入诉前调解和繁简分流程序，大力推动人民调解工作室和速裁庭等机构的建设。进入繁简分流流程后，基层法院一般会由速裁庭或相应法官对案件进行逐一判断，按照本级法院或上级法院建议的繁简分流比例进行分案，并将简案交由速裁庭法官办理，繁案交由相应审判庭室分案办理。

这里涉及两个问题：一是分案比例问题，即多大比例的案件分为简案或繁案。该问题主要由案件数量和法官员额决定，并与年度考核有密切关系，一般由中级人民法院给出建议比例。经济发达地区繁案比例较低，中西部地区繁案比例相对较高。如东部沿海某地由于经济发达，经济活动和社会纠纷较多，案件数量较大，案件的相似度较高，处理流程较为成熟而当事人争议较少，因此将繁简比例定在 1∶9 的水平。西部地区的案件繁简比例则有 2∶8、3∶7 和 4∶6 等不同比例。不同比例的设置符合当前司法案件数量和审判能力的区域适应性，也是《意见》所留有的灵活空间。①

二是简繁转换问题。从一般流程看，转换是从简易程序向普通该程序转换，② 这首先涉及法律程序问题，一般会在相应法条中有所体现；③ 还涉及价值伦理和适用性问题，④ 这里不做专题讨论。从基层法院的实践操作看，存在转换的可能，但考虑到转换的时间成本，以及速裁庭法官一般由各审判庭室抽调轮岗的现实做法，一般案件转换后仍由简案接收法官继续办理，不再转换庭室。另一种实践思路则倾向于对分流到简易程序的案件给予一定时间（如一周左右）进行分析考虑，若不适合简易程序，则退回重新分案，分配到合适的庭室进行普通程序审理。

案件繁简分流流程的设计给出了智能化的清晰路径，其带来的挑战也显而易见：一是繁简分流本身不存在确定的标准和比例，而主要是根据案件数量和法官数量等因素确定，且不同区域分案比例可能有较大差异。解决这一问题的思路可以是增强智能系统的适用性和方法的灵活性，将分案比例作为重要参数引入到统计模型中，同时又能灵活调整该参数，以适应不同法院的需求。二是简繁转换一般不会有特殊标记，从事后的裁判文书来看并没有显著区别，而该类案件的标记是智能化理解如何处理繁简交界区域案件的重要样本。这一问题的处理需要投入较多的成本进行人工标注。

三、繁简分流的判断要素

案件繁简分流的判断要素主要是“人、证、事、法”四个维度，信息

---

① 参见胡仕浩、刘树德、罗灿：《〈关于进一步推进案件繁简分流优化司法资源配置的若干意见〉的理解与适用》，载《人民司法》2016年第28期。

② 《最高人民法院关于适用〈中华人民共和国民事诉讼法〉的解释》第260条规定，已经按照普通程序审理的案件，在开庭后不得转为简易程序审理。其留有的灵活空间即进入普通程序案件在开庭前，排除不可转换的规定情形后，承办法官经过考量可征求当事人意见，各方均自愿表示同意后，经人民法院审查同意的可转为简易程序，但环节较多，效率不高，应用较少。

③ 关于不同国家和地区民事简易程序向普通程序转换问题的讨论，可参见许少波：《论民事简易程序向普通程序之转换》，载《法学评论》2007年第5期。

④ 参见李明：《论普通程序简易审与简易程序普通审》，载《国家检察官学院学报》2004年第9期。

化和智能化判断需要在大量案件数据的基础上，从四个要素角度提取标准化信息，进而对案件的繁简程度进行量化和分类。

从初步判断看，“人”主要指当事人的基本信息，可以从其提交的起诉材料或立案信息中获取，包括姓名、年龄、身份证号码、地址等，以及以单位形式出现的名称、社会信用代码等，① 进而可以判断当事人的多少和特征分布，该类信息相对容易统一格式和量化。“证”主要指起诉材料中提供的证据，该类信息的规范性较差，因为证据多种多样，不同案件包含的证据数量和种类都有较大差异，且证据的提供方式多种多样，不仅仅限于文字，即便文字证据一般也没有统一的书写规范。“事”主要指当事人对争议的描述和诉求，主要体现在起诉书上，虽然标准化较差，但信息相对集中，容易进行文本处理。“法”则主要指案由，相对较为明确，是当前基层法院繁简分流的主要参考要素。

初步信息在立案阶段即可获得，可对案件的繁简程度进行初步判断和分案。从精确判断角度看，四个要素又各自可进一步引申，对于实践中判断繁简程度有更重要的意义，但也存在标准化难度大、相关信息往往在事中和事后发生等问题，需要把握好边界。

“人”的信息可以进一步扩展到当事人沟通所体现出的当事人的精神状态，进而判断相关程序和可预期后果对当事人态度和行为的影响，在基层法院实践中有重要参考价值。承办法官了解案情后首先与当事人沟通，并依照沟通情况判断案件的进展和难度，一般情绪波动大，有偏激行为的当事人相关案件处理起来会非常谨慎。该类信息是事中发生的信息，且感性因素大，难以量化到繁简的判断因素中，但却对繁简分流，特别是由简易程序转普通程序有重要影响。另一类“人”的信息则是外围信息，即由人的身份属性连接其社会行为数据，如信用记录、信访记录，乃至其通过网络可以查询的股权关系、交易、买卖、社交等诸多行为信息，属于“大数据”范畴。该类信息在虚假诉讼中更为重要，是依靠“大数据”进行个体行为判断的基础。其应用难度在于如何把握好合法的边界，即在当前关于网络数据和个人隐私信息保护与使用相关立法滞后的背景下，如何做到

① 广义上将可以将人的信息扩展到当事人相关机构的信息，即和当事人有关联的机构单位信息，如公司企业的相关信息。

既能够辅助智能办案系统，又能够充分尊重个人隐私，把握好边界，不过度提取个体信息。

“证”的延伸则在于起诉阶段可以不提交证据，在立案和庭审阶段均有相应的时间准备和提交证据。从繁简分流角度来看，事后提交的证据无法进入事先的分案判断，即便可以引入新的证据信息作为判断繁简转换的依据，但已进入庭审阶段再转换程序有较高的时间和程序成本，实践中非特殊情况一般不会转换。

“事”是判断案件繁简的主要依据，其事件描述不会有大的变化，诉求一般也比较稳定。相对而言，“人”和“法”的初步信息更加标准化，对智能化判断的结果影响较小。如何在起诉书中提取关键信息，形成判断繁简的事由依据具有决定作用。其难点在于汉语语言的多样性，① 对于大段文本的信息提取和分析有较高难度。这是智能化相关技术突破的难点和重点。

“法”在案由基础上的延伸主要体现在法律适用上，其内容也相对稳定。智能化判断主要是基于案由，从两个途径展开：一是法律条文有明确规定适用程序的案由，则需要严格遵照其规定进行分案。二是引入历史判案信息，就同类案由的审判难度和结果进行归类和判别，进而推荐为繁案或简案。该要素的另一个能动性则体现在法官个人经验的附加，可以直接复合审判经验和个人对法条适用的理解，这是智能化所无法覆盖的部分。

从要素的逻辑关系看，经验分流和智能化分流的参照顺序有所不同。实践中，人工分案往往是按照“法——→事——→证——→人”的顺序进行接触、理解和处理。首先是判断案由，确定是否有法律规定的程序适用；而后结合起诉书的陈述，了解事实和诉求的复杂性；进而引入证据，但很可能是缺失的或不完备的；而后再联系当事人进一步确认案情的复杂程度。该过程的优势是可以结合各个要素综合判断，但投入的人力较大。智能化判断的逻辑是按照“人——→证——→事——→法”的顺序展开，即首先读取标准化信息，就当事人的基本情况做判断，而后读取证据名目、数量和内容，进而对起诉书进行信息分解和文本提取，同时核对案由和依据历史信息判断法律适用等，进而得出繁简的分流方向。其优势是速度快，也可看

---

① 民族地区的民族语言使用也存在类似问题。

作是同时展开，但问题是很难兼顾立案到庭审过程中的证据变化和人的能动因素，可逆性较差。

四、繁简分流的统计思维

利用智能化方法实现案件繁简分流的批量处理，提高案件处理的效率，其实质是利用统计方法处理案件信息，包括历史案件信息和待分流的案件信息，实现历史案件作为分类参考，进而对待分流案件给出繁案或简案的分类建议。其优势是能够批量处理大量案件，并在一定区域内各个基层法院实现同一标准判断和分案，提高办案标准化和审判效率。

案件繁简分流的基本统计思维可以用聚类和判别的思想予以概括。首先是实现案件分类，主要是学习历史案件，提出分类的要素或变量，并给出分类规则。图 2 将分类的问题简化到一个二维平面图形中，假设每个点是经过标准化的案件，共 31 个，由两个维度的变量予以表达。统计方法可以提供的处理是在选定一种算法之后，可以计算各个点之间，以及点与类之间、类与类之间的距离，进而提供一种从 31 类（每个点是一类）到 1 类（所有 31 个点是 1 类）的所有分类可能。繁简分流一般要求分为两类，则统计方法可以提供分为 I 类和 II 类的案件组成，相当于形成一个无形的边界。

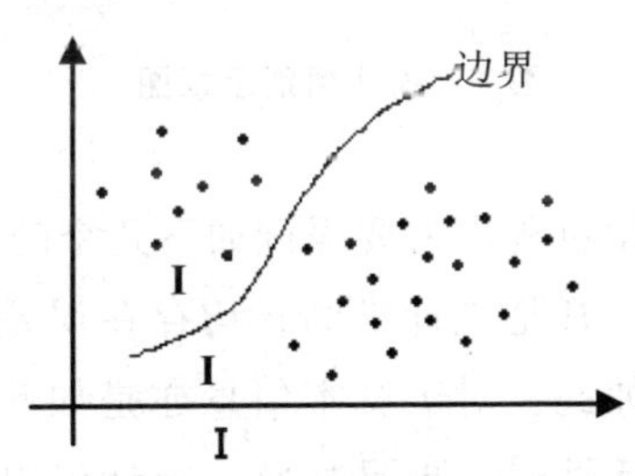

图 2　统计分类示意图

统计方法只是解决问题的一种工具，它在如下方面具有灵活性，需要使用者予以平衡：一是算法问题。适用于同一类数据的计算方法往往有很多种，且各有其优劣。选择哪种算法本身是一个问题，且不同算法可能有不同的结果。二是分几类问题。统计方法提供一个量化过程，可以将点分为从 1 类到 31 类的所有分类情形，选择分为几类则需使用者判断。当然繁简分流较为明确，一般分为两类，这引出了第三个问题，即误差问题。凡是统计推断均有误差，表现在图2上即越接近边界的点，其归入本类而不归入另一类的误差越大。图2只是一种理想的示意图，实际则可能是成千上万个点毫无规律地排列在一起。

其次是判别归类问题，即对于批量处理的新立案案件，按照上一步给出的规则，将其分为繁案或简案，进而进入不同的审判程序。图3可以简化说明判别问题。假设新案件可以描述为A、B、C共3个点，案件繁简分流即将其归为第I类或第II类的问题。按照上一步给出的规则，可以明确给出A和B属于第I类，而C属于第II类。这一步仍具有不确定性。一是一种判断与其算法相关，改变算法可能得到不同的分类结果。二是3个点均有归入另一类别的可能性，可理解为误判概率。其中B的误判概率较大，A和C的误判概率较小，即越靠近边界误判概率越大。

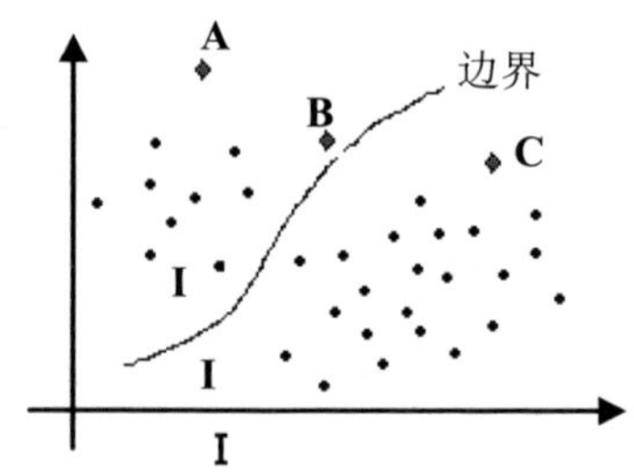

图3　统计判别示意图

案件繁简分流智能化过程中需要强调如下几个问题。

一是对误差的理解。凡是统计推断，均存在误差，也不存在绝对好的算法。这对于数字信息如此，对于文本信息亦是如此，特别是当分类标准本身不明确或有较大灵活性时，更是如此。统计仅提供一种解决问题的方法和工具，使用这种工具首先要对其误差有充分的理解。

二是对数据量的要求。统计分析是基于大量数据寻找规律，进而按照既有规律解决问题。一般而言，数据量的增加可以有效提高效率，减小误差。就案件繁简分流来看，首先是基于大量历史案件信息作为一个样本，建立繁简分流的规则，进而是对待分类新案件按照规则进行归类。由于各基层法院或中级人民法院对于繁简分流的比例有不同的经验规定，为数据选择带来困难。如果充分考虑不同基层法院的特性，需要针对各基层法院的判案历史数据建立模型，但基层法院的案件量相对较小，建模误差较大。如果基于高级人民法院的历史数据建模，提高了模型的准确性，但其对各基层法院的适应性将会降低。

这里还要避免另外一个极端，即对方法的不信任。统计方法是基于样本数据得出的规律进行推断的，有时会与人的直观判断有明显出入。此时既不宜盲目否定方法，也不宜盲目改变经验观点。从统计方法看，可以进一步检验样本数据的代表性，如果其与待分类案件属性类似程度较高，对于大批量结果应该选择相信方法。经验观点则针对个案更有效，总有一定比例的个案需要特殊处理，但并不影响大量案件对一般规律的遵从。

三是数据的标准化问题。案件繁简分流的基础数据多是文本数据，其应用方法前的第一个难点是数据的标准化，即能够在不同案件，不同文本和不同表述中，发现并规范提取类似信息构成分析变量，进而参与到统计计算中。可以考虑的解决方法是采用要素式文书，或表格式文书，[①] 将可提取信息尽量标准化和规范化处理，这是审判智能化的一项基础工作，需要一定时间的积累方见成效。

另一类数据标准化的问题则基于软件供应商。由于各地法院系统信息化基础差异较大，起步不同，以及区域特性等问题，各地多选用了不同的软件供应商推动信息化建设，也普遍存在同一院内多个信息化系统采用多个软件供应商的情况。其带来的问题是数据格式和数据接口的不统一，给综合运用数据资源设置了天然障碍。解决这一问题需要协调多方利益。短期来看，可以要求不同系统供应商遵循元数据的规则，[②] 建立相同或类似的字段结构，便于数据共享，逐步解决供应商过多的问题，推动人民法院信息化建设。

---

① 参见黄振东、邱碧媛：《“繁简分流”的深圳探索》，载《人民法治》2016 年 10 月。

② 参加 OECD：《Data and Metadata Reporting and Presentation Handbook》，OECD Paris 2007 年。亦可借鉴国家统计局自 2007 年以来实施的“四大工程”，即基本单位名录库、企业一套表制度、数据采集处理软件系统和联网直报系统。

五、几个代表性问题的讨论

1. 随机分案与法官经验。繁简分流对案件进行分类后，需要将案件分配到主审法官，即人案匹配问题。智能化的方向是希望能够实现依照法官经验进行分案，使得不同属性的案件交由更具该类案件经验的法官承办，进而充分利用法官已有经验，实现规模化办案，提高办案效率。

从技术上讲，一个优化的案件配置系统可以考虑到每位法官的个体差异，即法官个人经验、履历和专长的差异，以及案件案由和案情的差异，在法官和案件间进行匹配，这是一个理想状态。从实践看，由于基层法院案件承办量大，案由种类多，以及人员轮岗调动等问题，基层法院难以形成某位法官专注办理某类案件的长期分工和积累，更多采用的是随机分案模式，即按照庭室法官人数和法官个人已承接案件数量，在各位法官间随机分案，一般不会特别考虑法官的审判经验或个案的特殊之处。

随机分案是当前基层法院常用的分案模式，可避免对案件的个人偏好与挑拣，集中精力办案。长远来看，可以结合法官员额制改革和法院信息化建设，逐渐引入更多的智能化个性判断要素，推动智能化人案匹配，提高审判效率。

2. 依标的额分案的依据与实践。从技术上比较容易实现的一个分案要素即利用标的额大小进行分案，因为标的额是数值型数据，量化和计算相对容易，但在实践中较少采用。

首先依照标的额确定案情重要性，或依照小额诉讼程序本身存在价值取向讨论，① 我国司法实践在推动小额诉讼的同时持有更为谨慎的态度，对简易程序和小额诉讼的应用提出了诸多限制条件。②

小额诉讼的优点是标准化程度高，即以法律规定明确告知潜在诉讼当事人，小额诉讼的标的额限制、简易处理方式和不可上诉等内容，作为规范形成统一的处理流程。《民事诉讼法》也按照省区灵活规定了“小额”

---

① 参见傅郁林：《繁简分流与程序保障》，载《法学研究》2003年第1期。

② 参见《最高人民法院关于适用〈中华人民共和国民事诉讼法〉的解释》第256～283条。

的标准,[①] 为提高司法效率提供了基础。

现实问题的难点则在于，小额或标的额不大的案件，可能存在复杂的当事人关系，证据不清晰，或当事人情绪波动大，信访隐患大，基层法院往往会顾忌这些因素而选择普通程序。其背景是我国快速发展中没有充分照顾到均衡发展的问题，不同地区、不同人群的收入差异大，看似不大的标的额可能给当事人带来很大的影响，且由于法治观念淡薄，此类案件多缺乏规范的证据予以支持，容易形成争议。

对于标的额较大的案件，在特定案由下如果事实清楚，证据清晰，法律关系明确，就可以快速作出判决，反而属于简单案件。

3. “繁简分流”的准确率。智能化分案的一个重要考核指标是能够通过准确率直观判断分案的成果和效率，但在实际操作中存在难点。从统计方法角度看，若使用同一规则进行判断和分案，则其结论更为客观。从操作层面看，由于各地区对繁简比例的指导意见不同，不同法官对案件的判断标准和经验不同，使得繁案和简案的标准化定义本身存在问题，也就难以用相同的标准判断案件繁简分流的准确性。

关键是如何定义准确率。仍以繁简分流概念中的第一组和第二组概念相对照，繁简分流对繁案或简案的智能化判断结果和案件审理采用的普通程序或简易程序相一致，则可定义为智能化系统准确分案。由此，影响准确率的因素包括如下方面：

一是不同法院对繁简比例的划分不同。智能化的规则和结果是相对固定和客观的，但不同地区法院会根据案件数量和法官人数等因素调整繁简案件的建议比例，带来繁简案件比例的变动，且是指导最终结果的重要因素。该因素带来的问题是，处于比例变动区间的案件，如从1∶9到2∶8的繁简案件比例变动，会有10%左右的案件在不同标准下从属不同类别。

二是法官个人经验对案件的把握不同。智能化分案后，仍需承办法官对案件的繁简程度进行判断，通过联系当事人、理解证据与诉求来判断是否需要简案转繁案。这些案件的数量可能不多，但引入了更多的人为因素，易形成主观判断的不一致。

三是繁简分流系统准确率的验收模式。目前的主要验收模式是交由专

---

① 该标准以省区市为单位，上一年度就业人员平均工资的30%。

业的软件测评公司进行测评，即将测评公司的数据带入被验收软件进行计算，输出结果，而后和测评公司对自有数据的前期标识进行对照，结果一致则为判断准确，进而计算准确率。问题是测评公司的数据往往是一组样本量不大的特定数据，甚至相当比例的测评数据是模拟数据，进而带来一个悖论：被测评软件的算法与测评公司的算法一致性越强，则测评准确率越高。因此，只要接近测评公司算法即可解决准确率的评判问题。但这种投机的做法难以实现软件的升级和突破，也难以覆盖应用法院的实际案件。推动验收落地应用法院是解决该问题的一个有效措施，但实地验收耗时较长，效率较低。

六、总结

案件繁简分流是推动审判智能化和人民法院信息化建设的重要环节。本文讨论了其从概念到流程、从实践到技术中的若干应用性问题。这些问题是实践需要解决的矛盾，或需要平衡取舍的问题。解决这些矛盾和问题，可以参考如下三个原则。

一是以实践为指导，依法处理案件。法学是社会科学，法学应用于审判实践更是深入社会的应用科学，其基本原则仍是尊重社会科学的多样性和复杂性，以案由、案情及其发生的时间和空间特征为指导，以实践的差异性为判断标准。同时，不可逾越法律和法规的基本要求，严格按照法条和法理进行分案，并依照流程判案。

二是发挥法官能动性，在标准化与自由度之间求取均衡。社会科学的复杂性决定了人的主观能动性可以发挥重要作用。法官的判断可以融合法与理，基于其所在地区和文化的长期经验积累，在个案中发挥重要的能动作用。审判智能化是大势所趋，可以提高审判效率，增加审判透明度，是人民法院建设的大方向。基于大量案件信息的智能化系统建设可以解决众多案件标准化处理的一些基本问题，针对大量案件的初步处理更具效率。结合二者的优势，在个案与大量案件、个性与标准化之间寻求均衡，是体现法院与法官水平的重要方面。

三是提升算法水平，提高软件集中度。因地制宜，根据不同地区有针对性地设计统计模型和算法，将有效提升方法的准确性和适用性。需注意，方法是解决问题的工具，不存在一贯最优的方法，只有更具适应性的方法；也不存在所谓的高级方法，能解决问题的方法就是好方法，且越简单越好。软件和信息系统是承载方法的工具。软件和系统的集约化将极大提升效率，因此，需要沿着多系统合一、供应商相对集中、适当保持竞争的方向推进信息化建设，提高效率和使用的便利性。需强调的是，方法和软件均是解决问题的工具，均应处于从属位置，不宜越俎代庖。

十八大以来，习近平总书记多次强调，要努力让人民群众在每一个司法案件中感受到公平正义。这一方面需要针对个案的特性进行人性化的依法办案，充分发挥法官的能动作用；另一方面，则需要通过智能化和信息化建设，在适当的环节集中和批量处理大量案件，提升司法效率。案件繁简分流是一个较为恰当的批量处理环节，随着实践的深入和对问题探讨的精细化，以上问题或将得到更好的解决，必将极大推动司法效率的提升。判

（本文仅代表作者个人观点）

立案阶段繁简分流机制建设构想*

王菲菲** 张志富*** 陈 晨****

《最高人民法院关于深化人民法院司法体制综合配套改革的意见——人民法院第五个五年改革纲要(2019—2023)》为民商事案件繁简分流制度建设确定了政策导向，有助于进一步完善案件繁简分流机制，健全完善立体化、多元化、精细化的诉讼程序，推进案件繁简分流、轻重分离、快慢分道。北京市高级人民法院进一步明确，要以破解"案多人少"矛盾为导向，不断推进改革系统集成，合理调整资源配置，融合科技创新，加强辅助事务剥离，切实达到减负增效的目的。立案登记制及员额制改革导致法院系统"案多人少"矛盾进一步突出，民商事案件的繁简分流与简案快审的民商事诉讼制度改革对于提高审判质效、解决"案多人少"矛盾、促进审判体系审判能力现代化具有极为紧迫和十分

* 本文系国家重点研发计划"高质高效的审判支撑关键技术及装备研究"(2018YFC0830300)的阶段性成果。

** 中国人民大学统计学院讲师。

*** 北京市海淀区人民法院立案庭审判员。

**** 北京市海淀区人民法院立案庭法官助理。

突出的意义。而推进繁简分流最重要的意义在于实现“快慢分道”，以此促使简案快审、繁案精审。

当前实践关于繁简分流的尝试主要包括三个层面：一是诉前分流。即通过立案阶段的引导，将同意调解或争议不大案件通过多元化纠纷解决平台导出法院之外，通过委托调解员或委派调解组织的方式，实现案件的第一次分流。二是立案分流。即按照繁简分流的立案标准，通过标的额、案由、证据、当事人特征等因素，对可适用速裁程序的案件导入本院速裁庭（组），实现速裁程序与简易程序的第二次分流。三是庭审分流。即进入审理阶段后，将大部分简易案件直接移交速裁庭（组）整理，对于在固定期限（一般是45～60个工作日）无法审结或者出现其他不可速裁的情形时，通过立案庭移转给后端庭室，交由专业化团队审理，实现案件的第三次分流。通过以上三次分流巩固推进“诉讼前端分流化解大批普通纠纷、后端审判庭集中审理疑难复杂纠纷”的审判工作格局。① 然而，我国民事诉讼的常规审理程序只规定有普通程序和简易程序两种，分类标准相对粗糙。立案繁简分流标准的模糊使得速裁程序“提速受阻”、简易程序“当简不简”的情况突出，无法满足实践需要。本文切中当前实践之要害，重点关注第二阶段的立案分流标准研究，试图通过对B市法院当前立案分流的现实做法进行调研，从“人、事、证、法”四个维度，采用实体识别、关系抽取语义分析等自然言处理技术进行繁简流要素提取，分析速裁庭适宜审理的简易案件的识别标准。

一、民商事案件立案繁简分流标准的样本分析

笔者选取了H法院速裁庭2018年以裁判方式审结的民商事案件585件，该类案件基本反映了一审速裁民商事案件的案件类型及诉讼特点，对民商事案件立案分流标准的重构具有较强启示意义。具体分析如下：

第一，案由覆盖较窄。笔者所选样本中，通过速裁庭以裁判方式审结的案件类型较为单一，主要集中于物业、供用热力等服务合同纠纷（271件，46.3%），机动车交通事故责任纠纷（103件，17.6%），买卖合同纠

① 李少平：《大力推进繁简分流 全面深化司法改革》，载《人民法院报》2016年9月14日。

纷（76件，12.9%）三类。其中，物业、供暖、供热等服务合同纠纷数量最多，所占比例最大。

第二，案件类型较集中。笔者所选样本中，主要囊括的案件类型较为集中。物业、供用热力等服务合同纠纷，主要表现为对合同关系无争议，但因合同履行不完全或履行瑕疵而拒绝支付合同费用；车损类机动车交通事故责任纠纷多表现为因机动车交通事故引发的车辆损害赔偿责任纠纷，不涉及人身损害鉴定等问题，双方对交警大队的责任认定多无争议，主要对赔偿金额存在一定争议；买卖合同中“职业打假人”提起的产品责任纠纷所占比例较大，表现为购买过期产品而主张的退费及法律法规所规定的最低限额1000元赔偿；婚姻家庭纠纷则主要包括第一次提起的离婚诉讼、独生子女法定继承以及其他无争议婚姻家庭纠纷。上述案件的事实、证据清楚，不涉及鉴定、保全、公告等延长审限的“负面清单”，速裁的使用率较高。

第三，委托诉讼代理人的比例较大。笔者所选样本中，委托诉讼代理人的共412件，比例高达70.4%；双方均未委托诉讼代理人的共173件，仅为29.6%。其中，双方均委托诉讼代理人的共207件，一方委托诉讼代理人的共205件，两者比例相差不大。

第四，一方为法人的案件占比较大。笔者所选样本中，当事人至少有一方为法人的案件共476件，占比81.4%。当然，这与该类案件中物业合同纠纷、供用热力合同纠纷中均有一方为法人有很大的关系。但笔者选取的76件买卖合同纠纷中，法人间买卖合同共60件，占比高达78.9%，而其余16件买卖合同纠纷也均为一方为法人。

二、民商事案件立案繁简分流标准的现有做法

B市法院早在2018年就制定了相对完善的《民事案件繁简分流和诉调对接工作流程管理规定（试行）》，采用“案由+标的额”的方式进行正向规定，同时列出不符合速裁案件审理范围的负面清单进行反向排除，在立案阶段甄别分流事实清楚、权利义务关系明确、当事人争议不大的简单案件，建立“系统自动识别+法官人工辨别”的立案繁简分流模式。

（一）覆盖案由范围

B市法院立案分流的方法主要采用固定案由前期筛查的方式。目前通

用类案件包括：（1）机动车交通事故责任纠纷；（2）追索物业费的物业服务合同纠纷、追索供暖费的供用热力合同纠纷；（3）婚姻家庭、继承纠纷、分家析产纠纷（包括婚姻家庭、继承、赡养、抚养、扶养等纠纷）；（4）买卖合同纠纷；（5）民间借贷纠纷、金融借款合同纠纷、信用卡纠纷；（6）劳务合同纠纷；（7）请求确认人民调解协议效力、调解协议司法确认案件；（8）督促程序案件，申请支付令审查案件，支付令监督案件。

自选类案件包括：（1）劳动争议；（2）认定公民无民事行为能力、限制民事行为能力案件；（3）监护权特别程序案件；（3）建设工程合同纠纷；（4）教育培训合同纠纷；（5）票据追索权纠纷；（6）抵押权纠纷；（7）房屋租赁合同纠纷；（8）房屋买卖合同纠纷。

立案法官在接收起诉材料的同时，对该类案件要进行繁简识别。一是确认人民调解协议效力、督促程序、公示催告程序类案件，立案时由电脑自动识别为简单案件，由立案系统自动推荐速裁程序处理。二是家事类、物业供暖、交通事故、买卖合同、民间借贷、金融借款、信用卡、劳务合同纠纷等八类通用案件，根据案件的要素调整分因素和特殊调整分因素，由立案法官根据电脑系统提示进行繁简要素勾选，自动识别案件的繁简情况，简单案件由立案系统自动推荐委派调解程序进行处理，调解不成的通过速裁程序处理。复杂案件由立案系统自动推荐后端审判程序处理。三是商品房预售、租赁、承揽、居间、追偿权、劳动合同等自选类案件，由立案法官根据案件事实、法律关系以及当事人提供的信息对是否适宜纳入多元调解和速裁程序进行人工识别。认为适宜速裁的，适用简易程序分配给速裁法官办理。

（二）标的额

B市法院规定，标的额为各省、自治区、直辖市上年度就业人员年平均工资30%以下、依据《民事诉讼法》应当适用小额诉讼程序的案件，立案时由电脑自动识别为简单案件，立案系统自动推荐委派调解程序进行处理，调解不成的通过速裁程序处理。

（三）要素识别

B市法院在立案系统中，从“人、事、证、法”四个维度对于本文列举的以上案件规定了较详细的繁简打分标准。案件基础分为5分，5分

(含5分)以下案件由电脑自动识别为简单案件,推荐通过速裁程序处理,5分以上案件则为复杂案件,推荐通过简易程序处理。如机动车交通事故责任纠纷中,有多车连撞情形的、交通事故造成死亡或者重伤害的、交通强制保险的承保公司住所地在外省市的、出租车司机因交通事故起诉要求被告支付份钱的、被告车辆牌照为外省市的、没有出具交通事故责任认定书的、对交通事故责任书认定有异议的、交通事故责任认定书认定不明确的,均可加一分;因继续治疗相关费用二次起诉,无人员伤亡仅起诉财产损失的均可减一分;婚姻家庭纠纷中,离婚纠纷第一次起诉离婚,双方就财产分割、子女抚养均无争议离婚,身份关系清楚,仅在给付数额、时间上存在争议的抚养、赡养、扶养纠纷的案件均减一分;买卖合同纠纷中原告有打假嫌疑的,有欠条等证据证明被告所欠货款的均减一分;民间借贷纠纷中,有证据证明原告所主张借款数额为真且被告认可的可减一分。

(四)反向排除

H区法院根据本院实际情况在B市高院规定的基础上,规定了不适宜速裁的案件类型,主要包括:(1)案件涉及保全措施;(2)案件出现涉外因素;(3)需要大量调查取证;(4)涉及鉴定事宜;(5)需要公告送达;(6)一方当事人被羁押或监禁;(7)被告提出管辖异议;(8)案件需要追加当事人;(9)被告提出反诉;(10)案件依法需要中止;(11)案件疑难复杂;(12)其他不适合速裁的情形。

三、民商事案件立案繁简分流标准的适用检视

法学本身具有经世致用的实用功能,同时又具有批判性和推动法律实践发展的功能。在中国法治化的进程中,一方面,要加强以形式理性为基础的演绎推理,注重规则的完善与法律的适用;而另一方面,要加强以实证理性为基础的辩证推理,植根于司法之实然状态,促进诉讼制度的落地见效。[①] 通过对当前速裁程序适用案件的梳理及立案繁简分流标准的现行做法的实证分析,我们发现,当前标准的适用主要存在以下问题:

第一,立案繁简分流的甄别难度较大。哈特在《法律的概念》中提

① 范愉:《诉前调解:审判经验与法学原理》,载《中国法学》2009年第6期。

到，由于法律语言的“开放结构”的存在，使得法律在调整某些行为时出现了空白，从而落入非确定性答案的案件行列。① 《民事诉讼法》第157条规定简单民事案件的标准是“事实清楚、权利义务关系明确和争议不大”。立案法官难以仅凭当事人的一纸诉状和一些零散证据精准判断案件法律关系是否明确且争议不大。比如部分案件争议标的金额较大看似复杂，实际法律关系却较为简单，立案法官在立案时难以甚至根本不可能对这些案件进行有效甄别。② 目前较为普遍的做法是，基层法院先将所有民商事案件默立为简易程序，全部导入速裁庭（组）适用速裁程序先行审理，如适用速裁程序无法审结再转后端庭室审理，该情形下速裁程序适用率非常高。但实际上有大量不适宜速裁审理的案件被导入速裁程序，此举加大了诉讼程序的转换成本，实际上影响了审判质效的提高。

第二，“范例法”的甄别受限。目前B市法院立案繁简分流标准采用“范例法”的方式，即根据法院受理民事案件的不同类型，事先明确属于简单案件的范例，然后将这些范例作为甄别标准。然而，目前的甄别标准过于复杂，立案窗口本身承受的业务工作就较多，在接收起诉材料、录入案件信息、审查管辖及证据材料、区分重大敏感案件的基础上还要增加十分繁琐的案件繁简识别工作，将使得窗口接待的压力进一步增大。受制于自身能力及时间成本的影响，较为复杂的甄别标准的实际适用率较低。

第三，过分关注案件办结的时效性。繁简分流的建构理念是诉讼成本与诉讼价值相适应，通过及时的正义保证人民的合法利益诉求的实现。③ 我国司法历来强调效率（如审限等规定）和便利、亲民传统，诉讼程序灵活，但随着对诉讼程序的规范化要求不断提高，司法诉讼程序日趋复杂化，诉讼耗费的公共成本不断提高，诉讼案件增加带来的司法压力与追求

---

① 黄穗：《案件繁简分流机制改革视野下类案检索的智能化进路》，载《司法体制综合配套改革与刑事审判问题研究——全国法院第30届学术讨论会获奖论文集（上）》，人民法院出版社2019年版，第9页。

② 张海燕：《法院“案多人少”的应对困境及其出路——以民事案件为中心的分析》，载《山东大学学报（哲学社会科学版）》2018年第2期。

③ 肖冲：《繁简分流机制的构建逻辑及法理分析》，载《长春师范大学学报》2019年第3期。

效率的传统形成深刻的矛盾。① 当前立案繁简分流标准过分关注案件办结的时效性，在一定程度上混淆了“简”和“快”的概念，误认为“简”必然是“快”，而所谓“快”的标准就是简易程序所规定的3个月审限，换句话说，只要是3个月内不能审结的，就非“简”案。所以，在实行繁简分流时将保全、涉外、调查取证、鉴定、公告送达等程序性工作较多的，可能延长审限的情形都排除在速裁程序之外。

这种简单的识别方式确实降低了立案法官对于“简”案的识别难度，却使得大量可能适宜速裁的案件直接导入后端庭室审理，一定程度上影响了民商事案件的繁简分流。同时，虽然保全、涉外、调查取证、鉴定、公告送达等程序时间较长，但并不意味着其案情和法律关系复杂，不属于“简”案，比如《最高人民法院关于适用〈中华人民共和国民事诉讼法〉的解释》第257条将起诉时被告下落不明需要公告送达的情形排除适用简易程序，其主要原因是需要公告送达法律文书或者对造缺席不易查明案情。明显属于案情简单、法律关系明确、诉讼标的额较小的案件，即便对造缺席，也不影响案情的查明，使用公告送达并无不妥。因此，对于起诉时被告下落不明需要公告送达，且案件不属于疑难复杂或不属于影响较大的案件，不必都排除在简易程序和小额诉讼的适用范围之外。② 特别是在目前惩戒措施不足、当事人恶意不出庭应诉和送达难较为普遍的情况下，如果仅因送达问题就将案件排除在“简”案之外，会导致诉讼期限延长、诉讼成本增加，不利于原告方利益的保护，客观上也不利于公平正义的实现。另外，有些程序反而可以促使案件简单化，例如保全，采取保全措施后反而能够促使被告方积极前来法院协商解决问题，一方面解决送达问题，另一方面有助于调解结案。在这种情况下，保全虽然系审理的“额外”程序，但却有利于结案。如果将有保全的案件以程序多或案情复杂排除在“简”案之外，实则不利于“繁简”有效分流。

第四，欠缺相关配套机制。因立案登记制所强调的“有案必立，有诉

---

① 范愉：《繁简分流：优化司法资源配置的新路径》，载《人民法院报》2016年9月14日。

② 潘庆林：《民事案件繁简分流制度的完善——基于对A省基层法院的调研》，载《法学杂志》2019年第9期。

必理”以及带来的种种限制收案的“土政策”的实质瓦解，法院与当事人均主动或被动地冷落、闲置了诉前调解、立案调解等多元化纠纷解决机制。① 立案庭（诉讼服务中心）功能相对简化为诉讼材料收取、受理、移转及诉讼服务、涉诉信访接待等，而诉调对接功能有所削弱，对于诉前保全、鉴定、送达、调查等业务职能逐渐下放至审判庭办理。比如有学者指出，送达难作为法院一直以来的症结之一，是影响繁简分流机制构建的顽疾。繁简分流中采用的简易程序在送达与传唤上虽然有简便快捷的特点，但缺乏相应的制度保障。一旦被传唤人不配合传唤或者拒不到庭，简易程序便难以顺利运行，直接影响整个案件的办理效率。② 相关配套机制的欠缺，一定程度上削弱了前端对后端庭室的保障力度，影响了案件办理的集约化和一体化，进一步增加了繁简分流和诉调对接的压力。

第五，强制导入速裁程序审理的案件范围和考核标准不科学。一方面，当前速裁庭受理的案件范围偏窄，B市法院仅规定了八类案件，此八类案件分别属于传统民商事案件，而较大的法院内部分工较细，专业化程度较强，法官审理案件范围较窄，鲜有精通所有民商事案件的“全能型”人才。所以，速裁庭法官在面对这八类案件时，受自身经验影响，习惯于办理自己相对熟悉的、在短期内审结可能性较高的案件，对于自身相对陌生的“新类型”案件，一律视为不适宜速裁的案件。这导致速裁案件的大批量转出，速裁程序一定程度上沦为“蓄水池”。而另一方面，B市法院规定前端化解案件60%，此八类案件远远不能满足前端化解案件指标的需要，在实践中，基层法院为完成指标，往往再“自行加码”，导致进入速裁程序的案件大量增加，而受速裁法官数量和人均结案等考核指标的影响，速裁法官不能超过一定比例，这就使得每个速裁法官需要负责的案件数量巨大，案件周转速度变慢，长期积累下去必然造成速裁不“速”、“简”案不快的局面。

第六，以标的额为核心的甄别标准不合理。小额诉讼程序是适用最为

---

① 陈杭平：《新时期下“繁简分流”的分析与展望》，载《人民法治》2016年第10期。

② 肖冲：《繁简分流机制的构建逻辑及法理分析》，载《长春师范大学学报》2019年第38卷第3期。

普遍、价值取向较为明晰、特征较具共性的一种简易程序。① 当前立案繁简分流标准主要参照小额诉讼程序，在立案时将小额诉讼程序由电脑自动识别为简单案件，立案系统自动推荐委派调解程序进行处理，调解不成的通过速裁程序处理。然而，案件标的额往往与事实争议大小没有必然联系，单纯以标的额作为速裁程序的甄别标准存在一定问题。实践中存在标的额较小，但在事实认定、证据举证方面存在较大争议的案件；同时，也存在虽然标的额较大，但证据、事实清晰，争议不大的案件。就以借贷纠纷而言，往往是标的额较小的案件事实较难查证，尤其是熟人间的小额现金借贷，当双方当事人就借款、偿还数额、给付方式、性质等任一问题各执一词的时候，事实查明特别困难；而数额较大的金融借款纠纷，反而因流水明细清晰，合同约定的权利义务关系明确，证据材料完整、全面，代理人法律业务水平较高等使得案件清晰明了，适合"简"案速裁。

四、民商事案件立案繁简分流标准的制度修正

在民商事繁简分流的标准设计上，应该摒弃传统的过分依赖标的额、时效、案由的区分标准，按照"一审重事实、二审重法律"的思路，在基层法院，应将案件事实是否清楚作为繁简分流的根本性标准，特别需要指出的是："事实清楚"不代表争议不大，"事实清楚"是指客观上的事实清楚，即使当事人对该事实的认识和叙述相对一致，而对事实的性质、法律关系等方面的争议，恰恰是需要法官用专业的法律知识去进行判断，即便是双方争议较大，也不应影响简易程序的适用。从程序上讲，只要公告送达、保全、鉴定等额外的程序不是影响事实查明的因素，就不应作为繁简分流的标准，即不将3个月审结作为繁简分流的标准，只要案件事实清晰，即便是加入了公告送达、保全、鉴定等程序导致了审限延长，但案件可以顺利审理的，也应纳入简案范围。在具体设定上，应采取以下措施：

第一，缩减反向排除范围。可尝试设置必要的配套机制，缩减当前反向排除范围，将送达、保全、鉴定、调查等事项纳入速裁范围，拓宽速裁程序的可适用案件。通过法院内部的组织结构调整与法院内外的诉调对接，利用司法辅助人员从事送达、保全、联络等程序保障性事务及化解大

① 傅郁林：《小额诉讼与程序分类》，载《清华法学》2011年第3期。

多数简单、轻微、琐碎案件，并充分利用社会资源（如人民调解组织、行业调解组织、商事调解组织、律师）解决无需进行裁判的纠纷。可尝试由诉讼服务中心集约处理保全、鉴定及送达事宜，专设配合速裁团队的送达组、鉴定组、调查组及保全组，集约处理所有速裁案件的审前工作。保全组主要负责处理因情况紧急不立即申请保全将会使其合法权益受到难以弥补的损害的案件。鉴定组主要处理诉前调解及速裁程序中需要鉴定的事项，鉴定意见经法院审查不存在违法情形、符合法律规定的，法官可在诉讼中使用。调查组主要负责在诉讼之前或诉讼前段为查明案件事实需要进行调查取证的案件，但应由速裁法官出具委托调查取证函，由诉讼服务中心调查组配合先行调查。调解员在先行调解过程中依法调取的证据，经法官审查不存在违法情形，调取过程符合法律规定的，法官可在诉讼中使用。必要时，速裁法官可直接调查取证。

第二，增加当事人甄别标准。通过对样本案件的梳理，我们发现，大多数通过速裁程序审结的案件当事人都委托了诉讼代理人。这说明，执业律师等诉讼代理人的参与更利于纠纷的实质化解。立案繁简分流标准中可增加当事人的甄别标准，将原告委托诉讼代理人的案件优先纳入速裁程序的适用范围。同时，已经进入速裁程序，但双方争议不大的案件，可尝试建立配套的法律援助制度，既能最大程度保障速裁程序中当事人的诉讼权利，又有利于速裁程序的顺利推行，提高速裁审判质效。同时，对辖区内涉诉较多的企业进行大数据分析和动态掌握，对于经营状况良好、信誉优良、业务开展规范的企业，例如银行、大型网络科技公司等优先适用简易程序。

第三，摒弃标的额甄别标准。要转变以标的额大小识别繁简程度的标准，在由立案系统自动识别小额诉讼案件的基础上，要根据当事人在立案阶段提交的证据材料，从“人、事、证、法”四个维度，分析案件的繁简程度，排除标的额较小，但当事人对事实争议较大、履行能力不强、证据提交不足或举证能力较差的案件进入速裁程序。同时，将标的额较大，但事实、证据清楚，被告经济能力较强、具有一定履行能力的案件优先纳入速裁程序处理。

第四，进一步扩大案由适用范围。除反向排除案件外，可将全部案件优先导入速裁程序审理，进一步扩大速裁程序的案由适用范围。在立案阶段加强对当事人“人、事、证、法”四个维度的甄别工作，将机动车交通事故责任纠纷、物业供暖服务合同纠纷、婚姻家庭纠纷、借款合同纠纷、买卖合同纠纷、房屋租赁纠纷等案件优先纳入速裁程序，对于此类案件，应树立适用简易程序为原则、适用普通程序为例外的原则。加大对批量案件的集约、合并处理力度，对于类型化案件要加强立案阶段的引导、释明和分流工作，对于已有既成判例的串案和类型化案件，优先适用简易程序。

第五，尝试在立案阶段推行《民商事案件诉讼繁简要素单》。尝试在立案阶段引导当事人填写《民商事案件诉讼繁简要素单》，由原告根据法院先行制作的格式文本，勾选本案涉及的影响案件难易程度的要素，比如本文第二部分列举的案件要素，同时，要求原告先行整理争议焦点及纠纷解决预案，对自身诉讼成本及程序选择有一定预期，降低立案阶段立案法官繁简分流甄别难度。

在具体流程上，应采取人工判断和智能化大数据分析相结合的双重繁简分流体系。首先，立案法官在接待的时候，应结合案件材料、当事人身份及对案情的描述、案件背景等要素进行综合判断，必要时可对当事人进行简单询问，如果认为适合简易程序审理的，可直接选择适用简易程序。但是，这对法官的经验要求比较高，须配备对民商事案件有较为丰富经验的资深法官。其次，对于立案法官没有选择适用简易程序的案件，通过大数据智能分析系统对案件进行二次筛选，对历史上类似案件进行智能化大数据分析，从当事人身份、案由、争议标的额、简易适用率等方面设定比率，在各项指标均达到一定比率或总比率达到一定值后系统可默认适用简易程序。然而，这对前期工作要求比较高，需要对以往案件进行综合性、系统性的录入、分析。只有以往的案件数据翔实、准确、全面，繁简分流的准确性才能得到有效保证。

五、总结

案件繁简分流是法院开展智能化审判和进行信息化建设的重要环节，也是提高法院诉讼效率的可行性办法。关于繁简分流的业务实践主要包括诉前分流、立案分流和庭审分流三个阶段。本文以立案分流为研究重点，试图通过对 B 市法院当前立案分流的现实做法进行调研，切中当前实践之要害。本文首先以 H 法院 2018 年审理的民商事案件为调研样本，分析这些案件的案件类型及诉讼特点，同时介绍该法院立案繁简分流的现有标准。然后，通过对当前速裁程序适用案件的梳理及立案繁简分流标准的现行做法进行实证分析，归纳总结出当前标准在立案繁简分流中存在的问题。最后，从民商事繁简分流的标准设计和实施流程等方面给出相应的制度修正方法。

在司法改革员额制背景下，案多人少的矛盾越发凸显，对案件进行繁简分流以提高诉讼效率乃是切实可行的解决办法。对民商事案件进行繁简分流，以合乎理性的制度规范缓解司法资源与司法需求的剧烈冲突，有利于使不同案件获得不同的程序保障，并使普通程序的正当化具有其实现可能性。虽然目前法院在案件繁简分流的具体实施过程中仍存在很多问题，但随着实践的深入和对相关问题的不断思考，繁简分流必将获得更有效可行的推进方式，并进一步促进司法效率的提升。

（本文仅代表作者个人观点）

中级法院民事案件繁简分流的实践难题与对策*

王金龙** 朱 虎***

优化司法资源、提高司法效率、促进司法公正、减少当事人诉讼成本、维护民众合法权益，是当代司法体制改革的目标，而案件繁简分流机制是实现这一目标的重要措施。① 在《中华人民共和国民事诉讼法》（以下简称《民事诉讼法》）修订及司法解释制定、最高人民法院相关指导意见及改革纲要出台、司法体制综合配套改革逐步落实的背景下，地方法院逐步推行了实质化、多样化的民事案件繁简分流机制，取得了一定的成绩和经验，但也反映出一些问题。在中级法院层面，民事案件繁简分流机制起步较晚、自发性不够、创造性不足，可复制、可推广的经验较少，阻碍性问题却不在少数，突出体现在功能定位、机构设置、案件甄别、审理方式、队伍建设、配套措施等方面。本文以问题为导向，

---

* 本文系国家重点研发计划“高质高效的审判支撑关键技术及装备研究”（2018YFC0830300）的阶段性成果。

** 北京市第二中级人民法院民一庭副庭长。

*** 中国人民大学法学院副教授、博士生导师。

① 范愉：《繁简分流：优化司法资源配置的新路径》，载《人民法院报》2016年9月14日。

深入研究了阻碍中级法院民事案件繁简分流机制的实践难题，并提出对策。

一、中级法院民事案件繁简分流机制的功能与定位

对于中级法院民事案件繁简分流，实践中存在一些不同观点：中级法院民事案件多复杂、疑难或影响较大，不易划分繁简；中级法院人案矛盾并不突出、案件压力尚在合理区域，缺乏繁简分流的必要；[①] 繁简分流仅是解决“案多人少”矛盾的一项措施，作用未必很大，还会带来新问题；繁简分流容易造成人员变动，会影响法院工作队伍的稳定。

上述观点源于司法实践，反映出人们对民事案件繁简分流机制的功能定位认识不够深入，对其背后的经济学及法哲学原理也欠缺思考。综上来看，至少有四方面理念亟待统一。

第一，案件繁简分流是一种对审判资源重新合理分配的方式。案件繁简分流，是指案件立案后，采取一定方法甄别案件的繁与简，通过“繁案精审、简案快审”机制，针对不同案件，科学高效分配审判资源，以较低的成本取得较好的法律效果。审判资源是指法院在诉讼活动中付出人力、物力、财力等成本的总和。繁简分流可使相对少数法官集中解决大量简单案件，相对多数法官重点研究和解决少量“高精尖”案件，最终实现“简案快审、繁案精审”的案件审理方式。[②]

“最大限度地减少法律实施过程中的经济耗费，是评价和设计法律程序时所考虑的重要价值，也是司法活动所应追求的价值目标。”[③] 以最小法

---

① 浙江省湖州市中级人民法院课题组：《推进繁简分流 提升审判质效——浙江湖州中院关于中级法院“分调裁审”机制改革的调研》，载《人民法院报》2019 年 9 月 19 日。

② 《最高人民法院关于进一步推进案件繁简分流优化司法资源配置的若干意见》第 1 条规定：“1. 遵循司法规律推进繁简分流。科学调配和高效运用审判资源，依法快速审理简单案件，严格规范审理复杂案件，实现简案快审、繁案精审。根据案件事实、法律适用、社会影响等因素，选择适用适当的审理程序，规范完善不同程序之间的转换衔接，做到该繁则繁，当简则简，繁简得当，努力以较小的司法成本取得较好的法律效果。”

③ ［美］理查德·A. 波斯纳：《法律的经济分析》（下册），蒋兆康译，中国大百科全书出版社 1997 年版，第 31 页。

律成本取得最大法律收益，是“收益—成本”理论的逻辑基础，也是法律人的理性选择。从基层院司法实践看，该机制已带来高于成本的法律收益，使得与日俱增的审判压力在短期内得到一定缓解，法院审判资源得以合理重整，并有助于社会大众持续感受到公平正义。

第二，繁简程度不同案件应分予恰当审判资源。当事人因争议成讼，如人之染疾。现代医学已确定了不同疾病适用不同科室和医疗资源的诊疗方式。不恰当分配医院资源和错误使用治疗方式会引发非议：大病小治，会使病人病情恶化，医院无法及时地治病救人；小病大治，会增加病人医疗成本，也会徒耗有限的医疗资源。案件审理亦为如此。给予繁简案件不同的审判资源，“通过满足当事人多元需求而维护司法的正当性”,① 是案件公正高效审理的较好途径，也是“公正与效率”这一世纪主题的本质追求，更是对人类有限社会资源中最宝贵审判资源的最大尊重。

案件审理中的“公正与效率”，如同硬币两面，既相辅相成又相对独立。应辩证认识繁案精审、简案快审原则，这两个原则只是在公正和效率之间的侧重点不同,② 而不是对任何一个价值非此即彼的否定。与传统办案方式相比，案件繁简分流机制的定位应当是资源重整后的全新审判方式，绝非简单的繁简之分。一方面，时间缩短是简的必然。但是简案快审并非不论当事人感受一味快速结案，更非不顾质量片面缩短审限、提高结案率，只是根据案件的具体情况采取合适的审理方式，做出恰当的审理时间分配决定；另一方面，投入更多精力是繁的必然。繁案精审也非只讲质量、不顾效率，审限制度同样要体现管理刚性，必须遵守审理时限的规定。必须指出，案件繁简分流是审判资源在理念、制度、管理、技术等方面的全方位重新分配，是对传统办案方式、办案节奏的彻底改变，也是“鲶鱼效应”在案件审理中的体现。

第三，案件繁简分流是国家实现法治化的迫切需要。毋庸置疑，案件繁简分流是目前解决法院“案多人少”状况较为良好方式，但需求并非仅来自法院。当今社会利益多元、各类矛盾纠纷频发，人民群众对司法的多元需求日益增高，审判压力与日俱增。法院要采取有效措施协调多元的价

---

① 傅郁林：《繁简分流与程序保障》，载《法学研究》2003年第1期。

② 蒋文玉：《科学推进行政案件繁简分流》，载《人民法院报》2019年9月25日。

值和利益关系，回应国家法治化进程需要。

美国法学家诺内特和塞尔兹尼克，将社会法律现象分为三种类型："压制型法""自治型法""回应型法"。① 其中"回应型法"理论要求法律适应社会大众需求、回应社会大众愿望。人民法院一直以来将司法为民、公正司法作为工作主线，将执法办案作为第一要务，就是对人民群众日益增长的多元司法需求的回应。民事案件繁简分流机制，恰恰是人民法院回应多元司法需求的较好抓手。

第四，中级法院推进民事案件繁简分流机制迫在眉睫。案件繁简并非是人为设定，系由案件本身矛盾规律决定。法院虽有级别之分，但受理案件均有繁简之别，仅是数量多寡、有无设置机构解决的必要。

民事案件繁简分流机制的可行性，体现为"两纵两横"关系：以案件为原点，一二审关系为纵标，民事案件与其他案件关系为横标；以机构为原点，四级法院为纵标、庭室关系为横标。

从案件横标看，"'案多人少矛盾'主要集中在民事审判"。② 因此，民事案件繁简分流具有基础、前导作用。从案件纵标看，一二审法院间统一裁判尺度可为案件繁简分流提供法律支撑。从机构横标看，《最高人民法院关于深化人民法院司法体制综合配套改革的意见——人民法院第五个五年改革纲要（2019—2023）》（以下简称《五五改革纲要》）提出：今后法院工作必须转变"案件越多成绩越好"的司法政绩观，摒弃单纯以案件数量获得更多司法资源的理念，把工作统一到审判资源重组的新型审判方式上来，少数法官审结大量简案、多数法官精审繁案，这是对案件繁简分流的又一次理论指导。从机构纵标角度，《五五改革纲要》中着重强调，今后五年着力推动将具有普遍法律适用指导意义、关乎社会公共利益的案件交由较高层级法院审理，充分发挥审级制度诉讼分流、职能分层和资源配置的功能。③ 由此可见，审级升高繁复案件增多将成为常态，多数简案

---

① ［美］P. 诺内特、P. 塞尔兹尼克：《转变中的法律与社会：迈向回应型法》，张志铭译，中国政法大学出版社 2004 年版，第 18 页。

② 胡仕浩、刘树德、罗灿：《〈关于进一步推进案件繁简分流优化司法资源配置的若干意见〉的理解与适用》，载《人民司法·应用》2016 年第 28 期。

③ 参见《五五改革纲要》第 29 条。

应化解在基层。中级法院的审级地位决定其有能力成为案件量调控的“拦水坝”。因此，应当在中基层法院实施民事案件繁简分流机制，让上级法院集中审理更多繁复案件。

近些年，因立案登记制实施、级别管辖标的额提升，全国各地中级法院受理的一二审民事案件也不断增长。但员额制改革之后，法官人数却有下降，致使中级法院的人案矛盾也日趋突出。同时，基层法院快审简案日益增多，如果二审法院仍然适用传统方式审理，不仅浪费审判资源，也让当事人徒增耗费。因此，中级法院推行民事案件繁简分流机制势在必行。

二、中级法院快审机制的机构设置

中级法院民事简案快审，至少需考虑以下因素：体现审级职能作用；打破案件原有管理格局；调整庭室业务分工；动态协调庭室设置、人员数量与案件量的配比；快审团队搭建；科学实质的分案机制等。

第一，机构设置模型。根据司法实践，中级法院简案快审的机构设置通常有两种模式：独立型、合署型。其中，独立型是指快审庭室独立于其他业务庭室设置，独立运行、单独管理。合署型指在部分业务庭室内设置快审团队，由该庭室一体协调管理。

两种模式都是为了找到繁简分流中审理效率和审判管理的最佳结合点，但也各有优劣之处。独立型优势在于：便于在全院范围内合理配置审判资源；案件流向明确，易形成集约效应；简案得以集中处理、效率提高。劣势在于：在内部机构改革背景下还需新增庭室；工作人员来自不同专业和部门，难以统一裁判尺度。合署型的优势在于：快审团队设置在业务庭内，变动幅度较小；法官分工不分家、裁判尺度统一；规避分立型的业务混同，培养专业法官。劣势在于：不同庭室繁简案件数量不同、快审团队人员数量难以固定；同一庭室存在两种办案节奏和模式，工作开展难免冲突，给庭室、个人绩效考核带来新问题。

在合署型中，根据所在庭室的不同，又可分为业务合署、立案合署两种模式。其中，立案合署模式已被北京市法院系统大多数法院采用。立案合署模式，是指在不增加部门编制或改变庭室业务范围基础上，适度选调人员组成立案庭内的快审团队。在工作范围上，立案庭原有的裁定类案件归入简案，一二审立案等其他事务性工作仍由专人负责。这种模式兼顾了分立型与合署型的长处，发挥了立案庭案件分配源头优势及工作范围有别于其他业务庭室的特点，因此，该模式对中级法院民事案件繁简分流较为适用。当然，也有两个隐患：一是庭室管理问题，立案庭人数陡增、内部工作尚有分工，对日常管理提出较高要求；二是如与立案庭原有业务及人员结合不畅或严格分立，则可能会造成名为合署实为独立，如结合过密则可能有违快审团队设立初衷。

第二，快审团队的运行模式。快审团队成立后，根据是否再做专业分工可分为两种模式：一是“一专多能”，即坚持专业分工、适度办理其他案件以求案件数量平衡；二是“大水漫灌”，即不区分业务内容，所有案件按顺序平均分配。

两种模式亦各有千秋。“一专多能”的优势在于：法官专业未变，利于裁判标准统一、简案范围逐步扩大、审理效率提高；法官既精于专业又可跨越专业，有利于维持专业素质同时扩展提高综合素质。但此模式给案件分配带来一定困难，需人为两次分配或增添要素。同时，结案数要求也会使法官不得不跨专业审理案件，造成与另一种模式同质化。“大水漫灌”的优势在于：法官全面审理各类简案，有利于培养熟练的多面手；[①] 无须再设置分案标准，利于案件平均分配及绩效考核简化适用。但此模式下，如法官此前有专业分工，则需适应不同业务类型及裁判尺度，造成一段时间内的效率降低。

就简案办理现状而言，中级法院简案快审应采取“立案合署型”机构设置、“大水漫灌”模式办理案件。此举虽对法官业务面拓展及执法尺度统一提出了要求，但为总体效率提高付出磨合时间应属值得。另外必须指出，庭室、专业的划分，原为法院工作便利、业务精细而设，难免造成法官业务水平深而不广，“大水漫灌”可增加法官业务水平的广度，提升法官业务能力。

三、民事案件繁简分流的甄别标准和程序问题

推进民事案件繁简分流机制，科学清晰的甄别标准是前提、稳定可行

---

① 庞闻淙、何建：《中级法院推进案件繁简分流的实践思考》，载《人民司法》2017年第10期。

的甄别程序是基础。对此，《最高人民法院关于进一步推进案件繁简分流优化司法资源配置的若干意见》（以下简称《繁简分流若干意见》）并未详细规定，而是交给各地法院自行实践，问题现已逐步凸显。目前二审法院甄别标准往往局限于已适用过快审程序、裁定结案、案由简单、标的较小、争议不大等。甄别方法上多由立案法官或快审法官甄别，人工参与较多易致繁案庭室不满。而二审法院如何发挥审级优势和指导作用，推进辖区民事案件繁简分流标准的细化和固定，确立尺度统一的裁判规则，不断推进繁案入简案以拓宽民事简案范围，都是需深入解决的结构性问题。

第一，甄别标准。甄别标准是目前民事案件繁简分流中的最大阻碍。严格设定分流标准，可以落实随机分案制度、消弭人工过多参与分案弊端，避免繁简庭室间案件量不均衡及选择案件的争议。

一是科学确定甄别要素。目前可借鉴的甄别方式不多，《民事诉讼法》规定的简易程序判断标准，并不符合中级法院民事案件繁简分流需要。中院民事案件繁简分流甄别要素的确定，要充分依靠已有大数据统计结果，精准定位关键要素，并将要素嵌入分案程序，确保随机分配。目前参考要素应为三个，基本要素：案由、标的额、当事人数量、行为能力、涉外因素、诉讼请求数量、是否系关联串案；一审要素：曾否发回、送达方式、诉讼程序、审理时长、开庭次数、结案方式、文书篇幅、卷宗厚度；其他要素：涉及民族外交事项、申诉再审情形、重大敏感或信访因素等。

二是注意案件的动态调整。我国法院总收案量虽逐年攀升，但某一法院或法院的某类案件，不会按相同比例逐年攀升，也无法准确预测一段时间内收案量的高低，此时如果庭室人数固定不变，则需要调整收案量，否则可能出现人案比错位现象。因此，要树立“动态调整”理念，以庭室法官数额为基础，根据一定阶段收案总量确定繁简分流标准，以动态分流确保全院范围内的人案比均衡。

第二，甄别程序。一是尽快固定甄别程序。甄别标准确定后，即可采取“智能分案为主、人工分案为辅”的“电脑 + 人工”方式甄别分案程序。二是兼顾现有制度体系。目前基层法院快审案件办理情况不同，如机构设置、甄别标准等，上诉简案类型较为丰富。因此，在一定时期内还应坚持随机分案和人工甄别结合的方法，以把控案件标准和数量。三是与一审法院的衔接。一审审理的特定案件，如裁定驳回不予受理或裁定起诉类案件，直接接入二审快审程序。凡一审法院适用快审程序审理的案件，亦应在系统内或卷宗上做好标注以便识别。另外，中级法院应发挥审级优势，引导辖区内基层法院共同确定适合的繁简案件甄别标准并逐步固定，以保障二审收案繁简范围稳定。

第三，扩大简案范围。首先，在民事案件级别管辖标准调整后，繁简分流标的额也需适度变化。随着分流秩序逐步稳定、简案数量增加、简案范围扩大，结案数量一定会逐步提高。其次，待繁案裁判规则明确、磨合成熟时，可逐步转化为简案。最后，中级法院一审民事案件一般不宜划入简案，但如系专属管辖原因在中级法院审理的，如执行异议之诉、破产企业关联、第三人撤销之诉等案件，符合标准时亦可归入简案。

四、快审中的审判精细化问题

案件繁简分流后，囿于传统习惯、个人风格、工作节奏原因，法官办案有欠精细的缺点被逐渐放大，简案快审时更为明显。因此，精细化意识应贯彻到快审团队每名工作人员思维、贯穿到案件审理的每个环节。

第一，庭前充分阅卷。案件经过一审法院审理，除个别案件外，大都已查明事实，二审法院应避免任何一项重复劳动，有些二审法官庭前不阅卷或简单阅卷的习惯已无法适应当前需要。二审收案后，要针对一审结果、上诉请求及理由分析研判案件，充分利用一审卷宗吃透案件，初步归纳出争议焦点，确定工作层次和节点，凡出现新事实新证据或需勘查现场、外出核实的，尽量在与当事人谈话之前解决，避免多次谈话。法官要学会站在前人肩膀上办案，不但赢得当事人信任，还可为案件顺利审结奠定基础。

第二，全程调解。根据域内外司法实践，调解早已不是我国特有的司法制度，大陆法系和普通法系国家中，法官主持调解也日渐增多。① 调解在快审工作中更是占有重要地位，法官与当事人每一次沟通都要作为调解过程。一是案件通知时调解。收案后马上深入阅卷，认为有必要向当事人了解信息或调解的，法官或法官助理应亲自与当事人沟通，通知排期同时

① 参见范愉：《诉讼调解：审判经验与法学原理》，载《中国法学》2009 年第 5 期。本文有所总结简化。

调解，既节省书记员工作量也可尽快摸清双方态度，如能达成一致则可最快时间结案。二是庭审及谈话调解。庭审是当事人与法官最近距离接触的机会，也是当面沟通的黄金时间，有经验法官会利用好此节点和时机进行谈话调解。三是庭后调解。确有调解可能的应继续保持适度沟通，结合庭审进程有度释法，即使调解不成也适度渗透胜负原因，让当事人充分感觉到法官的专业和温度，避免判后答疑。

第三，做好谈话或庭前会议。一是做好释明。在当事人或诉讼代理人对二审适用简案快审提出异议时应充分释明，并根据当事人反应把握案件审理进度及方式，避免当事人以"一审'快审'结案、二审又被迫'快审'"为由提出质疑。事实上，当事人多是期望案件得到公正处理，程序公正必须得以确保。当事人对实体结果的质疑可以通过导入申诉程序解决。二是利用好一审法院法庭审理的工作结果。对二审案件而言，一审审理过程等同于庭前会议，基本解决了无争议事实和争点的归纳、固定。二审谈话或开庭时，除出现新事实新证据外，可尝试省却程序细节，在争议意见陈述上多花时间，实现"好钢用在刀刃上"。当然，法庭调查和法庭辩论合并模式可较好体现作用。①

第四，利用好庭审记录。一份记载详尽完整的庭审笔录，不仅可以让当事人信服，还可成为裁判文书的支点。这要求全面、清晰记录庭审过程与庭审内容。庭审中，上诉答辩意见、新证据名称及质证意见、事实及法律争点辩论意见，书记员记录时不能以"略见上诉状"等方式省却意见的全面记录。在此基础上才能发挥庭审记录其作为文书支点的作用。裁判文书应该是庭审过程的真实反映，许多内容可以通过抓取庭审笔录内容直接生成，省却法官码字时间。

第五，工作方向即时确定。简案审理应尽力做到一次谈话成功，除确有必要开庭的，可不再谈话，开庭，电话、邮件或书面意见能解决的不再见面。对一次谈话无法解决的案件，须直接确定下次谈话时间，从而避免再次耗时通知。提交新证据的，可采取庭前、庭上、庭后交换的灵活方

---

① 《最高人民法院关于适用〈中华人民共和国民事诉讼法〉的解释》第230条规定："人民法院根据案件具体情况并征得当事人同意，可以将法庭调查和法庭辩论合并进行。"

式，要求庭上发表或庭后限期提交质证意见。对需要调查核实的证据，可征得当事人授权确定后由法院径行判断。

第六，改变传统合议习惯。一是改变节奏。简案合议应更加简便，改变传统“人全到”及“整块时间”的合议节奏。二是灵活合议。在保证程序合法基础上，可采用庭前合议、随时合议、分别合议、围绕争点合议、无争议案件简单合议、意见不变不再合议等。三是实质合议。每案都应针对争点充分准备、深入合议，不能简到省略合议，丧失合议制度本质。

第七，确立案件双向流动规则。事非经过不知难。案件甄别各归繁简后，法官审理时可能会发现甄别结果与实际情况并不一致，或繁案不繁、或简案不简。此时处理规则更显重要。一是严格“简案转繁”。简案快审的第一要务是短平快、在精审和效率间应侧重后者。如果审理时才发现是繁案的，承办法官也要有“精研”意识、本领和动力，确有必要时经确认流程认定为繁案时（多为庭长研究同意）方可移转。由简入繁还应严格控制比例，以防鱼目混珠。二是确立“繁案入简”规则。经研究、审理，裁判规则统一、审理思路磨合成熟的繁案可归入简案范围的应及时归入，确保简案范围不断扩大，让繁案法官更有时间精力研究繁案、简案法官有机会更多接触不同类型简案。三是审判管理部门应负责部门间协调合作。不能让部门利益掣肘繁简分流机制，确保双向流动不出现“甩包袱”“较劲儿”“攀比”等情况。

第八，简便制作文书。《繁简分流若干意见》第15条，《最高人民法院关于加强和规范裁判文书释法说理的指导意见》第3条、第9条、第10条均规定，繁简程度不同的案件应制作不同文书。简案文书的制作，应注意以下几方面：一是格式简单。目前基层法院使用的格式有令状、要素和表格三种，其中要素式较为常用，如山东省高级人民法院已出台《要素式审判方式指引（试行）》,① 但并未规定中级法院简案的文书格式。中级法院应根据现有基层法院的文书格式，根据案件类型、难易程度，适度创新设计文书的简化格式。二是内容简写。既为简案，或争议较小几无讨论必要，或重裁判结果而无需展开论述，或已有生效文书确立裁判标准，或已

① 参见《山东省高级人民法院要素式审判方式指引（试行）》第1条、第11条的规定。

有统一裁判规则。因此，二审文书应确保事实认定准确、争议焦点归纳准确、理由逻辑清楚，法律适用及说理部分可适当简化。但如有可查询的类案案件裁判标准及规则，法官在审理中应予释明，以便当事人查询。三是裁判文书模块化。法官可自行制作文书模板，固定文书中必然出现的部分，抓取其他信息后再“镶嵌”至文书之中。如案号、二审合议庭组成可从流程信息中抓取；诉讼请求、查明事实、一审本院认为及判决结果，可从一审文书抓取；当事人自然情况、上诉及答辩意见、新证据名称及质证意见、双方对争点的意见等，可从二审笔录抓取。文书生成后，对前述各部分略加删改、修饰，即可同步拼装生成。

五、快审机制的队伍建设问题

法院在组成快审团队时，往往关注的是结案能力，对人员配备、轮岗培训、晋职晋升、考核评价、监督管理等问题关注不够，造成队伍稳定性、延续性不足。

第一，组成结构合理团队。首先，以辩证眼光搭建团队。选人的基本标准应为接受新事物快、业务能力强、身体足以应对快节奏工作的同志，同时吸收资深法官。组成快审团队时，不能一概选用年轻人而忽视“老同志”的审判经验，也不能一概选用老同志而忽视年轻同志的冲劲儿，要打破只有年轻人才能胜任快审的思想禁锢。资深法官因其理论扎实、经验丰富，结案速度上未必输于年轻人，但案件效果一般会更优。同时，资深法官的审判示范作用和经验传承，可给年轻法官高效审理案件以更好指导。因此，快审团队以年轻人为主，同时需要配备精英型资深法官作为定盘星。其次，优先保障快审团队人员足额配备。相对于繁案，简案快审更追求速度和效率，充足的人员必不可少。因此，快审团队中法官、助理、书记员应按1∶1∶1配备，团队按3∶3∶3配备。如有可能适当增加1~2名助理或书记员，为工作周转或紧急情况留出一定空间。最后，定期轮换。快审团队不能一成不变，而应接受不同岗位历练和进行梯次培养。因此，庭室间轮岗十分必要，一般从事快审工作以两年为一周期较为适当。快审以快字当头、量字为先，时间太长会导致激情衰退，不利于工作持续开展；时间较短又不利于安心投入工作，易半途而废。此举还可使更多法官拥有快审经历，确保今后业绩对比和个人晋升时处于同一评价体系。同时，确保繁简庭室法官自然流动，巩固繁简分流成果。

第二，增加队伍凝聚力。一是团队协同办案。明晰职责是审判团队发挥作用的前提，尤其要明确法官助理职责范围，确保其积极性发挥。法官因专业性和不可替代性，应专注于审判核心事务、保证亲历性。同时，还要注意队伍建设，带动团队快速前进、促进每位同志进步。法官助理的职责应定位于审判辅助事务，事实梳理、证据交换、争点归纳、文书报告撰写，其远期目标是汲取营养成为法官，要养成随时学习、积累经验习惯。书记员则更多聚焦于开庭排期、庭审记录等纯事务性工作，承担好与“当事人见面最多人”角色。当然，在团队内部也可根据实际需要调整工作内容，但始终确保法官专注于审判核心事务，团队成员全面释放潜能、围绕法官发挥最大合力。

二是搭建多层次平台。案件繁简分流是一项新机制，不仅可以成为解决人案矛盾的抓手，还是增加队伍凝聚力良好平台。应站在全院角度，根据人员组成、业务类型、审级分工、司改措施落实等需要，将快审机制打造成年轻人的成长平台、业务精英的养成平台、工作能力的展示平台、后备干部的培养平台、新型团队的实践平台。多层次平台的搭建，让快审部门既能吸引法官，又助力法官成长。

三是恰当的绩效考核。一方面，仅就案件数量而言，简案快审与繁案精审必然存在较大差别，无法用同等考核标准评价。目前，定性与定量结合思路下的“快审独立型”“权重系数型”是常用方式。“快审独立型”简便易行，但无法与其他庭室法官比较工作业绩，院级考核庭室、庭室考核个人是目前绩效考核常见形态，在一定时期内仍将适用。“权重系数型”可在不同案件、不同部门中一体适用，是今后发展方向，但设定案件权重系数技术性较强、开发软件也需过程，考核标准制定有不小难度。经过一段时间转化后，最终实现不同法院、不同庭室的法官处于同一考核评价标准范畴，以便为业绩考评、奖励惩罚和级别晋升提供更为科学合理依据。另一方面，考核具体落实还需注意案件的合理分配。个案应坚持随机分案制度，遇到关联性串案或其他需要调整案件应人为介入。串案承办又分为法官“承办”或“主办”两种模式。为绩效考核便利、案件分配均衡，采取“一人主办倾斜分配、其他人平均分配”的方式较为妥当。

六、民事案件繁简分流的配套措施

第一，两级法院审理思路的统一。一是统一审理模式。《民事诉讼法》及司法解释规定，民事案件开庭不必受目前普遍适用“法庭调查—法庭辩论—最后陈述—调解”分立模式的限制，可灵活适用“法庭调查和辩论合并”模式，但应做好释明。从本质看，两种模式并非绝对排斥，繁案可适用，简案更应适用。关键是三个固定：固定诉讼请求、固定无争议事实、固定争议焦点。对无关证据或双方认可证据无需举证质证、对无关事实或双方认可事实无需再行确认。一审审理时应归纳并围绕争点审理，让当事人意识到胜负关键点。即使上诉，也会围绕争点、胜负点准备证据、讨论事实、寻找法律。无关事实、无争议事实无须进入二审审理范围，以便简省时间、突出焦点、强化针对性。由此，发挥一审法院认定事实、二审法院适用法律的功能，实现简化庭审过程、围绕焦点审理的程序正义。

二是统一裁判理念和观点。在理念方面，繁简分流为了恰当“治病”，也需注意“病人”内心需求。基层法院以一定标准分流、通过不同庭室审理的繁案和简案，在二审中需要重新划定繁简，但基层法院确定为简案的，在中级法院一般也会归入简案。此时，面对当事人对程序、时限、庭审流程等提出异议，释明口径务必一致：繁案并非慢审、简案并非乱审；繁简分流系基于一定要素而来，不因当事人个人感受发生变化。在裁判观点方面，中级法院应注意发挥二审审级职能，及时归纳总结类案裁判要旨并贯彻至基层法院法官，最大限度实现辖区内法院案件甄别标准、裁判规则统一。力争事项辖区内的同案同判，让法官繁案精审时更有动力、简案快审时更有底气，让当事人心理期望值更符合实际，让诉前多元化解机制更有依据。

第二，适当推动审判辅助事务外包。民事案件繁简分流，需打破“人由自己养、事由自己包”的传统管理模式，把可由社会力量承担的辅助事务交出去。对卷宗扫描、网络公告、文书上网、案款发放、文书送达、卷宗整理归档等工作可以逐步外包。让法院工作人员集中办理不可替代性的审判事务或审判辅助事务，如庭审记录、文书校核、案件报结等。

做好业务外包，一是要加强管理。外包工作第一位是保密。法院要设置专门部门，多为诉讼服务部门管理外包工作，负责岗前培训、履职管理、问题处理等，还要注意协调、沟通，利用好外包单位对工作人员的管理。二是适度扩展。多元社会状态下，分工愈发精细，要逐步增加和精细化外包业务范围，让专业人干专业事，不但降低成本还能提高效率。

第三，信息化技术手段深入运用。“案多人少”能否成为历史，大数据、云计算、人工智能、区块链等互联网技术成果的转化应用较为关键。法院工作严格保密的特点、法官对软件的客户体验、技术开发人员对流程节点的理解和把控，都是技术开发更新、深度应用的难点。应根据《优化资源配置若干意见》《最高人民法院关于进一步加强民事送达工作的若干意见》①《最高人民法院关于互联网法院审理案件若干问题的规定》等指导性意见倡导的方向创新操作方法。

一是推进智慧法庭建设。从当事人进入法庭开始，无论谈话、开庭都自动录像，以规范法官言行、备存核查并弥补记录不足。做好远程视频庭审、证人数字化出庭等软件开发，提升语音识别技术应用效能，确保方言、多话筒发言、重复发言等的甄别录入，减少书记员重复性劳动。

二是深入推行电子送达制度。电子送达是目前解决送达问题的有效措施，但实践中工作开展并不乐观。法院可学习借鉴互联网法院工作机制，通过审判流程信息公开网、手机短信、传真、电子邮件、即时通讯账号等电子方式送达文书及证据材料。② 但《最高人民法院关于互联网法院审理案件若干问题的规定》目前仅适用于互联网法院审理案件，所以中级法院要借鉴该规定理念创新操作方法，如以当事人同意确认等方式，在合法基础上逐步推进。

三是完善智能办案辅助系统。辅助系统“是工具而不是对手”，可实现典型案例、裁判文书、法律观点、同类案件等的智能检索，结果比对、数据分析、瑕疵提示等的实时推送。根据区位不同，法院应注意发挥知名科技企业技术优势，形成可复制、可推广的经验并逐步推广。

---

① 《最高人民法院关于进一步加强民事送达工作的若干意见》第2条规定：“二、当事人提供的送达地址应当包括邮政编码、详细地址以及受送达人的联系电话等。同意电子送达的，应当提供并确认接收民事诉讼文书的传真号、电子信箱、微信号等电子送达地址。当事人委托诉讼代理人的，诉讼代理人确认的送达地址视为当事人的送达地址。”

② 参见《最高人民法院关于互联网法院审理案件若干问题的规定》第15条规定。

四是优化审判管理信息系统。该系统主要作用为从案件审判管理角度为大数据、云计算提供基础数据。系统应以法官和统计需求为导向，保证信息录入真实准确，利用好对法官人数、人均结案数、结案方式及平均审理时间等静态统计，做好人案比动态分析，准确预判审判工作运行态势，适时合理分配审判资源，确保民事案件繁简分流机制不断深入。

结 语

案件繁简分流，是现有审判资源的再次分配、案件审理模式的重大变革。近年来，中级法院不但面临空前的人案矛盾，还面临着一审法院案件繁简分流后二审职能发挥的挑战。因此，中级法院民事案件繁简分流势在必行。推行该机制，必须转变“案件越多成绩越好”的司法政绩观、辩证认识“繁案精审、简案快审”原则、摒弃传统办案节奏和方式、从更高角度发挥二审法院职能。同时，还需要案件精细化意识和方法、注意快审团队的人员配备和绩效考核、落实好相关配套措施，最终让“繁简分流、轻重分立、快慢分道”的案件繁简分流机制发挥最大作用。判

（本文仅代表作者个人观点）

知识产权纠纷繁简分流的理论证成与制度建构*

——基于北京知识产权法院与北京互联网法院的实践分析

白志晖** 张吉豫***

一、知识产权纠纷的“案多人少”与“繁简分流”

（一）知识产权的司法保护现状

1978年改革开放以来，我国法院受理的各类案件（包括一审、二审、再审案件）数量持续增长，由1978年的61.3万件到2018年的2800万件，增长了44.6倍之多。诉讼数量的急剧增长被学界与实务界形象地称之为“诉讼爆炸”。与此同时，我国当前的员额法官人数仅有12.4万人，① 较1978年的6万人仅仅增长了1倍。

---

* 本文系国家重点研发计划“高质高效的审判支撑关键技术及装备研究”（2018YFC0830300）的阶段性成果。

** 中国人民大学法学院博士研究生。

*** 中国人民大学法学院副教授。

① “员额制”司法改革前，我国法官人数曾达到21.19万人，但同样与案件数量的增幅不成比例。

案件数量与法官人数的不均衡增长导致法官的工作量大大增加，法官年均结案数由1981年的20件增至2018年的200多件，“案多人少”的矛盾也由此而来。①

知识产权的司法保护同样面临着“案多人少”的困境。② 由图1、图2③ 可知，近10年来全国知识产权一审案件结案数量始终保持着快速增长的势头，2011、2012、2017、2018年的案件增幅均超过了40%；除2013年外，知识产权案件的年均增长量均为8000件以上，在2018年更是达到了惊人的85159件。2017年度，我国地方法院共审结各类知识产权一审案件204070件，这一数字已经超过了1985年到2008年知识产权一审案件结案数量的总和。案件数量的爆发性增长无疑给司法系统带来了极大的工作压力，根据北、上、广三地在2018年的数据统计，承办知识产权案件法官的年均结案量均超过了300件。④

知识产权案件包括了民事案件、行政案件和刑事案件三种类型，我国法院从上世纪80年代中期陆续开始了对商标、专利、著作权等案件的民事与行政审判；自1997年《刑法》修订后开始对各类知识产权提供刑事司

① 2018年案件数据参见《数读最高人民法院工作报告》，载新华网 http://www.xinhuanet.com//legal/2019-03/12/c_1124227145.htm，2019年9月9日访问。2018年法官数据参见2018年《最高人民法院工作报告》，载 http://www.xinhuanet.com/politics/2018lh/2018-03/25/c_1122587194.htm，2019年9月9日访问。其他数据参见朱景文：《中国人民大学中国法律发展报告2011：走向多元化的法律实施》，中国人民大学出版社2011年版，第1~6页、第45页；转引自尤陈俊：《“案多人少”的应对之道：清代、民国与当代的比较研究》，载《法商研究》2013年第3期。

② 本文所涉及的全国性知识产权案件司法保护数据可参见最高人民法院发布的《中国法院知识产权司法保护状况白皮书》（2009—2018）、《最高人民法院知识产权案件年度报告》（2009—2018）。

③ 对于知识产权刑事案件，本文参照最高人民法院自2017年后的统计方式，在历年数据中仅计入侵犯知识产权犯罪和（涉及侵犯知识产权的）生产、销售伪劣商品罪两类案件。

④ 数据可参见《保护知识产权 中国赢得赞誉》，载人民网 http://paper.people.com.cn/rmrbhwb/html/2019-07/31/content_1938943.htm，2019年9月9日访问；《2018年上海法院知识产权审判白皮书》《上海知识产权法院知识产权司法保护状况（2018年）》；《广州知识产权法院司法保护状况（2018年度）》白皮书。

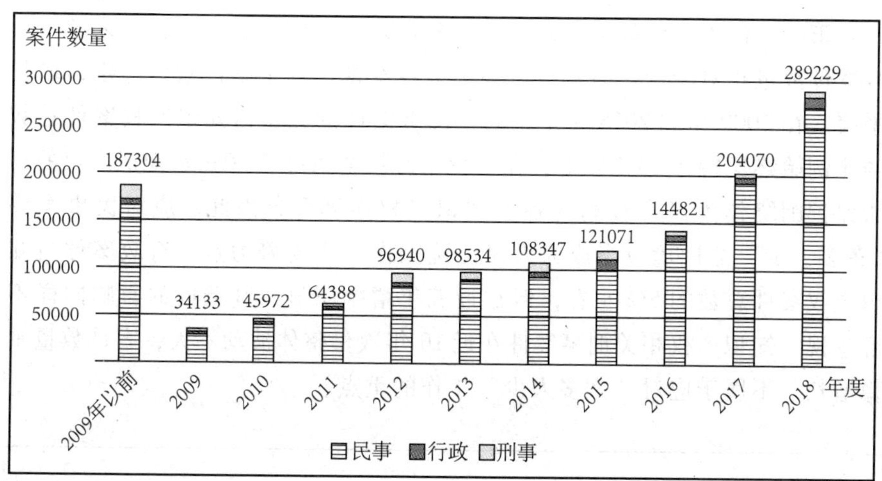

图1 全国知识产权一审案件结案数量图（2009～2018年）

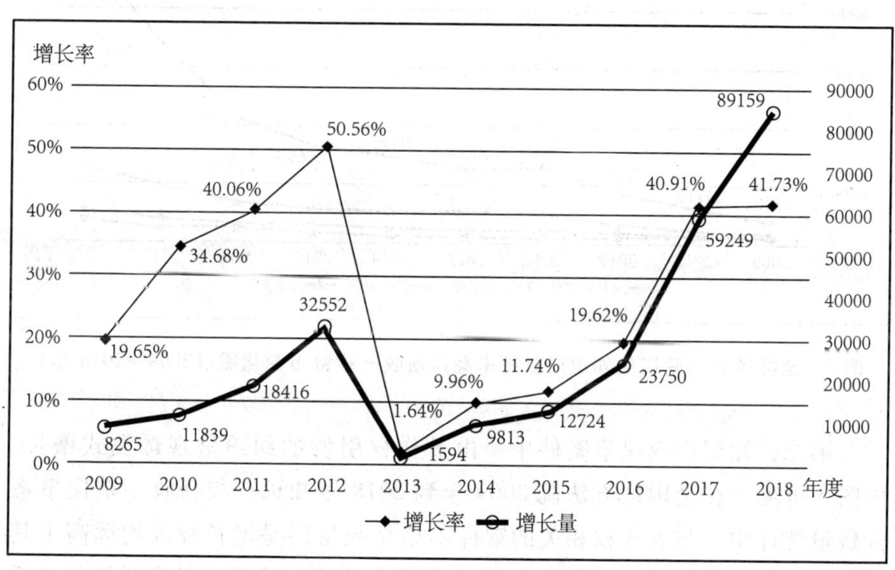

图2 全国知识产权一审案件结案增长量/增长率变化图（2009～2018年）

法保护。通过对全国地方法院知识产权案件审判数据分析和对北京知识产权法院、北京互联网法院的实地调研，本文认为知识产权司法保护所面临的“案多人少”之困境主要体现出三点特征：

第一，民事案件数量庞大，是“案多人少”困境的主要压力来源；行政案件数量相对较少，但其增长势头不容忽视；刑事案件数量稳定，增长平缓。在2009年到2018年十年间，民事案件的数量占知识产权案件总数的比例始终保持在80%以上，在不少年份甚至超过了90%。知识产权的司法保护围绕作为民事权利的各类知识产权而展开，因此，应对民事案件“案多人少”之困境应当成为人民法院工作的主要着力点。行政案件占知识产权案件总数的5%左右，但在近五年增幅明显，其造成的影响同样不容忽视。知识产权相关刑事案件在近10年数量整体波动不大，案件数量平稳增长，不属于应对“案多人少”工作的重点。

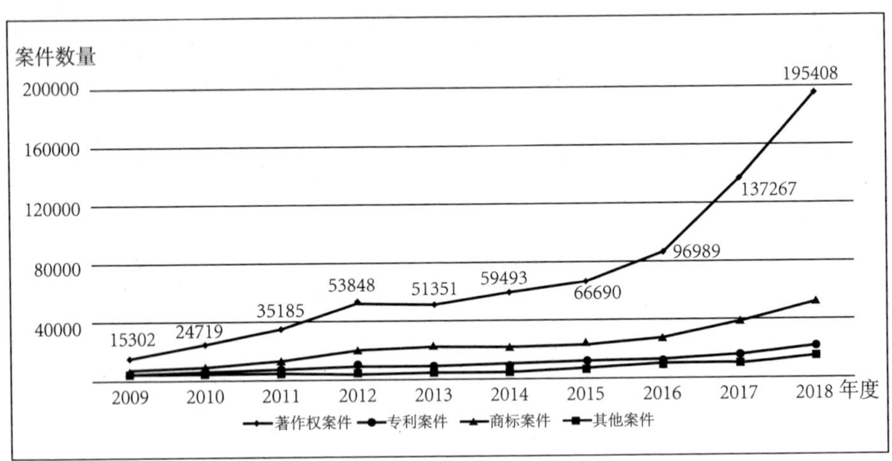

图3　全国地方法院四类知识产权民事案件新收一审数量变化图（2009～2018年）

第二，知识产权民事案件中，由著作权引发的纠纷呈现爆发式增长。由图3可见，在全国地方法院2009年到2018年知识产权新收一审民事案件数量统计中，与著作权相关的案件不论是数量还是增长幅度均远高于其他几类案件，尤其是2016年以来新收著作权民事一审案件的数量增长了近1.3倍。究其原因，一方面，包括著作权在内的知识产权本身就极易受到侵害。因为相较于物权通过事实上的占有对财产进行支配，作品、专利等作为无体财产，可以在空间上同时为多数人所占有，权利人对知识财产的支配关系有赖于法律规范的保障。另一方面，飞速发展的信息网络技术给著作权的司法保护带来了极大的挑战。在著作权制度诞生之初，重要的传播手段只有印刷、复印等；音像技术、无线电技术成熟之后，作品可以通过广播、放映等方式传播；信息网络作为一种新媒介，对过去的作品传播方式形成了颠覆性的改变。网络空间的虚拟性与作品的无体性巧妙结合，使得作品的传播与利用不再受到时间、空间与物质载体的限制，传播利用的范围和效率大大增加。但同时也加剧了围绕作品而产生各类摩擦的风险，特别是近年来随着网络平台的进一步发展，音乐合成、图片合成、微电影和短视频等数字化作品创作和传播的支撑工具不断进步，在为公众运用多元化手段记录自己的生活、表达自己的思想感情提供便利的同时，也使得网络环境下的著作权纠纷情况大量出现。北京互联网法院自 2018 年 9 月成立以来，仅仅一年间就受理著作权权属、侵权纠纷多达 26607 件。① 如何应对网络环境下产生的大量著作权纠纷，已逐渐成为理论界与实务界讨论的热点。

第三，知识产权行政案件中，商标类行政案件在近五年增幅明显。由图 4 可见，自 2013 年修订《商标法》、2014 年正式施行以来，涉及商标的行政案件数量增长迅速，全国地方法院受理的商标行政一审案件始终保持在 5900 件以上，较 2014 年之前年均 2000 件以下的案件量增长了近 2 倍。如前所述，权利人对知识财产的支配关系有赖于法律规范的保障，特别是对于排他性较强的专利权与商标权，为了确认其排他性与独占性、保证社会的整体效率，具有公信力的公权力机关必须参与到其权利形成、权利赋予、权利行使、权利请求和权利救济的一系列过程中。② 一旦因规制知识产权的具体行政行为产生纠纷诉至法院，行政主体作为被告，即产生了知识产权行政案件。一般而言，专利类行政案件常涉及较为复杂的技术方案，对承办案件的法官提出的要求比较高，诉讼程序往往要耗费更多的司法资源；商标类行政案件则很少涉及技术因素，案件事实认定、法律适用往往比较清晰，因而在实际审判中较之专利行政案件难度更低。但两类案件在诉讼程序上却并无不同，致使并不复杂的商标类行政案件同样需要经历复杂的诉讼程序；加之商标类案件数量庞大（占知识产权行政案件的比

① 参见《北京互联网法院审判白皮书》。

② 参见刘春田：《知识产权作为第一财产权利是民法学上的一个发现》，载《知识产权》2015 年第 10 期。

例始终保持在70%以上），在实践中耗费了不少审判资源，给司法机关造成了很大的困扰。

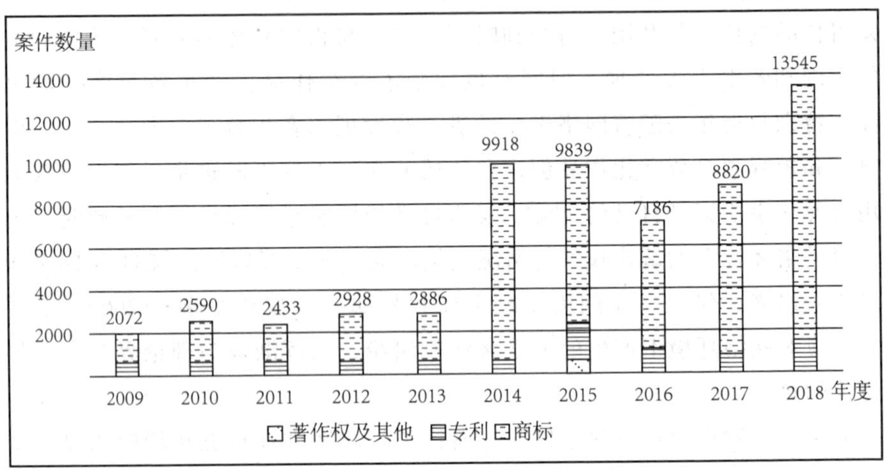

图4　全国地方法院知识产权行政案件新收一审数量变化图（2009～2018年）

综上，知识产权的司法保护整体面临着极为严峻的“案多人少”之困境，其主要问题也十分突出。一是民事案件的增长总量和幅度最为庞大，著作权纠纷的爆发性增长是其中的突出问题。其中，网络环境对著作权纠纷的催生应当引起注意。网络平台、民间调解的缺位使得法院系统面临了很大的压力。二是行政案件近五年的增长势头不容忽视，集中体现在商标类行政案件的急剧增多，这类案件数量庞大、诉讼程序繁琐，对司法资源的消耗很大。知识产权司法保护的现状直接决定了应对“案多人少”困境时实践探索与制度建构的方向所在。

（二）“案多人少”之应对：繁简分流

“繁简分流”作为我国法院系统积极应对“案多人少”困境、改革审判方式之司法举措，① 是随着上世纪90年代北京市海淀区人民法院等一部

① 参见北京市海淀区人民法院：《改革民事审判方式新举措——繁简分流》，载《人民司法》1993年第8期。

分基层法院开始探索繁简分流实践而首次出现的。[①] 迄今为止，“繁简分流”的理论和实践内涵经历过一系列嬗变。上世纪 90 年代，学界和实务界普遍从“案件分流”的单一维度来界定繁简分流。具言之，繁简分流指在案件立案以后，根据其难易程度，将简单的案件集中由少数几个固定的法官根据简易程序审理。[②] 21 世纪初，有学者开始关注到“繁简分流”作为应对司法资源和司法需求剧烈冲突的改革举措，可能对诉讼程序的正当性造成冲击，提出应从诉讼成本与收益、交易秩序等理论来把握其价值取向，使不同案件获得不同的程序保障。[③] 2009 年，以广东省东莞市人民法院为代表的一批法院，开始探索建立一套包括诉前调解、审前准备中立案调解、速裁在内的“快速处理机制”，在不同阶段进行民商事案件的繁简分流。[④] 2016 年最高人民法院发布《关于进一步推进案件繁简分流优化司法资源配置的若干意见》（以下简称《意见》），提出在新一轮司法改革中以“繁简分流”举措应对“案多人少”。针对《意见》中“繁简分流”的表述，最高人民法院副院长李少平指出其包含三个层次：一是指诉讼程序的繁简分流，不同案件分别适用不同审理程序；二是指纠纷解决方式的繁简分流，既包括诉内程序，也包括诉外的多元化纠纷解决机制；三是指整个司法系统的繁简分流，不仅包括诉内诉外的程序，还包括司法资源的优化分配。[⑤]

从“案件分流”到关注对案件的程序保障，从引入调解等非诉讼程序到提出多层次的分流理念，“繁简分流”正趋向于成为法院系统应对“案多人少”困境之系统性司法举措的总概括。本文拟结合我国知识产权司法

① 参见《最高人民法院发布关于进一步推进案件繁简分流的意见（附意见全文）》，载最高人民法院微信公众号 https://mp.weixin.qq.com/s/cwOjMAKVYSJUt-Gf99f9HfQ，访问时间 2019 年 9 月 9 日。

② 参见王利明：《司法改革研究》，法律出版社 2000 年版，第 80 页；北京市海淀区人民法院：《改革民事审判方式新举措——繁简分流》，载《人民司法》1993 年第 8 期。

③ 参见傅郁林：《繁简分流与程序保障》，载《法学研究》2003 年第 1 期。

④ 参见陈葵、陈志良、黄秀莉：《论繁简分流与快速处理机制——以一个基层法院的司法运作为样本》，载《法律适用》2010 年第 10 期。

⑤ 参见李少平：《最高人民法院〈关于进一步推进案件繁简分流优化司法资源配置的若干意见〉读本》，人民法院出版社 2016 年版，第 412 页。

保护现状与对北京知识产权法院、北京互联网法院的实地调研，对我国知识产权纠纷的繁简分流机制进行理论证成与制度建构，以期为应对我国知识产权纠纷“案多人少”之困境提供助益。在进行知识产权案件“繁简分流”的理论证成时，本文将从两方面着手：第一，面对知识产权纠纷数量的爆发性增长，首先应在法院内部进行资源整合和案件管理，从“程序效率”与“司法公正”的视角出发，针对不同的案件类型适用不同程序，调整资源使用，提高司法效率，缓解案多人少的问题；第二，积极引导当事人利用非诉讼的方式化解纠纷，促成纠纷解决机制的多元化和合理化，从而改善和优化司法资源配置，从源头上缓解法院系统面临的巨大压力。特别是针对互联网环境下出现的大量著作权案件，这类纠纷通常争议焦点清晰、双方分歧不大，更适合于用调解等非对抗的方式解决矛盾。

二、繁简分流的法理基础之一：诉讼效率与司法公正

“繁简分流”最低限度的含义，就是把诉讼案件按简单复杂程度分类并纳入不同的程序中去处理。① 在具体落实“繁简分流”时，不论是立案环节的“有序高效”、审判阶段的“依法快速”还是“简化行政案件程序”，《意见》中的不少举措都体现了简化与高效。最高人民法院副院长李少平在文章中指出，当前我国司法体制机制不健全，影响着司法效率的提高，繁简分流则是推进司法改革的有效切口。② 可以说，依照难易程度、争议性强弱等因素对案件进行区分，对不同案件适用不同程序，“快速审理简单案件，严格规范审理复杂案件”，③ 直接体现着对于诉讼效率的追求，是“繁简分流”的基础性工作与应有之义。但建构不同于普通程序的诉讼程序，简化了许多法律技术和程序环节，如果缺乏充分的论证与程序

① 参见王亚新：《司法效率与繁简分流》，载《中国审判》2010年第12期。

② 参见李少平：《大力推进繁简分流 全面深化司法改革》，载《人民法院报》2016年9月14日。

③ 《最高人民法院关于进一步推进案件繁简分流优化司法资源配置的若干意见》（法发〔2016〕21号）。

保障，可能会引发难以实现司法公正的风险。[①] 根据《意见》的精神，推进“繁简分流”工作，应当在保证司法公正的前提下追求司法效率，在更高层次上实现二者的平衡。[②] 本章将从“程序效率”与“司法公正”的关系出发，论证在司法活动，尤其是在知识产权诉讼中，简化部分诉讼程序、提高诉讼效率的同时如何保证司法公正，实现二者平衡。

“效率”原本是经济学中的概念，其进入法律领域源于自亚当·斯密以来经济学对法律的渗透，亦即对法律的经济分析的运用。[③] 1973 年，美国芝加哥大学理查德·波斯纳教授所著的《法律的经济分析》一书问世，从根本上奠定了法律经济学或称经济分析法学的地位。波斯纳的经济成本理论将是否有利于减少资源浪费、增进对资源的优化利用、提高经济效率作为评价现行法律制度和明确未来法律发展方向的根本依据，并将其贯彻到对具体制度的批判与解释中。[④] 自此，诉讼效率的概念越来越受到理论界与实务界的关注，并成为评价诉讼程序品质的重要范畴。自上世纪 90 年

---

① 如有学者认为简易程序的扩大适用引发了我国“效率性高”而“公信力低”的悖论现象；有学者表示小额诉讼程序在强调效率和效益的同时，把诉讼的正当程序保障降低到非诉讼程序的水平，无形中损害了诉讼的质量；还有学者指出，致力于在公正基础上追求效率价值的“速裁程序”应当通过立法明确化，否则会模糊各种程序界限，造成其适用宽泛化，背离民事诉讼法的立法宗旨。参见蔡彦敏：《对中国民事司法案件管理机制之冷思考》，载《中欧民事审判管理比较研究》，法律出版社 2015 年版，第 226 页；范愉：《司法资源供求失衡的悖论与对策 以小额诉讼为切入点》，载《法律适用》2011 年第 3 期；汤维建：《“速裁法庭”宜慎行》，载中国高校人文社会科学信息网 https：//www. sinoss. net/2011/0612/33826. html，2019 年 9 月 9 日访问。

② 参见李少平：《大力推进繁简分流 全面深化司法改革》，载《人民法院报》2016 年 9 月 14 日。

③ 参见顾培东：《效益：当代法律的一个基本价值目标——兼评西方法律经济学》，载《中国法学》1992 年第 1 期。作者在原文中使用的是“效益”一词，关于“效益”与“效率”在含义上是否等同目前尚有争论，但在效率理论研究早期，学者大多不对效率与效益做进一步区分，可参见王利明：《司法改革研究》，法律出版社 2000 年版，第 80 页；李文健：《刑事诉讼效率——基于效益价值的法经济学分析》，载《政治论坛》1997 年第 5 期。

④ 参见［美］理查德·波斯纳：《法律的经济分析》，蒋兆康译，中国大百科全书出版社 1997 年版。

代起，国内开始有学者关注诉讼效率及其相关问题并展开研究。“诉讼效率”究竟应当如何界定，主要有三类不同的观点：第一类观点将“效率”视为独立的价值尺度，认为诉讼效率主要指纠纷解决的快慢程度以及在诉讼过程中人们对各类资源的利用与节省程度；① 第二类观点采用“成本—收益分析”方法，认为诉讼效率就是以最少的资源消耗取得同样多的效果，或者以同样多的资源消耗取得最大的效果。② 换言之，诉讼效率就是“诉讼成本最小化”和“诉讼收益最大化”的有机结合。第三类观点将诉讼效率定义为司法投入与司法产出之间的比例关系，并指出司法产出的产品应当符合公正性的标准，但对如何界定司法投入与产出又产生了两种分歧的意见：第一种意见认为，司法成本指司法主体在实施司法行为过程中所耗费的人力、财力和物力的总和，司法产出则是包括了社会伦理效果、经济效果和政治效果的综合指标；③ 第二种意见认为，司法成本是指既定的司法资源（如法院、法官数量等），司法产出即为判决案件数量。④ 本文认为，要准确把握诉讼效率的概念，一方面，应与作为司法活动核心与基础的“公正”紧密联系；另一方面，还应遵循经济学中对于效率的基本认知，⑤ 形成一个易于量化、相对客观的评价标准。故本文对诉讼效率的界定采取上述第三种观点，即在既定的司法资源条件下，作为司法产出之判决案件数量的最大化，产出的产品是否合格需要通过“公正”的检验。

如果从外部性的角度看待“公正”与“效率”的关系，即将二者视为两种不同的价值进行比较，那么结论显然是不言而喻的：公正的地位远高于效率，唯有在公正得以保障的情况下才有讨论效率的必要性。时任最高

---

① 参见凌永兴：《民事司法改革中的诉讼效率研究》，南京师范大学2007年博士论文；李浩《论举证时限与诉讼效率》，载《法学家》2005年第3期。

② 参见王利明：《司法改革研究》，法律出版社2000年版，第74～75页；李家军：《司法的效率之维》，载《法律适用》2009年第6期。

③ 参见陈贵民：《论司法效率》，载《法律科学（西北政法学院学报）》1999年第1期。

④ 参见汤维建：《论司法公正的保障机制及其改革》，载《河南省政法管理干部学院学报》2004年第6期；刘练军：《司法效率的性质》，载《浙江社会科学》2011年第11期。

⑤ 从经济学上分析，效率通常指投入与产出或者成本与收益之间的关系，参见陈光中：《中国司法制度的基础理论问题研究》，经济科学出版社2010年版，第575页。

人民法院院长肖扬在2001年“公正与效率世纪主题论坛”上指出：“司法的核心是公正。没有公正，司法就失去了赖以存在之基、安身立命之本。”① 最高人民法院副院长李少平也在文章中表明，在推进“繁简分流”工作时，要充分注意到公正与效率在司法领域的价值关系有别于经济领域，② 始终要把“好”放在“快”前，在保证司法公正的前提下追求司法效率。③ 因此，如果从外部层面讨论二者关系，“效率”是无法与“公正”比肩的，“繁简分流”的正当性难以证成。与此不同的是，法律经济学恰恰为我们提供了将“公正”与“效率”联系起来的内部视角。正如有学者指出的，波斯纳的杰出贡献就在于他对“公正”所作的“效率”意义上的解读，使“公正”那张神秘的脸变得人人都能识别、能够把握。④ 波斯纳所说的“公正的第二种涵义，也许是最普通的涵义，是效率”，事实上是为人们解读出了在市场经济条件下公正的维度之一：效率。也就是说，波斯纳并没有将效率视作凌驾于公正之上，而是将“效率”解读为公正最为重要的含义。回到本文论题，司法公正与诉讼效率之间应当是包含关系，诉讼效率是司法公正的构成要件与基本内涵之一，⑤ 缺少了诉讼效率的司法公正不能称之为公正。诉讼效率作为市场经济时代的产物，为公正这个古老的价值补充了时代性的精神，⑥ 也使得司法公正的内涵更加完善。

基于前述分析，欲从诉讼效率与司法公正的关系证成“繁简分流”，本文认为应当分两步推进。

第一，诉讼效率是司法公正的基本内涵之一，如果避开“公正”就

---

① 曹建明主编：《公正与效率的法理研究》，人民法院出版社2002年版，第7页。

② 在经济领域中，公正与效率常常直接对立。以哈耶克、弗里德曼为代表的保守主义者强调市场的自由竞争，认为效率对公正具有优先性；以罗尔斯为代表的新自由主义者则主张公正优先；中间派如阿瑟·奥肯主张用“交替论”的办法来处理公正和效率的关系。

③ 参见李少平：《大力推进繁简分流 全面深化司法改革》，载《人民法院报》2016年9月14日。

④ 参见万毅、何永军：《司法中公正和效率之关系辨正——兼评刑事普通程序简易审》，载《法律科学（西北政法学院学报）》2004年第6期。

⑤ 参见刘练军：《司法效率的性质》，载《浙江社会科学》2011年第11期。

⑥ 参见李晓明、辛军：《诉讼效益：公正与效率的最佳平衡点》，载《中国刑事法杂志》2004年第1期。

“效率”论“效率”，仅仅为了减轻法院工作负担、加快审判速度而推进“繁简分流”，其正当性容易“先天不足”。[①] 因此，知识产权纠纷在不同诉讼程序之间的分流必须以公正为前提，各类程序在制度设计上要给予当事人充分的程序保障，使得司法机关对于诉讼效率的追求不脱离司法公正的覆盖范围。具体来说，较一般程序更为“简化”的诉讼程序，应当满足当事人以下最基本的权利：(1) 被告知的权利。保障知识产权纠纷的被告方以适当方式的收到通知，以便及时作出反应，是程序保障的基本要求。[②] 在知识产权行政案件中，对于大量审理知识产权行政案件的法院（如北京知识产权法院），作为被告方的国家知识产权局[③]与其联系密切，可以及时获得告知；在知识产权民事案件中，被告方获得告知的权利应当与现行《民事诉讼法》中有关送达的规定保持一致。对于被告人难以及时获得告知的情形，应当避免适用“简化”的程序。(2) 陈述和抗辩的权利。不论是通过口头还是书面的方式，知识产权纠纷的当事人向法庭和对方当事人陈述和答辩的权利应当受到保障。此外，当事人还应当获得一定的期间来准备陈述或答辩，期间的长短应当与案件的复杂程度相适应。(3) 获得法院在公开审判之基础上作出判决的权利。尽管简易程序、速裁程序等较一般程序更为简化，但实质意义上的开庭审判不能省略，法院必须在纠纷当事人双方参与庭审、进行质证和辩论的前提下作出判决。(4) 获得程序救济的权利。实践中，往往是比较简单、司法审判的经验十分成熟的案件，才涉及适用“简化”的程序。因此，一旦案件出现了复杂的新证据、新事实，应允许当事人申请对案件按照一般程序进行审理。

第二，如果对诉讼效率的追求始终保持在公正的范围内，不仅不会对公正造成冲击，还恰恰是实现公正所需要的。诉讼程序层面的“繁简分流”对不同案件类型“量体裁衣”，合理分配司法资源推进诉讼，实质是在既有的资源条件下追求更多的司法产出。在此种意义上，也有学者将

---

① 万毅、何永军：《司法中公正和效率之关系辨正——兼评刑事普通程序简易审》，载《法律科学（西北政法学院学报）》2004年第6期。

② 参见傅郁林：《繁简分流与程序保障》，载《法学研究》2003年第1期。

③ 原专利行政案件的被告方专利复审委员会、商标行政案件的被告方商标评审委员会在2019年机构改革后不再继续使用原名称，专利、商标行政案件的被告统一为国家知识产权局。

“诉讼效率”称之为“司法整体公正”，认为此处的“诉讼效率”是一种“公正的表达”，照顾到了不同案件的不同需求，实现了司法整体意义上的公正。[①] 具体到知识产权纠纷，本文认为可以将我国法院受理的一审知识产权案件分为三种类型：（1）简单案件；（2）复杂案件；（3）法律上有特殊意义的案件。所谓简单案件主要是指案情简单、当事人之间争议不大的案件，实践中适用简易程序、速裁程序等“简化”的程序，针对的主要就是这类纠纷。例如以商标局为被告的商标行政类案件，此类案件多涉及商标申请不予受理、商标转让未予核准、商标著录信息错误请求改正未予批准等行政行为，[②] 案件往往事实清楚、权利义务关系明确、法律关系简单。如果对这类案件适用和普通案件相同的程序，不仅有过度浪费司法资源之嫌，考虑到商标权相关主体对时效的关注，还可能会产生负面的社会效果。所谓复杂案件主要是指在案件事实认定、法律适用层面有一定或较大难度的案件，原则上该类案件都应当适用普通程序进行审理。实践中，根据案件争议性强弱、标的额大小的不同，不同复杂案件的审理困难程度也不尽相同，对于一般程度的复杂案件，可以视具体情形对程序进行适当的简化。所谓法律上有特殊意义的案件，主要是指有较大影响、可能涉及统一法律解释适用的案件类型。法律相较于社会生活具有“滞后性”，随着社会和科技的发展，种种在制定法律时未曾预料的现象可能会对已有的法律制度形成冲击。上述现象在受技术发展影响极大的知识产权法律制度中体现得更为明显，对于这类新型案件，不同法院的理解可能存在很大的差异，如果缺乏统一的法律解释适用，将引发一定程度的审判混乱，造成不良的社会影响。例如近年来大量出现的“深层链接”纠纷，就涉及对著作权法中“信息网络传播权”的解释问题。对于此类案件进行较一般程序更为细致的审判，有利于形成统一的裁判标准，为其他法院的审判工作提供有益参照。

综上，繁简分流最低限度的含义，即不同案件适用不同程序这一层

---

① 参见章武生等：《司法公正的路径选择：从体制到程序》，中国法制出版社 2010 年版，第 184～185 页。

② 参见史兆欢：《知识产权商标行政案件速审机制证成与建构——以某知识产权法院的实践为样本》，载《知识产权法院论丛》（第二辑），法律出版社 2018 年版。

面，在追求诉讼效率的同时，与司法公正有着根本上的统一性。“繁简分流”在进行具体制度建构时，需要具体情况具体分析，只要当事人获得适当的程序保障，那么对诉讼效率的追求就不会脱离司法公正的范围。合理调配司法资源，对不同类型的案件采用不同的程序，有利于实现更加完善的“司法公正”。

三、繁简分流的法理基础之二：多元化纠纷解决机制

多元化纠纷解决机制，是指一个社会中由包括诉讼与非诉讼两大类型的纠纷解决方式、程序或制度构成的纠纷解决系统，各种程序在系统中既有着独立运行的空间，又能够实现功能互补和相互衔接。① 多元化纠纷解决机制最重要的意义就在于避免将纠纷解决单纯寄托于某一种程序，其倡导社会价值、利益、主体和救济方式的多元性，力求客观评价诉讼与非诉讼机制的作用和联系，实现良好的社会治理目标。② 本部分将以多元化纠纷解决机制的视角，从诉讼程序的制度功能和非诉讼程序解决知识产权纠纷的优势两个角度论证繁简分流的理论基础。

如前文所述，推进“繁简分流”最首要的工作就是在法院系统内部合理调配司法资源，对不同类型的案件采用不同的程序，从而提高审判效率。但仅仅针对诉讼程序进行分流并不足以应对知识产权纠纷“案多人少”的整体困境，“我国普通案件的个案审理效率和速度已接近法官主观努力的极限，司法效率的提升空间已接近边际”。③ 一方面，诉讼活动要依靠法官群体的艰苦付出，一旦案件数量的爆发性增长超过了普通人所努力的极限，司法判决的质量将不可避免地受到影响，进而危及司法公信力。结合本文第一部分对近年来知识产权案件数量变化的介绍，可以说这样的假设并不是无的放矢。另一方面，提高诉讼效率、增加司法供给的同时，

---

① 参见范瑜：《非诉讼程序（ADR）教程》，中国人民大学出版社2016年版，第10页。

② 参见范瑜：《非诉讼纠纷解决机制研究》，中国人民大学出版社2000年版，第17～29页。

③ 傅郁林：《中国司法管理的民事审判视角》，载傅郁林：《中欧民事审判管理比较研究》，法律出版社2015年版，第253～254页。

可能会吸引更多的琐碎案件进入法院。[①] 如果“当事人认为司法解决最便宜、最便捷、最迅速、成本最低”，那么一些本来不打算进入法院的“边际性纠纷”[②] 也会纷至沓来，使得法院陷入纠纷越处理越多的恶性循环。诉讼程序代表着国家司法权的行使，是公民权利实现的根本保障，在现代纠纷解决系统中居于核心和主导的地位，[③] 其重要性和司法资源的有限性，决定了诉讼程序不可能无条件地接纳一切纠纷。有学者指出，法院应当集中关注相对重大的、有影响力的、能为社会确认或提供某些规则的纠纷，对于大量相对琐细的纠纷可以分流到其他纠纷解决机制中去。[④] 因此，“繁简分流”不能仅仅停留在提高诉讼效率的层面，还应将纠纷在诉讼程序与非诉讼程序之间进行分流，避免其向法院过度集中，建立多元化的纠纷解决机制，从源头上缓解法院系统面临的巨大压力。实践中，利用非诉讼程序对纠纷进行分流也是不同司法制度面对“诉讼爆炸”时作出的一致选择，当代世界各国的司法改革都是从简易化开始，最终共同汇入了非诉讼程序的时代潮流。[⑤]

非诉讼程序是对诉讼以外的其他各种纠纷解决方式、程序或制度的总称，国际上一般用“替代性纠纷解决方式”（Alternative Dispute Resolution，ADR）来表述其概念。[⑥] 在司法机关面临超负荷的诉讼压力之时，非诉讼程序可以弥补诉讼程序之不足、分担其压力。此外，非诉讼程序在解决纠纷的过程中还表现出了一些诉讼所不具备的功能优势：首先，非诉讼程序具备便捷、成本低、灵活性高的特点，使得纠纷的解决更加高效；其次，当纠纷面临跨学科、多领域的问题时，法律规范相对滞后、法官专业技术

---

① 参见范愉：《诉讼社会与无讼社会的辨析和启示——纠纷解决机制中的国家与社会》，载《法学家》2013 年第 1 期。

② 苏力：《审判管理与社会管理——法院如何有效回应“案多人少”?》，载《中国法学》2010 年第 6 期。

③ 参见范瑜：《非诉讼纠纷解决机制研究》，中国人民大学出版社 2000 年版，第 35 页。

④ 参见苏力：《审判管理与社会管理——法院如何有效回应“案多人少”?》，载《中国法学》2010 年第 6 期。

⑤ 参见范愉：《繁简分流：优化司法资源配置的新路径》，载《人民法院报》2016 年 9 月 14 日。

⑥ 参见范瑜：《非诉讼程序（ADR）教程》，中国人民大学出版社 2016 年版，第 10 页。

知识相对欠缺，非诉讼程序可以通过引入第三人参与的方式更为专业化地解决纠纷；最后，非诉讼程序以妥协而非对抗的方式化解矛盾，有更利于得到双方都满意的结果、建立良好的社会关系。① 基于非诉讼程序的特点和优势，利用其解决知识产权纠纷将表现出诸多的优越性。

首先，非诉讼程序具备便捷、成本低、灵活性高的特点，使得知识产纠纷的解决更加高效。世界各国的知识产权诉讼都有着审判周期长、诉讼成本高的特点，而知识产权权利人对时间和效率的关注度恰恰又高于其他的纠纷当事人，因为诉讼的拖延会给知识产权人带来严重的损失。例如在侵权状态持续的情况下，诉讼的迟延意味着侵权产品在市场上交易的时间增长，或者同类的竞争产品可能会趁此之机占领市场，权利人陷入诉讼中没有时间去完成产品布局和市场经营，最终产生极大的损失。非诉讼解决机制没有诉讼那样严格的程序要求，充分尊重当事人的意志，兼具灵活性与便捷性。同时当事人在友好协商的环境下化解纠纷，不仅免于花费诉讼成本，交易成本也可以大大降低。

其次，在面临跨学科、多领域问题时，非诉讼程序可以通过引入第三人参与的方式更为专业化地解决纠纷。知识产权纠纷往往涉及多领域的知识，如专利案件就涉及大量的技术问题。法官群体具备开展庭审、认定证据和准确适用法律的素养与能力，但大多没有跨学科的知识背景，有时无法很好地应对纠纷中的非法律问题。通过非诉讼程序，当事人可以协商选择相关领域的技术专家为其提供指导，帮助其形成对于事实、证据更为准确的认识，从而在正确判断的基础上作出决定。如在侵犯专利权纠纷中，技术专家可以帮助当事人了解相关技术的现状、运作方式和具体细节，或者为当事人解释不同技术方案之间的相似性或区别所在；在商标纠纷中，双方对特定商标是否构成近似产生争议，专家可以通过调查报告的形式分析相关商标在特定市场的经营情况，帮助当事人明晰争议焦点，有效解决问题。

最后，应用非诉讼程序解决知识产权纠纷更有利于得到双方都满意的结果、建立良好的社会关系。“裁判更注重的是权利，是事实，是过去”；

---

① 参见范瑜：《非诉讼纠纷解决机制研究》，中国人民大学出版社2000年版，第39～41页。

“调解更注重的是利益，是感受，是未来”。[①] 具言之，司法审判针对发生在诉讼前的纠纷，对当事人争议的权利义务和法律关系进行审理，不会将与案件标的无关的事实纳入考量范围，这样一来可能会忽略当事人更深层次的诉求，导致解纷解决得不够彻底；而非诉讼程序不纠缠于过去，深入考察当事人之间更深层次的联系与实际诉求，面向未来，根据当事人的合意寻求双赢的结果。比如，在著作权、专利等知识产权的侵权纠纷中，诉讼裁判的结果通常是颁发禁令[②]、损害赔偿等，但这些针对过去行为的救济在很多情况下都不是最符合当事人诉求的。侵权已成为既定事实，侵权产品可能已经占有了一定的市场或者产生了相当的影响，如果当事人之间能通过授权使用、合资等方式合作，可能会创造出更大的利益，最终实现双赢。知识产权究其本质是一项财产性权益，当知识产权的产品投入市场时，权利人最关心的还是自己的切身利益。非诉讼程序这种“利益导向型”[③] 的纠纷解决方式，有利于产生令各方都满意的结果，建立良好的社会关系。

特别的，非诉讼的纠纷解决方式（ADR）在信息技术时代还演化出了一种新形式，即在线纠纷解决机制（Online Dispute Resolution，ODR）。在此机制中，争议双方通过第三方利用信息和通信技术进行协商、调解或仲裁，解决纠纷。[④] ODR 一方面具备了传统的非诉讼纠纷解决机制高效、专业、有利于达成更好的社会效果等优点；另一方面，其作为互联网时代的产物，并非是简单地将网络技术应用于纠纷解决中，其实质是以互联网思维搭载技术建构一种全新的纠纷解决机制，为当事人提供更便捷、更契合互联网特点的纠纷解决途径。随着“互联网 +”行动计划的推进，电子商务相关的著作权纠纷大量出现，ODR 适逢其时。ODR 具备着高效化解网络环境下知识产权纠纷的潜力，从而与传统的线下非诉讼纠纷解决机制相衔

---

① 傅郁林：《“诉前调解”与法院的角色》，载《法律适用》2009 年第 4 期。

② “禁令”是我国知识产权法学者的习惯性用词，与民法上的“停止侵害”实现相同的制度功能。

③ 倪静：《知识产权纠纷诉讼外解决机制研究》，厦门大学 2008 年博士论文，第 76 页。

④ 方旭辉：《ODR——多元化解决电子商务版权纠纷新机制》，载《法学论坛》2017 年第 4 期。

接，分担线下机制的压力，进一步丰富多元化纠纷解决机制的内涵。①

综上，一方面，“繁简分流”不能仅停留在诉讼程序分流的层面，还应建立起多元化的纠纷解决机制，通过非诉讼程序对知识产权纠纷进行分流，从源头上缓解法院系统面临的审判压力；另一方面，相较于诉讼程序，非诉讼程序在应对知识产权纠纷时有着高效、专业、有利于达成更好社会效果的独特优势。特别是非诉讼程序在互联网时代还演化出了在线纠纷解决机制，其内含的互联网思维使其成为应对网络环境下知识产权纠纷的有力武器。可以说，通过非诉讼程序对知识产权纠纷进行分流，既具有正当性，也具有合理性。

四、知识产权纠纷繁简分流的制度建构

（一）建构知识产权纠纷繁简分流制度的基本思路

通过第二、三部分的分析，本文对“繁简分流”的理论证成已基本完善：就应对知识产权案件爆发式增长的“繁简分流”机制，本文首先从法律经济学的视角，以“程序效率”与“司法公正”的关系为出发点，为不同诉讼程序之间的繁简分流证成；其次，本文以多元化纠纷解决机制的视角，从诉讼程序的制度功能和非诉讼程序解决知识产权纠纷的优势两个角度进行分析，为诉讼与非诉讼程序之间的繁简分流证成。但欲对“繁简分流”进行准确的制度建构，仅仅如此尚不充分，理论要想真正有效地指导实践，不但要指明制度建构的方向，更要提出制度建构的具体路径，即“在通向实践的道路上架设许多中介，建立可识别的过渡”。②

在按照知识产权纠纷从产生到解决的时间维度建立多层次的纠纷处理体系时，要准确把握制度建构的基本理念。其一，完善非诉讼纠纷解决程序，尤其是知识产权调解机制。非诉讼程序的直接功能在于解决纠纷、调整利益冲突。③ 在一个和谐有序的社会纠纷解决体系中，诉讼与非诉讼程

---

① 参见程琥：《在线纠纷解决机制与我国矛盾纠纷多元化解机制的衔接》，载《法律适用》2016年第2期。

② 参见万毅、何永军：《司法中公正和效率之关系辨正——兼评刑事普通程序简易审》，载《法律科学（西北政法学院学报）》2004年第6期。

③ 参见范瑜：《非诉讼程序（ADR）教程》，中国人民大学出版社2016年版，第6页。

序应平行发展、各具所长、各显其能，调解等非诉讼途径真正能成为可供当事人自主选择的“替代”途径。① 这一阶段的“繁简分流”工作，应针对知识产权纠纷的具体情况，积极发挥非诉讼程序高效、专业等优势，以化解社会矛盾、实现更好的社会效果为目标，促进纠纷向诉讼外分流，疏解法院所面临的巨大压力。值得一提的是，在提起诉讼和审理过程中由法院主导下引导当事人通过调解化解纠纷，即法院调解制度②同样属于非诉讼纠纷解决机制的重要组成部分。其二，对采用诉讼解决的纠纷，区分难易度与案件类型，简单案件以简易程序、速审程序等方式快速处理，复杂、疑难的案件以普通程序处理。合理调配司法资源，对不同案件类型适用不同的程序，可以有效提高司法效率，缓解“案多人少”给法院系统带来的负荷。这一阶段的“繁简分流”工作，应以诉讼效率的提高为价值目标，力求在整体意义上实现司法公正。前文已述，此处的诉讼效率是作为司法公正的基本内涵之一来理解的，如果对于效率的追求超出了司法公正的涵盖范围，显然是与本文所提出的价值目标相违背的。

（二）诉讼与非诉讼程序的分流——以北京互联网法院的诉前调解为例

知识产权纠纷在诉讼程序与非诉讼程序之间的“分流”有两次机会，第一次机会体现为当事人在发生纠纷后自主选择纠纷解决方式，如当事人选择非诉讼程序，就可以通过民间调解、行政机关的调处或仲裁机构的裁决来化解纠纷；③ 第二次机会体现为当知识产权纠纷进入法院后，在法院

---

① 参见傅郁林：《“诉前调解”与法院的角色》，载《法律适用》2009年第4期。

② 我国的法院调解制度最早发端于革命战争年代的“马锡五审判方式”，1982年《民事诉讼法》正式将法院调制确定为民事诉讼的正式制度，指在人民法院审判人员的主持下，双方当事人就民事权益争议自愿、平等地进行协商，以达成协议，解决纠纷的诉讼活动。法院调解制度在我国地位十分重要，其实际发挥着社会自我消解纠纷机制的一部分作用，是我国“大调解”运动的重要组成部分。参见江伟、肖建国：《民事诉讼法》，中国人民大学出版社2015年版，第214～225页；吴英姿：《法院调解的“复兴”与未来》，载《法制与社会发展》2007年第3期。

③ 参见刘友华：《知识产权纠纷非讼解决机制研究》，中国政法大学出版社2011年版，第166～203页。

主导下通过调解的方式对案件进行分流。但由于我国人民调解等社会纠纷解决机制的“失效”、社会自我纠纷消解能力较弱,[①] 民间调解、裁决等纠纷解决方式在实践中应用极少，法院主导下的调解实际上是知识产权纠纷非诉讼解决方式的主要应用场所。北京互联网法院自2018年9月9日成立以来，截止到2019年8月31日，共受理著作权权属、侵权纠纷近3万件，其中有相当一部分案件是通过“e调解平台”以调解方式结案的。[②] 这种一站式多元纠纷解决机制正是“繁简分流”举措的生动实践，本文将从资源配置和程序设置两方面对北京互联网法院的诉前调解制度进行介绍。

在人员配置上，北京互联网法院通过设置“诉调对接团队”实现不同成员之间的协调配合、线上与线下的衔接，保证案件之流转高效规范。具体来说，“诉调对接团队”包括了一名法官、若干名法官助理、书记员、调解员，再辅之以技术、多元调解与外包服务作为支持。在调解资源配置层面，北京互联网法院组建了“四位一体”的调解组织体系：引入中国互联网协会调解中心、北京赛智知识产权调解中心、北京版权局调解中心等16家行业调解组织；吸纳了阿里巴巴、新浪、京东、360等13家互联网平台的人民调解委员会等；引入52名具有互联网技术应用能力和法律知识的专业律师加入多元调解工作，最终形成了包括行业调解组织、人民调解组织、互联网平台调解组织及律师调解组织在内的“四位一体”具有互联网特色的多元化调解组织体系。这样的调解资源搭配极为合理：行业调解和人民调解的形式尽管在知识产权纠纷的解决中很少单独发挥作用，但其在我国有着多年的实践基础，专业性很强，有利于调解工作的规范有序开展；律师等专业人才的介入，有助于发挥非诉讼程序在面临跨学科、多领域问题时的制度优势，更为专业化地解决纠纷；互联网平台中的调解则代表了非诉讼程序未来发展的重要方向，随着时间的推移，大型平台将成为纠纷解决市场的领跑者，因为他们可以真正实现在线纠纷解决机制（On-

---

① 参见吴英姿：《法院调解的“复兴”与未来》，载《法制与社会发展》2007年第3期。

② 参见北京互联网法院发布的《北京互联网法院审判白皮书》。

line Dispute Resolution，ODR）的核心价值——数字正义。①

在程序设置方面，北京互联网法院的诉前调解制度具体包括：（1）递交立案材料。当事人在线提交的立案材料经审核通过后，案件会进入北京互联网法院内网立案系统进行立案登记处理。（2）法院线上分流。法院在收到案件后，经当事人同意，将案件转入到北京互联网法院的线上调解平台，委派特邀调解员进行线上调解。（3）调解员展开调解工作。在接受法院委托后，调解员可以登录北京互联网法院线上调解平台查看案件材料，并通过经过线上平台给被告送达起诉材料、组织双方进行证据交换以及通过电话或网络等形式开展具体的调解工作。即便案件最终没有调解成功，在调解过程中调解员进行的送达、证据交换以及初步的调解工作，也能起到固定基本事实、梳理争议焦点的作用，有助于减少法官的事务性工作，为法官的后续审判奠定坚实的基础。（4）调解过程中的法律支持。调解过程中调解员可以就遇到的法律专业问题向法官助理以及法官进行请教与沟通，提高调解效率。（5）在线技术支持。对于进入调解程序的纠纷，其调解结果将反馈到电子诉讼平台的"诉前调解"中，当事人可查看调解案件的进展与调解详情。（6）申请司法确认。对于调解成功的案件，根据当事人的申请，北京互联网法院可以出具"民事调解书"，对调解内容进行司法确认。

（三）不同诉讼程序间的分流——以北京知识产权法院的速审机制为例

不同程序间的分流，指对采用诉讼解决的纠纷，简单案件通过简易程序、速审程序等方式快速处理，复杂、疑难的案件以普通程序处理。民事审判方面，现行《民事诉讼法》第十三章专门对"简易程序"进行了规定，包括六个原则性条文；最高人民法院 2003 年发布的《关于适用简易程序审理民事案件的若干规定》从适用范围、起诉与答辩、审理前准备、开庭审理、宣判与送达等六个方面，详细规定了简易程序的适用细节。行

① 数字正义在此处被解读为互联网时代下的正义理念，参见［美］伊森·凯什等：《数字正义 当纠纷解决预见互联网科技》，赵蕾等译，法律出版社 2019 年版，第 251～263 页。

政审判方面，最高人民法院2010年首次发布了《关于开展行政诉讼简易程序试点工作的通知》，2014年《行政诉讼法》修改时，在第82～84条中对行政简易程序进行了原则性规定。当前我国的民事诉讼制度与行政诉讼制度中均设有“简易程序”与“速裁程序”，但没有其适用于知识产权案件的明文规定。北京知识产权法院速审机制涉及的案件类型为商标驳回复审行政案件，属于典型“简单案件”——本文在第二部分中提出的第一种案件类型。针对该类案件适用较普通程序更为“简化”的诉讼程序，有利于诉讼效率的提升与司法公正的实现，具有其正当性。北京知识产权法院的速审机制是一次针对知识产权案件诉讼程序分流机制的开拓性探索，以下也将从资源配置和程序设置两方面对北京知识产权法院的速审机制进行介绍。

在资源配置上，北京知识产权法院在立案庭设立速审组，对商标驳回复审行政案件进行集中快速审理，具体采取了“1+2+4”的模式：“1”是指一个速审服务窗口，主要进行集中提供咨询、向原告方送达、开庭排期等工作；“2”是指包括速审准备室和材料交换室在内的两个工作室，主要进行向被告方（国家知识产权局）送达、与被告方进行材料交换等工作；“4”是指速审组包括了4个法官团队作为审理组织，每个团队由若干法官、法官助理和书记员组成，并按照庭审安排统一调配人民陪审员。① 案件繁简分流机构的设置，在司法实践中主要有三种做法：在立案庭内部设立速审合议庭；设立专门的速裁审判庭；以及在部分审判庭内部设立快审合议庭。② 北京知识产权法院选择在立案庭内部设立速审组的方式，改变了过去立案庭统一立案后将案件分配到各审判庭的做法，使得案件在立案登记之后可以直接进入速审团队手中，有效压缩了案件材料在不同部门之间的交接时间，大幅提升了诉讼效率。同时，将速审组设置在立案庭中，还十分有利于诉讼程序与非诉讼程序的衔接，对于一些当事人不愿意

---

① 参见北京知识产权法院课题组：《北京知识产权法院关于商标驳回复审行政案件速审机制运行情况的调研》，载《知识产权法院论丛》（第二辑），法律出版社2018年版。

② 参见邵新：《司法体制改革背景下繁简分流的法理论证》，载《法治现代化研究》2018年第4期。

调解或调解不成功的简单案件，以立案庭为中心进行周转，案件可以迅速进入诉讼程序。

在程序设置方面，北京知识产权法院的速审机制具体包括：（1）立案与送达。立案接待窗口收取案件后，将案件及时送至速审服务窗口，其当场向原告发送开庭传票、权利义务告知等诉讼材料，速审准备室和材料交换室向被告国家知识产权局送达诉讼材料。（2）证据交换和质证。原则上在当事人同意开庭当日交换证据并进行质证，不再单独设立举证时限和组织证据交换。当事人认为有必要另行指定举证期限的，可以及时提出申请。（3）开庭审理。北京知识产权法院的速审机制既适用于普通程序也适用于简易程序，根据当事人选择的不同，依照法律规定组成合议庭。（4）审判方式。速审组的法官团队采用“焦点式”的审理方式，围绕当事人认可的案件焦点集中进行审判。（5）制作裁判文书。北京知识产权法院的速审机制采用“要素式”裁判文书格式，此种文书格式精简、重点突出、便于当事人理解，同时撰写难度低，有利于结案周期的缩短。[①] 北京知识产权法院在有效简化诉讼程序的同时，也对当事人的诉讼权利提供了充分的程序保障。

北京知识产权法院的速审机制自 2016 年 2 月实施以来，取得了很好的实施效果：结案量和审判效率明显提升，在 2016 年速审团队集中利用全院不到 10% 的审判资源审结了 20% 的案件；当事人的诉讼成本也进一步降低，对于速审机制的各个环节的满意率均超过 80%。[②] 然而，北京知识产权法院进行的速审机制，最大的意义在于其成为了知识产权案件诉讼程序分流机制的先行者，其实践成果具有很好的借鉴意义，有助于在知识产权案件中进一步探索简易程序、速审程序的适用。特别的，对于其他以国家知识产权局为被告的商标行政案件、部分案情简单的专利行政案件、简单的著作权侵权或商标侵权案件等案件同样具备事实清楚、权利义务关系明

① 参见史兆欢：《知识产权商标行政案件速审机制证成与建构——以某知识产权法院的实践为样本》，载《知识产权法院论丛》（第二辑），法律出版社 2018 年版。

② 参见北京知识产权法院课题组：《北京知识产权法院关于商标驳回复审行政案件速审机制运行情况的调研》，载《知识产权法院论丛》（第二辑），法律出版社 2018 年版。

确、法律关系简单的特征，可以在总结经验的基础上逐步探索程序的简易化实践，推进知识产权案件的繁简分流。

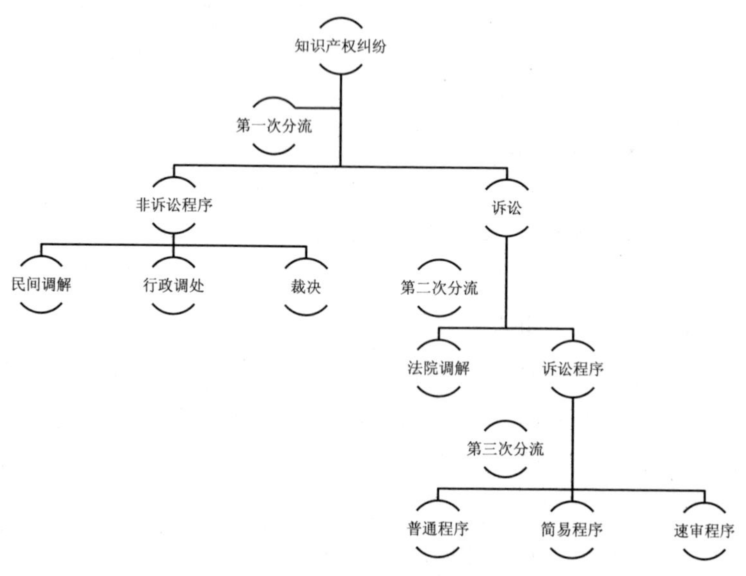

图5　知识产权纠纷的“繁简分流”机制运行图

（四）知识产权纠纷繁简分流机制的整体框架

知识产权纠纷繁简分流机制的框架如图5所示。首先，根据当事人的自主选择，知识产权纠纷将出现第一次分流，如果当事人选择非诉讼的程序解决纠纷，可以通过民间调解、行政机关的调处或仲裁机构的裁决等途径，但前文已述，实践中此类非诉讼程序的发展相对薄弱，应用极少。其次，如果当事人选择诉诸法院，那么知识产权纠纷将面临第二次分流，根据当事人选择或法院的认定，案件可进入法院主导下的调解程序，这同样也是一种非诉讼程序；如果当事人拒绝调解、调解失败或案件不适于调解，则案件进入诉讼程序。北京互联网法院对诉前调解制度的有益探索就是在这一层面展开的。最后，案件进入诉讼程序后面临第三次分流，法院根据案件的具体情形并结合当事人的意见，决定将案件按照普通程序、简易程序或速审程序进行审理。北京知识产权法院在速审机制上的探索就是在这一层面展开的，但其所采用速审机制对于简易程序和普通程序均可适用，是一种整体性的优化改进措施。知识产权案件在这一层面的分流机制尚处于探索期，其制度前景并未明确，故图 5 中还是先将速审程序与普通程序、简易程序并列。

当前，我国知识产权纠纷繁简分流的制度建构尚不完善，具体来说可以从以下三个方面继续推进繁简分流工作的深化。第一是审理知识产权案件的专门法院与地方性法院应继续探索创新。当前对于繁简分流的规定均比较抽象，有待于法院在具体的司法实践中不断深化推进，“刺激”现行的分流机制，使其暴露出更多的矛盾点，从而不断总结形成可以复制与推广的经验。第二是最高人民法院可以在充分论证与调研的基础上，对下级法院的探索经验进行总结，尝试将一些优秀的探索经验制度化，以便在更大的范围内对相关法院发挥指导作用。第三是在时机成熟时，立法机关可以将繁简分流制度立法化。如果在时机成熟时可以针对知识产权的非诉讼程序、诉讼程序制定一些规范，相信会对知识产权的保护、国家科教事业的发展大有助益。可以说，知识产权纠纷繁简分流的制度建构探索仍然大有可为。

最后，本文认为繁简分流机制的发展完善还需要积极推进社会性纠纷解决机制建设，特别是网络平台中结合技术与人工的在线纠纷解决机制。这是我国当前社会治理现代化大局下的重点建设发展方向之一。[①] 尽管上述第二、第三层次的分流减少了纠纷对狭义司法（司法审判）的需求，也提高了诉讼效率，但却未必能减少对广义司法[②]的需求。当前在知识产权纠纷中运行良好的非诉讼机制，实际上都是以法院为中心来运转的。不论是在线调解、转到人民调解还是在法院附设的调解机构进行调解，法院扮演了实质上分流者的角色，耗费着资源成本去协调对接多种非诉讼机制。如果绝大多数知识产权纠纷的当事人都选择诉诸法院，“繁简分流”机制在第一层面向非诉讼程序的分流将收效甚微，进入法院的纠纷数量也将极

---

① 党和政府近年来对非诉讼纠纷解决方式高度重视。习近平总书记更是于 2019 年年初在中央政法工作会议上提出了要“坚持把非诉讼纠纷解决机制挺在前面”的重要论断。参见：http://guancha.gmw.cn/2019-07/21/content_33014758.htm。

② 此处的广义司法指判决或司法调解，司法调解具体包括了案前调解、立案疏导、立案调解以及司法调解等。参见苏力：《审判管理与社会管理——法院如何有效回应“案多人少”?》，载《中国法学》2010 年第 6 期。

为庞大。即便法院主导下的程序分流、非诉讼调解机制分流行之有效，其本身所承担的压力恐怕也会日益增加。化解纠纷是国家进行社会管理的重要议题，但司法始终是维护社会公平正义的最后一道防线，化解纠纷的责任不能仅仅推给法院一家，社会性的纠纷解决机构同样应当有所作为。以前文提及的在线纠纷解决机制（ODR）为例，大型的互联网在线平台拥有着数量惊人的用户群，每天面临着数以万计甚至更多的互联网纠纷。但这些平台同样具有极强的收集用户数据的能力，有潜力以大数据和信息网络技术为支撑建构起全新高效的自动纠纷解决机制，从而化解大量产生于网络环境下的纠纷。唯有诸如此类的社会性纠纷解决机制蓬勃发展，民众愿意主动选择通过这些机制化解矛盾，方能从根本上减轻法院系统的压力，进而使法官在当今高速发展、新问题新争议层出不穷的社会之中能够更加聚焦在复杂案件或在法律上有特殊意义的案件之上，更好地在解释和适用法律的活动之中发挥法律的关键作用，弥补社会发展与法制建设之间的速度差。这是新时代法治建设的重要内容。判

（本文仅代表作者个人观点）

论电子商务平台经营者民事责任的承担方式*

——以《电子商务法》第38条在顺风车领域的适用为视角

齐晓丹**

《电子商务法》出台之后，对于规范电子商务的发展和保护消费者合法权益将发挥重大作用。对于《电子商务法》的理解与适用，是电子商务行业与司法实务界当前都需要面对的问题。其中，对《电子商务法》第38条第2款的理解尤为重要，因为这直接涉及电子商务平台经营者及平台内经营者的责任承担问题。《电子商务法》第38条第2款规定："对关系消费者生命健康的商品或者服务，电子商务平台经营者对平台内经营者的资质资格未尽到审核义务，或者对消费者未尽到安全保障义务，造成消费者损害的，依法承担相应的责任。"该条款对于电子商务平台经营者的义务进行了规定，即具有审核义务和安全保证义务，未尽上述义务的应当依法

* 本文系作者参与的最高人民法院2018年度立项课题"共享经营模式下侵权责任问题研究"的阶段性成果。

** 北京市第三中级人民法院审判委员会委员、民一庭庭长，法学博士。

承担相应的责任，但是何为“依法承担相应的责任”指向并不明确。① 有的学者认为是连带责任，也有的学者认为应当具体分析，可能是连带责任也可能是补充责任。② 本文以顺风车领域为例，对《电子商务法》第38条第2款与相关法条的衔接适用问题予以梳理，以期对电子商务行业发展和司法实践提供参考和借鉴。

一、顺风车交易模式下电子商务平台经营者的法律地位

（一）关于电子商务平台经营者法律定位的分歧

《国务院办公厅关于深化改革推进出租汽车行业健康发展的指导意见》第（十）条规定：“私人小客车合乘，也称为拼车、顺风车，是由合乘服务提供者事先发布出行信息，出行线路相同的人选择乘坐合乘服务提供者的小客车、分摊部分出行成本或免费互助的共享出行方式。”关于共享出行模式下电子商务平台经营者的责任承担问题，一直存在较大争议。有学者认为电子商务平台经营者为供需双方（顺风车车主和乘车人）提供订立合同的机会，其行为可定性为居间行为，其法律角色为居间人，包括在代驾服务法律关系中代驾平台亦属于居间人角色。“代驾软件向车主推送订立合同的机会，传达双方意思，起牵线搭桥的作用，车主是否与代驾司机订立合同，与代驾软件无关，代驾软件不是车主与代驾司机之间的合同当事人，代驾软件对车主与代驾司机之间的合同没有介入权。”③ 另有学者认为：“网络服务平台与顺风车车主、乘客之间的关系既不是简单的居间法律关系——此种法律关系下网络平台几乎不用承担任何侵权责任；但是网络平台与顺风车车主之间也不构成雇佣关系等用人关系——此种法律关系下网络平台需要承担雇主责任。顺风车不同于网约车，网络平台虽然不是

---

① 从立法审议过程看，《电子商务法三审稿》规定电商平台未尽审核义务承担连带责任，四审稿规定电商平台承担补充责任，最后立法通过的条文规定依法承担相应的责任，可见对于电商平台承担何种责任存在着巨大争议。

② 谢爱梅、李东旭：《电子商务平台经营者对消费者的侵权责任》，载《人民司法·应用》2019年第1期。

③ 田小军、王琦：《代驾软件经营者承担替代责任案的反思——以“e代驾”案为例》，载腾讯研究院：《互联网+：时代的立法与公共政策》，法律出版社2016年版，第53页。

顺风车业务中的承运人，但是其通过复杂的组织行为使得搭乘顺风车这一活动广泛展开。因此，网络平台需要依据《侵权责任法》第37条的规定承担组织者安全保障义务。”①

关于顺风车交易模式下电子商务平台经营者的法律地位，存在雇佣关系、居间关系、组织者等三种分歧。在我国司法实践中，“考察雇佣关系是否成立，主要看以下几点：（1）双方是否有雇佣合同（包括口头合同）；（2）雇员是否获得报酬；（3）雇员是否以提供劳务为内容；（4）雇员是否受雇主的控制、指挥和监督。其中第（3）、（4）点是确认雇佣关系的核心。”② 显而易见，顺风车车主与电子商务平台经营者并不具有较强的人身依附属性，顺风车车主具有较大的自主权。电子商务平台经营者与顺风车车主并非雇佣关系，因此，在基于顺风车车主的行为造成他人人身、财产损害时，顺风车的电子商务平台经营者不必承担雇主的替代责任。

（二）电子商务平台经营者作为组织者的法律定位

鉴于电子商务平台经营者为顺风车车主及合乘者提供信息服务并促成出行合意的达成，因此，实践中有观点认为，顺风车的电子商务平台经营者的法律地位为居间者、成立居间法律关系，顺风车的电子商务平台经营者作为被告在民事诉讼中亦会采取此种抗辩。③ 有学者认为，顺风车的电子商务平台经营者的法律地位是组织者，主要理由包括以下几点：（1）网络平台开启了危险源并应当对此危险予以控制；（2）网络平台组织了顺风车业务活动，并深度参与了顺风车业务；（3）作为专家系统的网络平台需要为乘客提供足够的信任感；（4）网络平台参与顺风车业务是出于营利目的；（5）承担组织者安全保障义务并不会对网络平台产生过重的负担。④ 笔者认为，电子商务平台经营者在交易中因其重要性和参与交易的程度决定了其不仅仅是居间人

---

① 张新宝：《顺风车网络平台的安全保障义务与侵权责任》，载《法律适用·司法案例》2018年第12期。

② 谈卫峰、戴姣、曹书谕：《有偿代驾与交通事故赔偿责任主体认定》，载《人民司法·案例》2016年第2期。

③ 参见云南省昆明市呈贡区人民法院（2017）云0114民初2893号民事判决书。

④ 张新宝：《顺风车网络平台的安全保障义务与侵权责任》，载《法律适用·司法案例》2018年第12期。

角色，其应以过错原则（一般过失或重大过失）为依据承担与其地位和义务相适应的法律责任。笔者赞同将电子商务平台经营者定位为组织者的观点，除上述学者阐明的理由外还可以包括以下两点：

第一，电子商务平台经营者在顺风车交易模式中具有自己独立的意思表示。所谓居间合同是指居间人一方为使委托人与第三人订立合同提供机会或进行介绍活动，由委托人向居间人支付约定报酬的协议。居间人只是向订立合同的双方当事人往来传递信息，不能在委托人订立的合同中作出独立的意思表示，也不能对委托人与第三人关系的内容作出决定。① 但在顺风车交易模式下，电子商务平台经营者具有自己的独立的意思表示，这与单纯的居间法律关系明显不同。例如，滴滴出行 APP 提供的《顺风车服务协议》第 3.7 条规定：车主理解并接受，在合乘过程中不应出现现金结算，出行费用的分担将根据顺风车平台列明的标准进行，车主不得向乘客要求订单列明费用以外的任何财务。从该条规则可见，顺风车的电子商务平台经营者在出行费用分担标准和资金结算方面具有管理权和决定权，有其单独的意思表示在交易中予以体现。

第二，电子商务平台经营者对顺风车车主具有一定的控制力。在居间法律关系中，居间人的主要义务是提供订立合同的机会，委托人的主要义务是向居间人支付一定的报酬，居间人对于委托人几乎不具有控制力。但是在顺风车交易模式中，电子商务平台经营者基于管理的需要和安全的考虑，对顺风车车主的权利会进行相应的限制。例如，滴滴出行 APP 提供的《顺风车服务协议》第 4.5 条规定：顺风车平台受理用户的投诉，并联系合乘订单的对方对投诉进行调查核实。若乘客对合乘车主进行投诉，在争议得到合理解决前，顺风车平台暂停向车主支付被投诉订单当此的合乘费用；若车主对合乘乘客进行投诉，在争议得到合理解决前，顺风车平台有权暂时禁止受投诉乘客使用顺风车平台的服务等管理条款。从该条款可见，电子商务平台经营者对于顺风车车主和合乘人员均具有相应的管控力。

---

① 王利明：《合同法研究（第三卷）》，中国人民大学出版社 2012 年版，第 772 页。

(二)《电子商务法》第38条第2款与顺风车交易模式的关联

在顺风车交易模式下常见的人身损害纠纷有以下几种情形：一是顺风车车主驾驶车辆发生交通事故（顺风车车主负有责任），导致第三者或者车上人员人身或财产受损，受害人以电子商务平台经营者未对顺风车车主或者车辆尽到审核义务为由，要求顺风车车主和电子商务平台经营者承担连带赔偿责任；二是顺风车车主在为乘车人提供运输服务的过程中，顺风车车主直接故意对乘车人的人身、财产实施侵害行为，受害人以电子商务平台经营者未尽安全保障义务为由，要求顺风车车主和电子商务平台经营者承担连带赔偿责任；三是乘车人在搭乘顺风车之后，乘车人的姓名、肖像、联系方式、行程等个人信息遭到了泄露，乘车人以人格权（包括个人信息权）受损为由主张顺风车车主和电子商务平台经营者承担连带赔偿责任。本文主要结合上述三种常见情形中的前两种情形，对《电子商务法》第38条第2款规定与相关法条的衔接适用展开论述。

二、《电子商务法》第38条第2款规定与第1款（连带责任）的衔接适用

《电子商务法》第38条第1款规定："电子商务平台经营者知道或者应当知道平台内经营者销售的商品或者提供的服务不符合保障人身、财产安全的要求，或者有其他侵害消费者合法权益行为，未采取必要措施的，依法与该平台内经营者承担连带责任。"该条款实际上是由《消费者权益保护法》第44条第2款演化而来，《消费者权益保护法》第44条第2款规定："网络交易平台提供者明知或者应知销售者或者服务者利用其平台侵害消费者合法权益，未采取必要措施的，依法与该销售者或者服务者承担连带责任。"上述两个条文均规定了网络交易平台与平台内经营者（利用平台进行交易的销售者或者服务者）承担连带责任，其核心构成要件是网络交易平台"知道"或"应当知道"平台内经营者存在侵害消费者合法

权益的行为但未采取“必要”措施。①

笔者认为,《电子商务法》第38条第2款规定的前半段“对关系消费者生命健康的商品或者服务,电子商务平台经营者对平台内经营者的资质资格未尽到审核义务”的规定,② 在一定程度上可以与《电子商务法》第38条第1款关于连带责任的规定(实际上也就是《消费者权益保护法》第44条第2款)衔接适用。这里的论证逻辑如下:

第一,对于关系消费者生命健康的商品或者服务,电子商务平台经营者具有更高的安全保障义务。安全保障义务的主要内容包括:危险预防义务(告知义务、警示义务、防范义务),危险消除义务(及时有效消除和控制风险措施),救助义务(损害发生后及时采取合理措施防止损失扩大)。③ 消费者的生命权、健康权是需要保护的首要权利,电子商务平台经营者在该领域的安全保障义务特别是审核义务不能与其他消费领域适用完全同一的标准。人身权益是最高的法益,法律对此种权益的保护应当置于最高的位阶,因此,有必要要求公共场所的管理人或群众活动的组织者承担更高的安全保障义务。④ 包括顺风车在内的共享经济模式下的交通出行,就属于与消费者的生命健康直接相关的领域,顺风车的电子商务平台经营者应当具有更高的安全保障义务。

第二,平台内经营者的资质资格是否合规,对于消费者的生命健康有着直接的影响。我国行政监管领域对于涉及消费者生命健康的经营者基本

---

① 《侵权责任法》第36条对网络服务提供者和网络用户的连带责任亦有规定:网络用户、网络服务提供者利用网络侵害他人民事权益的,应当承担侵权责任。网络服务提供者知道网络用户利用其网络服务侵害他人民事权益,未采取必要措施的,与该网络用户承担连带责任。

② 关于电子商务平台经营者的审核义务,《电子商务法》作出了相应的规定。例如,《电子商务法》第27条规定,电子商务平台经营者应当要求申请进入平台销售商品或者提供服务的经营者提交其身份、地址、联系方式、行政许可等真实信息,进行核验、登记,建立登记档案,并定期核验更新。《电子商务法》第12条、第29条规定,电子商务平台经营者发现平台内的商品或者服务没有获得行政许可,应当依法采取必要的处置措施,并向有关主管部门报告。

③ 陈现杰主编:《中华人民共和国侵权责任法条文精义与案例分析》,中国法制出版社2010年版,第130页。

④ 王利明:《侵权责任法研究(下卷)》,中国人民大学出版社2010年版,第171页。

都有资质资格要求，如果不符合上述要求，必将对消费者的生命健康增加较高的受害风险。《消费者权益保护法》第7条规定，消费者在购买、使用商品和接受服务时享有人身、财产安全不受损害的权利。消费者有权要求经营者提供的商品和服务，符合保障人身、财产安全的要求，即消费者享有安全交易权。在顺风车领域，顺风车车主持有合法驾驶执照、驾驶的车辆符合车辆安全标准、车辆有相应的保险，这些都是最基本的资质和资格要求。

第三，消费者合法权益的范围是一个广泛的概念，既包括消费者的财产权，又包括消费者的知情权和选择权。即如果乘车人知悉该顺风车车主提供的车辆不符合安全行驶的要求或者顺风车车主本身无驾照，则其在乘车时按照理性人之标准当然不会选择这一危险车辆。如果电子商务平台经营者未尽审核义务致使不符合要求的车辆或者驾驶人员进入服务平台为乘车人提供顺风车服务，可以认定电子商务平台经营者具有重大过失（此时已经不是一般过失的问题）。

第四，电子商务平台经营者对于生命健康领域的经营者未尽最基本的审核义务，即可推定其“知道”或“应当知道”平台内经营者存在侵害消费者合法权益的行为但未采取“必要”措施，应当就消费者产生的损害与平台内经营者承担连带责任。①

---

① 典型案例可见徐小银诉李晓增、北京亿心宜行汽车技术开发服务有限公司、中国平安财产保险股份有限公司北京分公司、华泰财产保险有限公司北京分公司机动车交通事故责任纠纷案，案号：北京市第三中级人民法院（2015）三中民终字第04810号。该案确定的裁判要旨为：网络平台为代驾司机提供代驾结束后的返程拼车（顺风车）服务中，拼车车主驾驶的自有车辆不符合安全上路条件且网络平台未尽审核义务，由于拼车车主全责产生交通事故导致作为乘车人的代驾司机受损。拼车车主使用套牌车辆进行返城拼车（顺风车）服务，本身属于违法行为且客观上增加了运营风险，网络平台未尽审核、管理之义务，侵害了网络平台使用者代驾司机（乘车人）作为消费者的合法权益。依据《消费者权益保护法》第44条第2款，网络平台应与拼车车主对受害人之损失承担连带赔偿责任。

三、《电子商务法》第38条第2款规定与《侵权责任法》第37条（补充责任）的衔接适用

（一）安全保障义务作为两个法条的连接点

《电子商务法》第38条第2款的后半段规定："对关系消费者生命健康的商品或者服务，电子商务平台经营者对消费者未尽到安全保障义务，造成消费者损害的，依法承担相应的责任。"关于安全保障义务的法律规定，最直接的法律规定是《侵权责任法》第37条"宾馆、商场、银行、车站、娱乐场所等公共场所的管理人或者群众性活动的组织者，未尽到安全保障义务，造成他人损害的，应当承担侵权责任。因第三人的行为造成他人损害的，由第三人承担侵权责任；管理人或者组织者未尽到安全保障义务的，承担相应的补充责任"的规定。该条是对管理人或者组织者安全保障义务的规定，"在违反安全保障义务的情况下，违反义务的行为可能因行为人直接导致损害的发生，也可能因第三人的直接侵权行为而导致损害的发生。所以，安全保障义务人可能是直接侵权人，也可能是间接侵权人，或者说是行为人之外的责任人。"①

在顺风车交易模式下，电子商务平台经营者亦可定位为该种交易模式的组织者。参照《网络预约出租汽车经营服务管理暂行办法》第12条、第17条的规定，电子商务平台经营者的重要的安全保障义务在于对顺风车车辆适驾性的审查，该项审查应主要包括以下具体内容：（1）车辆为7座及以下乘用车；（2）安装具有行驶记录功能的车辆卫星定位装置、应急报警装置；（3）车辆技术性能符合运营安全相关标准要求；（4）车辆具有法律规定应当具有的相关保险。② 顺风车车主驾驶车辆发生事故（顺风车车主负有责任）导致他人受损或者顺风车车主直接向他人实施侵害行为，该

---

① 王利明：《侵权责任法研究（下卷）》，中国人民大学出版社2010年版，第156页。

② 《网络预约出租汽车经营服务管理暂行办法》主要规制的是网络预约出租车，根据该办法第38条的规定：私人小客车合乘，也成为拼车、顺风车，按城市人民政府有关规定执行。笔者认为，不论是出租车还是顺风车，在保障乘车人员安全方面应有基本相同的标准。特别是在滴滴顺风车合乘人员遇害事件发生后，为顺风车安装具有行驶记录功能的车辆卫星定位装置、应急报警装置已成为现实需要。

顺风车车主即是《侵权责任法》第37条规定的实施侵权行为的第三人。[①]

（二）电子商务平台经营者承担连带责任与补充责任之区分

在涉及安全保障义务的问题时，需要注意电子商务平台经营者承担的连带责任与补充责任之区分适用。在确定电子商务平台经营者责任时，需要首先确定电子商务平台经营者的安全保障义务事项及其主观过错。电子商务平台经营者的安全保障义务的内容，由于审核、管理的难易程度又可以区分为不同的层级，并可以此确定电子商务平台经营者的主观过错程度。例如，驾驶人员是否拥有合法驾驶执照、车辆的技术性能是否符合运营安全的标准、车辆是否具有法律规定的相关保险，对于上述事项只要电子商务平台经营者尽到了基本的审核和管理，即可将不适格车辆排除在顺风车之外。如果电子商务平台经营者对车辆根本未予审核，放任不合格车辆进入网络平台，属于放任风险的发生，则其主观上即具有重大过失，推定其"应知"服务者侵害了消费者的合法权益并承担连带责任。当然，鉴于电子商务平台经营者并未实现与行政监管部门、保险行业的信息联网，无权核对顺风车车主的驾驶证、车辆的行驶本、车辆的保险是否真正属实，因此，电子商务平台经营者对驾驶证、行驶本、保险保单的审查只能限定在形式审查层面。

电子商务平台的安全保障义务应当与其专业技术能力和经营规模相互匹配，如果某项安全保障措施在技术上已经成熟，且不会给义务人造成很大负担，同时也又会起到很好的防范效果，可以要求电了商务平台经营者采取这一措施。[②] 技术手段在电子商务平台的更新和落地，其安全性能与应用成本的高低也与当今科技的发展密切相关。例如，电子商务平台经营者应当对人车线上线下一致性进行审查，该处的审查需要依靠一定的技术手段。如果电子商务平台经营者采取了一定的技术手段，但是该种技术存

---

① 对此理论界存在不同的认识，有学者主张："在第三人侵权的情况下，应首先由第三人承担侵权责任，网络平台未尽到安全保障义务的，仅承担相应的补充责任。但是需要注意，这里的第三人应该特指顺风车车主之外的第三人，不能将顺风车车主认定为网络平台与乘客之外的第三人。"参见张新宝：《顺风车网络平台的安全保障义务与侵权责任》，载《法律适用·司法案例》2018年第12期。

② 刘文杰：《网络服务提供者的安全保障义务》，载《中外法学》2012年第2期。

在着漏洞被不法分子利用，此时只能认定网络平台履行了审核、管理职责但是并不到位，其主观上应为一般过失，在法律适用上无法推出其“应知”服务者侵害了消费者的合法权益而未采取必要措施，无法适用连带赔偿责任，依据《侵权责任法》关于安全保障义务的规定适用相应的补充责任更为妥当。

四、《电子商务法》第38条第2款规定与《侵权责任法》第12条（按份责任）的关系

（一）补充责任与按份责任之区分

《电子商务法》第38条第2款的后半段规定：“电子商务平台经营者对消费者未尽到安全保障义务，造成消费者损害的，依法承担相应的责任。”该部分规定的“依法承担相应的责任”，是否可以衔接适用按份责任的承担方式值得探讨。《侵权责任法》第12条规定：“二人以上分别实施侵权行为造成同一损害，能够确定责任大小的，各自承担相应的责任；难以确定责任大小的，平均承担赔偿责任。”该条是对无意思联络数人侵权情形下按份责任的规定，其主要构成要件如下：第一，数人分别实施侵权行为，但没有共同过错。第二，造成同一损害。第三，各个行为均不足以单独导致损害结果的发生。

《侵权责任法》第12条规定的按份责任与第37条第2款规定的补充责任有着显著不同：第一，按份责任要求承担责任的主体为侵权行为人，补充责任要求承担责任的主体为安全保障义务人，安全保障义务人与侵权行为人不能完全直接等同。第二，按份责任要求承担责任主体的侵权行为与损害后果之间应当具有相当的因果关系，而补充责任要求承担责任的主体未能尽到安全保障义务与损害结果的发生有一定的关联性（增加了损害

发生的盖然性)，两者的因果关系也不能等同。[①] 第三，按份责任情形下可以区分侵权行为人的责任份额（按照原因力区分或者平均担责），在补充责任情形下是无法明显区分安全保障义务人与直接实施侵权行为人之间的责任份额的。第四，数个侵权行为人各自承担按份责任之后是终局责任，原则上在承担按份责任的数个侵权人之间不能再相互追偿。安全保障义务人在承担相应的补充责任后，可以向实施侵权行为的第三人进行追偿。[②]

（二）顺风车领域按份责任适用的排除

根据上述分析，补充责任与按份责任在法律适用上存在着明显的不同，电子商务平台经营者在违反其安全保障义务造成他人损害时，需要承担的应当是补充责任而非按份责任。在顺风车领域，如果电子商务平台经营者已经审核过车辆和驾驶员的资质资格均符合要求，则电子商务平台经营者一般无需与侵权人承担连带责任。经过电子商务平台经营者审核通过资质资格的顺风车车主，驾驶适驾车辆提供顺风车服务，行驶过程中顺风车车主对乘车人实施了人身伤害行为，顺风车车主应当承担侵权损害赔偿责任。此时，需要进一步审查网络平台是否尽到了安全保障义务，即对车辆的安全行使是否采取了有效的定位、监控、安全预警和报警措施，如果未尽到安全保障义务应当承担的是相应的补充责任，并非与侵权行为人向

① 在安全保障义务领域的侵权纠纷中，经营者不履行安全保障义务只是加大了损害发生的盖然性，或者说如果被告认真履行安全保障义务，则极有可能避免损害的发生。因此，受害人无须证明消极不作为行为与损害之间存在因果关系，而只需证明：(1) 加害人或者对损害负有赔偿义务的人负有特定的作为义务，如法定的安全保障义务；(2) 不履行该义务与损害之发生存在高度的可能性即盖然性，如果被告履行了自己的作为义务，损害就极可能被避免。参见《中国民法典·侵权行为法编草案建议稿》第 8 条，载《法学研究》2002 年第 2 期。

② 在第三人具有故意的情况下，毕竟是行为人造成的损害，违反安全保障义务的人对于损害发生的原因力较低，如果其不能向行为人追偿，侵权法“令加害人就其侵权行为负责”的立法目的就会落空。参见纪红心：《对安全保障义务人因第三人侵权所承担责任的再探讨》，载《法学论坛》2008 年第 6 期。

受害人承担按份责任。①

五、小结

《电子商务法》的出台旨在保障电子商务各方主体的合法权益，规范电子商务行为，维护市场秩序，促进电子商务持续健康发展。《电子商务法》对电子商务经营者（电子商务平台经营者、平台内经营者）的经营行为进行了规定，对违法行为的民事责任、行政责任进行了明确。《电子商务法》是对特殊行业的特殊经营行为的规范，在理解与适用《电子商务法》的过程中，应当注意与作为一般法律规范的《侵权责任法》和作为特别法律规范的《消费者权益保护法》的衔接和适用。特别是在消费者权益受损需要电子商务经营者承担责任的情形下，更要准确厘清电子商务平台经营者与平台内经营者承担民事责任的方式，以达到既能促进电子商务行业健康发展、又能够对消费者权益合法保护的多重目标。判

（本文仅代表作者个人观点）

① “《侵权责任法》第12条规定的相应责任就是无意思联络的按份责任，但是，在违反安全保障义务的情况下，在加害人与安全保障义务人之间是不可能形成按份责任关系的。安全保障义务人只能承担相应的补充责任。”王利明：《侵权责任法研究（上卷）》，中国人民大学出版社2010年版，第590页。

“保全错误损害赔偿责任”裁判规则解析*

刘廷华**

根据《民事诉讼法》第105条，保全申请人应当赔偿因错误申请而给被申请人造成的损失。原因在于，申请被认定为错误时，因错误申请而采取的保全措施明显缺乏正当性，因此而给被申请人权利造成的限制可以视为不法侵害。在此意义上，保全申请错误致害是一种非典型的民事侵权行为，① 应当由保全申请人承担保全错误所引起的民事责任；至于法院的保全措施，可以视为申请人实施侵害的工具。② 最高人民法院与此相关的两份文件在一定程度上佐证了上述观点：（1）《最高人民法院关于当事人申请财产保全错误造成案外人损失应否承担赔偿责任问题的解释》（法释〔2005〕11号）。该解释强调，保全错误造成案外人损失时损害赔偿责任的

---

* 国家社科基金重大研究专项项目“平等公正核心价值观融入产权保护立法研究”（项目编号18VHJ007）资助。

** 四川省法律援助研究所主任。

① 潘牧天：《滥用民事诉权的侵权责任研究》，上海社会科学院出版社2011年版，第108页。

② 阮忠良、玄玉宝：《保全申请错误所致损害赔偿责任的构成要件——兼析新〈民事诉讼法〉第105条的理解与适用》，载《上海政法学院学报》2013年第4期。

主要依据是《民法通则》第106条。[①] 由于该条文主要是关于侵权责任的规定，据此可以认为，保全错误对案外人造成损害时应当承担侵权责任。考虑到被保全人为案件当事人或者案外人之不同并不会根本性地改变对保全错误损害性质的认定，保全错误对案件当事人造成损害自然也应当承担侵权责任。(2)《民事案件案由规定》(法〔2011〕41号)。该规定明确将"财产保全损害责任纠纷"归入"侵权责任纠纷"类别，说明保全申请错误致害应当按侵权案件处理。[②] 既然将保全申请错误所致损害赔偿责任界定为侵权责任，那么它到底是无过错责任还是过错责任？过错程度对损害赔偿责任有无影响？在认定过错时是采用主观标准还是客观标准？过错的举证责任如何分配？如此等等，《民事诉讼法》第105条均未明确答复，既不能给当事人诉讼提供行动指引，亦不能为法官审案提供裁判规则，非常容易导致司法实践的混乱。

一、保全错误损害赔偿应适用过错责任原则

"申请有错误"到底指什么，现行《民事诉讼法》及其司法解释并没有作出进一步的规定或解释，全国人大常委会法制工作委员会民法室在解读时也没有进行正面诠释，只是罗列了"申请有错误"的原因。[③] 这些原因大多是结果导向的，尤其是"法院最终判决驳回申请人的起诉或者诉讼请求"，极易造成"申请错误损害赔偿责任是无过错责任"的误导。事实上，已有研究指出，《民事诉讼法》第105条确立了"无过错补偿"制度，即便是申请人没有主观上的过错，只要最终的生效判决不支持其最初的诉

---

① 《民法通则》第106条规定："公民、法人违反合同或者不履行其他义务的，应当承担民事责任。公民、法人由于过错侵害国家的、集体的财产，侵害他人财产、人身的，应当承担民事责任。没有过错，但法律规定应当承担民事责任的，应当承担民事责任。"

② 张红：《滥用诉讼之侵权责任》，载《武汉大学学报》2016年第4期。

③ "申请有错误的原因是多种多样的，在诉讼保全中，如法院最终判决驳回申请人的起诉或者诉讼请求、申请保全的原因不存在、因被申请人提出异议法院撤销了保全裁定、其他可归责于申请人的原因导致保全裁定被撤销的等。在诉前保全中，利害关系人申请保全后未在法定期限内提起诉讼或者仲裁导致保全裁定被撤销。"全国人大常委会法制工作委员会民法室：《中华人民共和国民事诉讼法解读》，中国法制出版社2012年版，第277页。

讼请求，他就应该赔偿错误保全给被申请人造成的损失。[①] 司法实践中，也有法院直接以申请人败诉作为申请有错误的认定标准。有判决认为，生效判决不支持保全申请人的诉求，已经足以说明其保全申请是错误的，不管申请人是否有主观过错，他都必须赔偿保全错误给被申请人造成的财产损失。[②] 至于理由，有判决指出，《民事诉讼法》设立保全制度的目的，是为了保障将来生效判决的执行。具有给付内容的诉讼请求得到法院生效判决的支持，这是保全申请具有正当性的基础；如果没有需要执行的生效判决，则此前的财产保全申请就缺乏必要性和正当性，就应当认定为申请错误。[③] 与此不同，也有观点强调申请有错误是指“申请人在申请保全的过程中存在过错，包括主观故意和过失”。[④] 对此，笔者表示赞同，理由分述如下。

1. 有关司法解释支持过错责任原则。有学者指出，过错责任是侵权责任的一般归责原则，前述关于保全错误造成案外人损失责任承担问题相关司法解释所指的《民法通则》第106条，实际上是专指该条文第2款规定的过错责任。[⑤] 保全错误致案外人损失时尚且采用相对宽松的过错责任原则，举重以明轻，保全错误致案件当事人损失时不适合采用更加严苛的无过错责任原则。

2. 民事诉讼法的变迁历程及相关条文支持过错责任原则。诉讼保全不仅限制了被申请人对财物的使用或处分，而且被保全物在此过程中必然会

---

① 参见蔡维力、吴晓静：《论现行财产保全制度的三大缺陷及其弊害》，载《甘肃社会科学》2012年第2期。陈兵、姜金：《财产保全错误类侵权损害赔偿的认定》，载《中国检察官》2015年第1期。

② 参见北京市第一中级人民法院（2016）京01民终785号民事判决书，类似观点，参见北京市第三中级人民法院（2016）京03民终4132号民事判决书、内蒙古自治区呼和浩特市中级人民法院（2016）内01民终1460号民事判决书、江苏省徐州市中级人民法院（2017）苏03民终2585号民事判决书。

③ 参见江苏省无锡市中级人民法院（2016）苏02民终2426号民事判决书。

④ 江必新主编：《新民事诉讼法理解适用与实务指南》，法律出版社2012年版，第400页。

⑤ 张卫平主编：《民事诉讼规则适用指引》，人民法院出版社2012年版，第284页。

发生自然耗损，被申请人因此会遭受一定的财产损失。① 所以，必须在制度上防范滥用诉讼保全的风险。《民事诉讼法（试行）》第94条第2款明确规定，申请人一旦败诉，就应当赔偿错误保全给被申请人造成的损失。“败诉即赔偿”的规定，无异于确立了无过错责任原则。可能是因为立法机关注意到“败诉论”不适合作为申请人承担赔偿责任的依据，1991年《民事诉讼法》第96条将“败诉”修正为“申请有错误”。② 此外，现行《民事诉讼法》第105条将保全错误损害赔偿条件规定为“申请有错误”，而107条却将先予执行错误损害赔偿条件规定为“申请人败诉”，这种区别对待已经足以说明“申请有错误”中必然有过错要件的要求。③

3.《侵权责任法》支持过错责任原则。《侵权责任法》第5条④不仅规定了侵权责任法和其他民法部门法之间的关系，而且规定了侵权责任法和民事特别法之间的关系。⑤ 在适用侵权特别法时，不仅要将总则和分则的原则性规定加以区分，而且要将相关总则的一般性规定和相关分则的具体性规定加以区分。⑥ 虽然《民事诉讼法》105条是关于侵权责任的特殊规定，但它并不是侵权责任法分则的具体规定，保全错误致害并未超越《侵权责任法》总则的效力范围，其归责问题仍然需要适用《侵权责任法》

---

① 程延陵、朱锡森、唐德华、杨荣新：《中华人民共和国民事诉讼法（试行）释义》，吉林人民出版社1984年版，第112页。

② 李喜莲：《财产保全“申请有错误”的司法考量因素》，载《法律科学》2018年第2期。

③ 肖建国、张宝成：《论民事保全错误损害赔偿责任的归责原则——兼论〈民事诉讼法〉第105条与〈侵权责任法〉第5条的关系》，载《法律适用》2016年第1期。

④ 《侵权责任法》第5条规定：“其他法律对侵权责任另有特别规定的，依照其规定。”

⑤ 参见高圣平主编：《〈中华人民共和国侵权责任法〉立法争点、立法例及经典案例》，北京大学出版社2010年版，第61页。

⑥ 杨立新：《侵权责任法》，法律出版社2010年版，第51页。

的总则规定。[1] 结合《侵权责任法》第6条和第7条[2]可知，过错责任原则才是《侵权责任法》规定的基本归责原则。在法律未明确规定适用严格责任时，保全错误损害赔偿自然应当适用过错责任原则。

4. 最高人民法院支持过错责任原则。从最高人民法院的再审案件看，很多判决都认为保全错误损害赔偿不能仅以申请人诉讼请求未得到生效判决支持作为充分条件，而是应当坚持过错责任原则。有判决指出，由于当事人习得的法律知识、证明案件事实的能力、分析法律关系的素养大相径庭，往往不具备司法裁判所要求的专业水准，诉讼请求自然无法与最终裁判结果完全相同。[3] 有判决强调，依据《侵权责任法》第6条和第7条，过错责任是基本原则，而无过错责任只是例外，只有在法律明确规定时方可适用，但是申请保全错误损害赔偿责任并不在《侵权责任法》所规定的无过错责任之列。[4] 有判决认为，《民事案件案由规定》侵权责任纠纷中有因申请诉中财产保全损害责任纠纷这个案由，保全错误导致的损害赔偿案件当然应该适用《侵权责任法》规定的过错责任归责原则。[5] 有判决认为，规定财产保全就是为了确保生效裁判文书得到执行以保护申请人的合法权益，在此过程中必然要求被保全申请人无法自由处分被保全的财产。所以，如果仅仅根据生效判决支持金额低于保全金额就认定保全错误，可能导致诉讼当事人因害怕承担责任而降低保全金额，限制了保全制度的适用，完全不符合保全制度的立法初衷。[6] 有判决指出，《民事诉讼法》第105条的立法本意系防止当事人滥用诉讼权利，不当损害他人合法权益。

---

① 肖建国、张宝成：《论民事保全错误损害赔偿责任的归责原则——兼论〈民事诉讼法〉第105条与〈侵权责任法〉第5条的关系》，载《法律适用》2016年第1期。

② 《侵权责任法》第6条规定："行为人因过错侵害他人民事权益，应当承担侵权责任。根据法律规定推定行为人有过错，行为人不能证明自己没有过错的，应当承担侵权责任。"第7条规定："行为人损害他人民事权益，不论行为人有无过错，法律规定应当承担侵权责任的，依照其规定。"

③ 参见最高人民法院（2018）最高法民申2027号民事裁定书。事实上，就同一案件而言，尤其是复杂疑难案件，法律专业人士往往也会有不同看法。怎么能要求老百姓的诉讼请求与最终判决一致？

④ 参见最高人民法院（2018）最高法民申2027号民事裁定书。

⑤ 参见最高人民法院（2016）最高法民申1212号民事裁定书。

⑥ 参见最高人民法院（2012）民申字第1282号民事裁定书。

因此，申请财产保全错误的认定必须考虑申请人的过错问题，对是否存在“滥用”的主观心态加以考察，决不能仅凭裁判结果加以认定。① 虽然最高人民法院在裁判说理时各案侧重点不同，但是在认定保全错误损害赔偿责任时都要求具备过错要件。

5. 保全制度的功能发挥需要适用过错责任原则。最高人民法院在审理案件时高度重视过错责任原则对保全制度功能发挥的重要作用，有判决指出，若是单凭生效判决对保全申请人诉讼请求的支持情况来认定是否错误，容易造成当事人因为害怕承担损害赔偿责任而无法正当利用保全措施，最终影响诉讼保全制度功能的发挥。② 当然，也有判决指出，既要通过财产保全确保未来的生效判决能够得到执行以维护申请人的合法权益，但同时也应当防止申请人滥用诉讼保全措施而侵害被申请人的合法权益，最终实现双方当事人之间的利益平衡。从我国目前的情况看，债务人恶意逃避执行的严重程度明显高于申请人滥用诉讼保全的严重程度，这决定了保全制度必须更加偏重于确保生效判决得以执行。更重要的是，除了保障生效判决实现，诉讼保全已经在朝着预先防止损害的加重、尽早减轻受损害人的困境以及尽早结束诉讼程序的方向发展。③ 有调查显示，几乎所有接受调查的法官和当事人均认为财产保全有助于促成当事人和解，有助于促成被保全人履行债务，有一部分当事人和法官仅仅是把诉讼保全当作一种诉讼的工具性手段，其最终目的则是以保促执、以保促调。④ 从《最高人民法院关于落实“用两到三年时间基本解决执行难问题”的工作纲要》（法发〔2016〕10号）看，最高人民法院也是希望利用保全促进调解、促进和解、促进执行，从源头上控制进入执行程序的案件数量，减少申请执行人利益无法保障的风险。因此，保全错误损害赔偿责任适用过错责任原则，能够更好发挥保全制度的功能。

---

① 参见最高人民法院（2015）民申字第1147号民事裁定书。

② 参见最高人民法院（2018）最高法民申2027号民事裁定书。

③ 冀宗儒、徐辉：《论民事诉讼保全制度功能的最大化》，载《当代法学》2013年第1期。

④ 浙江省高级人民法院课题组：《从合法性关注到合理性考量能动司法视角下财产保全司法对策之优化》，载《法律适用》2011年第5期。

二、保全申请人过错程度的要求

理论界对于保全申请人的过错存在不同认识。(1)抽象轻过失。申请人提出保全申请时应仔细审查保全的范围是否得当、保全的财产是否有误，未尽到善良管理人的注意义务时即应认定存在过错。[①](2)一般过失。在财产保全损害赔偿案件中对过错的认定不应当适用过高的标准，否则，不仅很容易导致申请人滥用权利损害被申请人的利益，而且还会显著增加法官裁量的难度。[②](3)故意或者重大过失。滥用诉权侵权责任应区分故意、重大过失和一般过失，只有故意和重大过失滥用诉权的才承担赔偿责任。[③](4)主观恶意。考虑到诉讼保全是法律赋予诉讼当事人的正当权利，构成财产保全错误需要当事人主观上具有恶意。[④]

法院在认定申请人主观过错时同样存在较大分歧。(1)一般过失。有相当数量的判决书指出，申请人是否尽到了谨慎合理的注意义务，始终是认定财产保全申请是否存在错误的关键。[⑤]有判决指出，认为保全申请人存在重大过失时才承担赔偿责任的判决缺乏法律依据。对于财产保全损害赔偿责任，除《民事诉讼法》第105条的规定外，法律并无其他特别规定，因此，应当适用《侵权责任法》中关于侵权责任的一般归责原则即过错原则对行为人是否应承担责任作出判断，行为人有过错，则应承担赔偿责任。[⑥](2)故意或重大过失。最高人民法院认为，对当事人申请保全所应尽到的注意义务不应过于苛责，应以申请人对出现保全错误存在故意或

---

① 万发文：《财产保全申请错误的构成及赔偿》，载《人民司法》2012年第6期。

② 王勇：《财产保全申请人承担赔偿责任应适用过错责任原则》，载《人民司法》2014年第16期。

③ 郭卫华：《滥用诉权之侵权责任》，载《法学研究》1998年第6期。

④ 上海市青浦区人民法院课题组：《司法实务中财产保全制度的程序化规范研究》，载《上海审判实践》2011年第4期。也有法院支持该观点，参见河北省廊坊市经济技术开发区人民法院（2016）冀1091民初401号民事判决书。

⑤ 参见浙江省杭州市中级人民法院（2015）浙杭民终字第1951号民事判决书和江苏省盐城市中级人民法院（2014）盐民终字第2352号民事判决书。

⑥ 参见江苏省无锡市中级人民法院（2016）苏02民终2426号民事判决书。

者重大过失作为认定过错的标准。①

依据《宪法》第51条,②《民事诉讼法》第49条规定当事人必须依法行使诉讼权利，不得滥用诉权。财产保全是限制被申请人对财物使用和处分的强制措施，保全期间会对被申请人造成一定的财产损失。正因如此,《民事诉讼法》第105条既规定了财产保全的必要条件，同时又规定了保全错误损害赔偿责任，防止申请人滥用保全措施。③最高人民法院的判决指出,《民事诉讼法》第105条的立法本意系防止当事人滥用诉讼权利，不当损害他人合法权益。④综上，保全错误损害赔偿责任中的过错认定，必须结合防止滥用保全措施的需要来认定，不宜采用过于严苛的标准，最好以故意或重大过失为准。

三、保全申请人过错的认定标准

有判决指出，不能单凭判决结果与诉讼请求的对照情况为依据来认定申请财产保全是否错误，而是应当充分考虑保全申请人的认知状况和主观心态，全面审查保全申请人提起诉讼和申请保全过程中是否违反诚实信用原则、是否具有恶意、是否滥用诉权。⑤依据主观标准认定过错，必须全面审查当事人在行为时的主观心态及其对行为后果所持的态度,⑥重点考察当事人在主观上是否已经尽到注意义务,⑦还要结合当事人的知识水平和认知能力等个性化因素加以考察，结合当事人对行为及其后果的认知、

---

① 参见最高人民法院（2012）民申字第1282号民事裁定书、最高人民法院（2014）民申字第2172号民事裁定书、最高人民法院（2015）民申字第1178号民事裁定书、最高人民法院（2015）民申字第1147号民事裁定书、最高人民法院（2016）最高法民申2100号民事裁定书。

② 《宪法》第51条规定:“中华人民共和国公民在行使自由和权利的时候，不得损害国家的、社会的、集体的利益和其他公民的合法的自由和权利。”

③ 全国人大常委会法制工作委员会民法室:《中华人民共和国民事诉讼法解读》，中国法制出版社2012年版，第278页。

④ 参见最高人民法院（2015）民申字第1147号民事裁定书。

⑤ 参见江苏省苏州市虎丘区人民法院（2013）虎商初字第0635号民事判决书。

⑥ 参见王卫国:《过错责任原则：第三次勃兴》，中国法制出版社2002年版，第258页。

⑦ 杨立新:《侵权损害赔偿》，法律出版社2008年版，第133页。

判断和控制能力，最终认定当事人对于申请保全行为造成损害后果是否具有预见的可能性。如果行为人在当时的情境中无法预见到行为的后果，则不能认定行为人主观上有过错；行为人如果可以预见或应当预见，则可以认定行为人主观上有过错。①

鉴于申请人的主观心态难以评判，司法实践中也有很多法院采用客观标准判断申请人是否具有过错，完全不考虑行为人的个性化因素。法院一般会要求申请人尽到理性人、善良管理人或者法律规定的注意义务，否则就会认定他有过错。有法院指出，如果申请人的诉讼请求完全是基于自己掌握的事实和证据，而且已经尽到了普通人应有的合理注意义务，即便是法院最终判决完全没有支持或者仅仅支持了较少部分的诉讼请求，也不能据此而认定财产保全申请本身有错误。② 作为当事人的诉讼权利，保全本身只是处理程序性问题的工具，并不是对争议问题本身的终局性裁定。因此，当事人在保全申请时只需要尽到一个普通人的注意义务即可。③

依据主观标准判断过错，重点考察行为人的主观心态及其对危害后果的认知，暗含“意思自治”理论。但是，法官很难准确判断行为人的具体预见能力，难免出现显失公平的状况。按照民事诉讼“谁主张谁举证”原则，被申请人必须举证证明申请人行为时的认知能力和注意水平等主观要素，因此，受制于当事人的举证能力较低的现实，司法实践中往往很难利用主观标准去认定申请人的过错。④ 客观标准在一定程度上可以避免上述问题，降低了被申请人的举证义务，同时也为法官判断提供了统一标准，这也是法院倾向于采纳客观标准的重要原因。但是，如果完全依靠客观标

---

① 张民安：《现代法国侵权责任制度研究》，法律出版社 2003 年版，第 155 页。

② 参见广西壮族自治区那坡县人民法院（2013）那民一初字第 442 号民事判决书、浙江省宁波市中级人民法院（2014）浙甬民一终字第 755 号民事判决书、江西省万载县人民法院（2014）万民一初字第 81 号民事判决书、江苏省无锡市中级人民法院（2016）苏 02 民终 2426 号民事判决书、江西省高级人民法院（2017）赣民申 651 号民事裁定书。

③ 参见山东省日照市中级人民法院（2016）鲁 11 民终 556 号民事判决书，类似案例可见广东省高级人民法院（2014）粤高法民四终字第 190 号民事判决书。

④ 王勇：《财产保全申请人承担赔偿责任应适用过错责任原则》，载《人民司法》2014 年第 16 期。

准判断过错，忽视个案中不同申请人年龄、智力、性格、经验、预见能力等方面的巨大差异，也可能造成实质非正义的状况。此外，只有表现为外在行为时的主观过错才具有可归责性，而且，当事人的外在行为在很大程度上也能够反映其主观的心理状态。① 因此，判断申请人过错应当建立在主客观相统一的认识基础上，在坚持客观标准的前提下适当考虑当事人的某些主观因素。②

四、保全申请人过错的证明

申请人无法疏明保全必要性时应认定为存在过错。依据《民事诉讼法》第100条，申请诉中财产保全，需要向法院举证证明存在将来生效判决难以执行的可能性。法院在审核保全申请时，只要大致相信有保全必要即可，即申请人达到的证明标准只是“疏明”而非“证明”。③ 即使申请人愿意提供充分的财产担保，在他无法无法疏明具有财产保全的必要性时，法院也可以裁定不支持财产保全。但是，司法实践中法院习惯以担保取代保全必要性审查和申请人的释明责任，法院对财产保全的审查实际上变成了对担保的审查。④ 近年来保全保险业务的发展为当事人提供担保带来了极大便利，显著提升了保全申请获批的概率。有调查显示，浙江省全省法院受理的所有财产保全申请案件，近3年来驳回保全申请的比例都没有超过0.5%，客观上呈现出法院对保全申请“有求必应”的局面。⑤ 正如某判决所言，人民法院仅对申请人提出的财产保全申请进行形式审查，即只要财产保全申请的范围没有超过申请人诉讼请求的范围时，其保全申请一般都会得到法院的批准，故诉讼保全申请是否得到人民法院准许并出

---

① 江平、费安玲主编：《中国侵权责任法教程》，知识产权出版社2010年版，第249页。

② 张新宝：《侵权责任构成要件研究》，法律出版社2007年版，第464页。

③ 刘君博：《保全程序中担保的提供与担保数额的确定——〈民事诉讼法〉司法解释第152条的意义及其解释适用》，载《法律适用》2015年第8期。

④ 李仕春：《民事保全程序基本问题研究》，载《中外法学》2005年第1期。

⑤ 浙江省高级人民法院课题组：《从合法性关注到合理性考量能动司法视角下财产保全司法对策之优化》，载《法律适用》2011年第5期。

具裁定并非判断申请人主观上有无过错的依据。[①] 因此，在保全损害赔偿案件中，申请人具有疏明保全必要性的义务，违反此义务即可以认定为有过错。

判决支持率过低时适用过错推定。根据诚实信用原则的要求，诉求请求以案件事实为依据，而诉讼保全的范围又是以诉讼请求为依据，因此，正常情况下，基于案件事实和诉讼请求提出的诉讼保全范围与最终判决支持的范围不会存在太大差异。除非是“显著不合理”的差异，被保全人往往能够容忍，不会动辄就以申请错误为由要求损害赔偿。但是，判决结果与申请范围之间出现显著不合理的差异往往被认为是申请人合理注意后可以避免的问题，由此可以推定申请人具有重大过错。当然，此时只是推定而不是直接认定申请人有过错，应当允许申请人通过举证证明自己已经尽到合理的注意义务而免责。理由在于，不同主体对证据的收集和运用存在差异、对法律的查找和解读存在差异以及对判决的预期和处理存在差异，甚至也包括了当事人诉讼策略选择上的差异，难免造成申请保全范围与判决结果之间的差异。为了避免陷入客观归责的陷阱，应允许申请人自证清白。至于具体在哪些情况下的差异应当认定为“显著不合理的差异”并且适用过错推定原则，法律往往无法作出整齐划一的具体规定，只能留给法院在个案中自由裁量。

除了申请人无法疏明保全必要性和判决支持率过低两种情形，其他情况应由被申请人证明申请人存在过错。申请人的过错最常见于违法申请和违反诚实信用原则申请两种类型：(1) 申请人违法。最为常见的是保全超范围和保全理由消除后未及时申请解除保全两种情形：其一，申请人违反《民事诉讼法》第 102 条的规定，保全超过请求的范围或者保全了与本案无关的财物。其二，申请人违反《最高人民法院关于人民法院办理财产保全案件若干问题的规定》（法释〔2016〕22 号）第 23 条的规定，人民法院采取财产保全措施后出现了申请人应当及时申请解除保全的情形，申请人未及时申请解除保全的。上述两种过错类型，也可能同时存在于同一个案件，这在最高人民法院的判决中也有所体现。“超标查封的事实客观存

---

① 参见新疆维吾尔自治区巴音郭楞蒙古自治州中级人民法院（2017）新 28 民初 1 号民事判决书。

在；在被保全人提出异议、法院释明的情况下仍不同意解封，主观上存在故意或明显过失。”① （2）违反诚实信用原则。《民事诉讼法》第13条要求民事诉讼必须遵循诚实信用原则，违反诚实信用原则可能被认定为滥用诉权，从而被认定为具有过错。司法实践中，这类行为常常表现为诉讼保全后没有正当理由撤诉，撤诉后再起诉，申请保全后再撤诉，反复多轮。

五、保全错误损害赔偿的限制

被申请人除了需要证明申请人存在过错，还应当提供充分证据证明遭受损失的客观性、数额及其与申请保全错误之间的因果关系。② 同时，为了给保全制度发挥作用创造可能，保全行为如果只是造成被申请人轻微的损失，申请人不应承担赔偿责任。③ 因为保全行为属于限制被申请人财产使用的一种临时性强制措施，必然会造成被申请人某种程度的损失，这属于保全措施的制度成本。除此之外，保全错误损害赔偿还受到与有过失规则的限制。被申请人的过错主要有以下几种情况：

1. 未及时申请复议。当事人不服保全裁定的，可以向作出裁定的人民法院申请复议。④ 如果被申请人知悉错误保全事实而不申请复议，意味着被申请人放弃自己的责问权，被申请人便无权要求申请人赔偿因此而遭受的损失。⑤

2. 未及时申请变更保全措施。被保全人提供有利于执行的其他等值担保财产的，法院可以变更保全物。⑥ 对于被保全人放弃变更保全措施的权利而遭受的损失，申请人无须赔偿。

3. 未及时申请解除保全。依据《民事诉讼法》第104条规定和《最高人民法院关于人民法院办理财产保全案件若干问题的规定》（法释〔2016〕22号）第22条规定，被申请人提供担保的，法院应当裁定解除保全。另

---

① 参见最高人民法院（2013）民申字第1520号民事裁定书。

② 参见最高人民法院（2017）最高法民申417号民事裁定书。

③ 参见最高人民法院（2015）民申字第2136号民事裁定书。

④ 参见《最高人民法院关于适用〈中华人民共和国民事诉讼法〉的解释》第171条。

⑤ 李喜莲：《财产保全“申请有错误”的司法考量因素》，载《法律科学》2018年第2期。

⑥ 参见《最高人民法院关于适用〈中华人民共和国民事诉讼法〉的解释》第167条。

据《最高人民法院关于适用〈中华人民共和国民事诉讼法〉的解释》第166条，出现“申请人的起诉或者诉讼请求被生效裁判驳回的”等情形之一，人民法院应当作出解除保全裁定。如果出现上述情形而被申请人没有及时申请解除保全，扩大部分的损失可能得不到赔偿。

4. 被申请人过错引发诉讼。除了保全问题上的过错，法院在有些案件中还会考查当事人双方在基础案件中的过错，过错大的一方往往需要承担较大的损失。在最高人民法院办理的某申诉案件中，判决认为，申请保全金额与诉讼请求相当，只是因为对损失举证不足才造成判决金额与保全金额出现明显差异，不能认定申请保全错误。同时，考虑到被申请人违约行为明显，判令其承担70%的损失。[①] 由此可见，当事人在相关案件中的主观过错也可能影响损害赔偿。

结　论

《民事诉讼法》第105条规定的保全错误损害赔偿责任应当坚持过错责任为原则，而且在过错程度上应当达到故意或重大过失。司法实践中，最好采用主客观相结合的方式来认定过错，重点考查保全申请人是否尽到理性人的合理注意义务。如果申请人无法疏明保全申请的必要性，应以申请违法直接认定为申请有错误；如果保全申请与生效判决出现显著不合理差异，可以推定申请有错误；其他情形，被申请人可以通过证明保全申请违法或违反诚实信用原则来证明申请有错误。即使申请有错误，被申请人得到的损害赔偿还可能因为被申请人未申请保全复议、未申请变更保全措施以及未及时申请解除保全等方面的过错而减少。当然，如果由于被申请人的过错而引发诉讼及诉讼保全，保全错误损害赔偿也会因此而受到限制。

（本文仅代表作者个人观点）

① 参见最高人民法院（2015）民申字第115号民事裁定书。

我国劳动法上解雇保护制度的变迁和展望

——本土化解雇保护制度的证立

于 汇*

一、引 言

自新中国成立以来，我国劳动立法取得了长足的进步，从新中国成立时的一穷二白到逐步建立并完善了社会主义市场经济的用工体制，劳动合同制度、劳动安全制度、集体合同制度、劳动争议解决制度、社会保险制度等都经历了从无到有、从落后到健全的阶段。① 其中尤其以劳动合同制度的建设成就最为瞩目：从改革开放前的统包分配、"大锅饭""铁饭碗"式的粗放型用工逐步发展到通过劳动合同制度确立劳动关系、规定权利义务的法治化轨道上来。相应地，在劳动合同法制确立到

* 中国人民大学法学院博士研究生。

① 参见关怀：《回顾与瞻望——六十年来我国的劳动立法》，载《朝阳法律评论》2009年第2期。

完善的进程中，解雇保护制度[①]的建设是其中一大亮点，经历了从制度的觉醒与发现、制度建设到制度批判三个阶段以及从政治使命、身份特权到个体权利的三次形变。解雇保护在我国也从最初的一种口号式的宣言，逐步发展为成为一种深入人心的劳动法理念，指导着劳动立法、司法以及劳动关系的现实运行。解雇保护制度这种从国家到个人，从个别群体享有的特权到劳动者普遍享有的权利，从政令政策到法律法规的发展完善历程，同我国其他部门法制建设一样，顺循着从法律工具主义向法律形式主义转变的走向，[②] 是我国法治化进程的一个缩影。

新中国成立后，特别是改革开放后，我国解雇保护制度的建设成就不容否认。然而，我国的解雇保护制度，从其诞生的第一天起，同样也伴随着争议。特别是在我国改革开放后两次重大的劳动立法活动过程中——1995 年的《劳动法》和 2007 年的《劳动合同法》——关于解雇保护的争议，几乎是观点交锋最为激烈的地方。[③]

这些具体观点上的争议且容后详述，就我国就解雇制度的理论研究和实践操作而言，尚有多处研究空白，主要表现在以下几个方面：

第一，缺乏对我国解雇保护制度历史维度的研究。我国的解雇保护制度在新中国的不同建设时期，有不同的历史使命与具体内容。不同时期的解雇保护制度有何特点，其发展的整体进程与我国当时的政治、经济环境发生过多次互动，这些互动对于制度的去留和裁剪以及对现有制度的形成，都有十分重要的影响，对于一些解雇制度内涵的理解也十分重要，而既有学说对这些互动和影响都缺乏研究。

---

① 本文所指的解雇保护制度，主要是指用人单位解除劳动合同以及有关的责任制度。有的学者在著作中将解雇保护制度作广义理解，还包括了无固定期限劳动合同、劳动合同到期终止、劳动合同违约金制度等。本文认为，这些制度无论是规范目的还是主要作用，都与解雇保护制度本旨相去甚远，因此，除另有说明外，本文所指解雇保护不包括这些制度。

② 有关民法等部门法从工具主义到形式主义的讨论，请参见郭锐：《抽象理论与现实关怀——以法人概念研讨和中国经济转型为例》，载《中国政法大学学报》2016 年第 5 期。

③ 关于这些观点交锋的梳理，可以参见钱叶芳：《个人解雇保护立法实践的国际比较：回应与建设》，载《法律科学》2011 年第 1 期。

第二，对于我国解雇保护制度在我国存在的本土正当性和必要性缺乏探究。当前我国的解雇保护制度研究，以比较和移植为主要方法，关注重点集中在国外解雇保护制度的引进与移植，局限在法律技术层面的横向比较，缺乏对本土解雇制度“土壤”的研究，特别是一些具有我国特色的解雇保护的制度，与世界上主要国家和地区的通行制度相比都有所变异，甚至与一些部门法公认的法理都存在冲突。在我国特有的历史语境和叙事结构下，这种本土化的制度是否具有正当性、其正当性当如何被证立，是被理论学说一直所忽视而没有解答的。而这一问题对于回应对我国现行解雇保护制度的主要批评观点——“过宽”“过严”“铁饭碗”“养懒人”“用人机制僵化”等具有重要的意义。

第三，学者对于我国现行解雇保护制度的批判多借鉴自德国、日本以及我国台湾地区等所谓解雇保护制度发展较为成熟的国家和地区，希望这些国家和地区成文法上的解雇保护抽象性条款甚至某些理念，可以在我国的解雇保护制度甚至具体案件中能够直接加以移植或补充。但问题是，这些对于解雇保护制度理想化的憧憬，由于没有考虑到我国的整体劳动立法状况，劳动司法的特点、工会建设和运行情况、集体协商情况等，而欠缺可操作性。换言之，就是在我国以成文法统率解雇保护案件的处理，工会与集体协商在解雇保护中缺位、法官恪守法条主义的司法理念下，一些解雇保护理念，如社会正当性、最后手段性、利益衡量性，如何能够进入到我国的成文法的话语体系中，取得其中国法话语体系下的文本正当性，进而进入案件的审理，对具体案件发生作用，这或许是未来我国成文法规定难以改变的前提下，解雇保护制度完善的最主要问题。

基于以上的设问，本文在阐述我国解雇保护的发展历程的同时，试图论证以下命题：第一，在新中国成立初期，解雇与解雇保护，有团结劳动者和领导阶级的作用。其主要目的不是为了保护个体劳动者的权利，而是为了划分敌我，对获得承认后的政治身份进行保护。在计划用工时代，我国没有解雇，解雇不意味劳动关系的终结，而只是国家计划的一环，劳动者会被再次分配到其他岗位。我国一度只有为维系领导阶层及其同盟稳定性和纯洁性的“群体式解雇保护”，缺乏个人权利意义上的解雇保护，其政治意义大于法律意义；1995 年《劳动法》完成了解雇保护从政治宣言到个人法律权利的转身，正式确立了法律和个人权利意义上的解雇保护制度。2007年的《劳动合同法》在此基础上更加深化和完善了这种个人权利式的保护。第二，我国的解雇保护制度的本土正当性深植于我国劳动法制对于劳动者保护的现实主义取向：在一些制度的设立上，优先考虑到在我国的劳动法制发展具体阶段的特点，特别是考虑劳资力量的具体对比后，劳动者能否切实得到保护，从而发展出了独特的规则，而不是对民法上的违约规则和损害赔偿规则的简单套用。这种现实主义的面向，在我国的劳动立法和解雇保护立法中有具体的历史线索可循。其正当性可以从我国劳动关系的现实生态以及对劳动者的保护效果得到证明。中国解雇保护的立法，其标准的高与严，都是从便宜劳动者行权的角度，而非仅仅规定了不切实际的高标准，这是一种贴近我国国情和劳动力整体水平的一种立法智慧，这些本土的正当性，可以适当抵御有些以国外理论和其他部门法理论为依据的观点对我国现行解雇保护制度的批判。第三，对于国外学说中通行的解雇保护理念，诸如社会正当性原则、利益衡平原则和最后手段性原则，有些已经内化于我国《劳动合同法》所规定的解雇事由之中，需要通过具体的法律解释技术加以明确；而对于那些没有前述的成文法与规范依据但又应当加以引进的解雇保护理念，需要加强立法论研究，探寻其中国化语境的表达。这也应当是未来解雇保护研究和实践亟待解决的问题。

二、解雇保护制度在我国的确立历程：从政治权利到个体权利

（一）“劳动权承认规范”理论下的“解雇保护”

根据我国学者对我国《宪法》中的劳动权条款的研究，“劳动”和“劳动权”并非只有自由权和社会权的规范意义，并且在我国制宪过程中始终是作为一种重要的承认技术而存在的：“通过政治区分、政治动员、政治承诺、政治驯服等具体技术而承认社会主义宪法上的‘人’，因此劳动权规范不仅是一种基本权利规范，也是一种重要的承认规范。”[①] 通过这种承认技术，拥有劳动权的劳动者在新中国成立之初与那些剥削阶级、“反动分子”区别开来，被承认为国家政权的领导者，与之相对的是专政

① 王旭：《劳动、政治承认与国家伦理——对我国宪法劳动权规范的一种阐释》，载《中国法学》2010年第3期。

对象；在过渡时期结束后，劳动者被承认为社会主义建设与改造的主人，而未被承认的其他群体也不再直接被划为敌对的阶级或专政的对象，而是通过1954年《宪法》中的劳动权规范所留有的窗口，具有通过劳动接受改造，从而成为社会主义建设与改造的主人、成为“人民”一分子的可能性。

与之相配合，解雇保护在此时也更多地承担着配合这种政治承认功能完全实现的角色，是劳动权的国家伦理在现实、具体劳动中的延伸：在过渡时期，新政权尚未稳定，此时的主要矛盾还在于敌我矛盾，劳动和劳动权作为承认规范，主要目标是识别人民（国家主人）和剥削者，并且要尽可能地扩大识别国家主人这一群体，一方面是为了稳定刚刚成立的新政权；另一方面，也是为了扩大生产力，[①] 同时减少失业人口。[②] 这一思想体现在那一时期解雇制度上，则体现为对解雇问题的极端慎重性——原则上不得解雇，以稳定劳动者作为国家主人群体的规模，并体现国家政策和法规对于人民群众通过承认规范考核、成为劳动者并由此成为国家主人的政治承诺的连贯性和稳定性。

在有关解雇的具体规定方面，总体上都是以原则上不得解雇为指导。1952年《政务院关于劳动就业问题的决定》第（一）部分规定：“某些企业即令一时发生困难，也应从积极发展生产和营业中来克服本身的困难，不得从解雇职工上想办法，以保障职工利益，避免增加失业。解雇职工必须按工会法及其他有关法令的规定办理。”“一切公私企业，对于因实行生产改革、合理地提高了劳动效率而多余出来的职工，均应采取包下来的政策，仍由原企业单位发给原工资（计入企业成本之内），不得解雇。并应利用这种条件，进行分批轮训，提高他们的业务技术与政治文化水平，以备本企业扩大时使用或听候国家统一调配。”“某些私营企业因经济改组关系，本行业确无前途必须转业者，原则上应该是劳动随资本同时转业。如

---

① 魏子良：《毛泽东同志对新民主主义和社会主义革命的理论探索与道路实践》，载新华网 http://media.people.com.cn/n/2013/0531/c194311-21689462.html，2018年5月29日访问。

② 据当时统计资料显示，全国大半工厂倒闭，停工停产，1949至1953年全国登记失业人口332.7万人，占当时全国职工的一半。参见刘贯学：《新中国劳动保障史话（1949—2003）》，中国劳动社会保障出版社2004年版，第3～4页。

果转业申请和计划开设的新业已得工商管理部门核准，又经过劳资双方协商，根据新业的计划和现有职工的条件拟出职工随资本转移的方案后，仍有一部分确实无法在新业中安置的职工，资方可按照工会法及其他有关法令的规定向劳动部门申请解雇，经劳动部门批准后，得依法解雇。”“某些私营企业确属亏本过甚，无力继续经营，经劳资协商后，仍无法开展业务，必须紧缩营业或歇业时，歇业应经工商管理部门批准，解雇一部或全部职工亦应经劳动部门批准；如将来再扩大营业或复业时，应优先使原职工复工。”1954 年《政务院国营企业内部劳动规则纲要》规定了几种可以解雇的具体情形，其第 16 条规定：“违反劳动纪律的情节严重，使企业遭受重大损失者，应给予开除的处分或送法院依法处理。”第 17 条规定：“凡无正当理由而迟到、早退或者在工作时间内游荡、怠工、旷工者，得分别情节轻重，给予适当处分直至开除。”

对于解雇的特别慎重，还可以体现在 1950 年的《工会法》和 1954 年《政务院国营企业内部劳动规则纲要》中对解雇的一些程序性规定。1950 年《工会法》第 22 条规定：“工厂、矿场、商店、农场、机关、学校等生产单位或行政单位的行政方面或资方，解雇工人或职员时，应将拟解雇人员的名单与理由，于十日前通知工会基层委员会。如工会基层委员会发现委员会发现此种解雇有违反人民政府法令或集体合同情事时，有权于七日内提出抗议。如行政方面或资方不同意工会基层委员会之抗议而形成争议时，应按照劳动争议解决程序处理之。”《政务院国营企业内部劳动规则纲要》第 5 条规定：“禁止无故辞退职工。辞退职工时，应发给证书，并须注明辞退的情形和原因。职工如不同意企业行政方面的辞退的决定，有权向所属工会组织申诉，或向当地人民政府劳动行政机关申请按劳动争议处理。”对于被开除的劳动者，其第 22 条规定：“处分公布以后，受处分者如有意见，在十天以内可向上级领导机关申诉。但在上级领导机关未作决定之前，仍按照原处分执行。”

从这些法规的表面来看，虽然有的已经有了某些所谓现代解雇保护制度的影子，如只有具备正当（且非常严格）的理由才允许解雇、解雇需要经过行政部门批准、解雇后的重新雇用、对解雇决定有申诉救济机会等，但正如学者在梳理这段立法进程时所质疑的，“这些对解雇十分严格的限制，是否建基于解雇保护制度之法理，不得而知。"① 特别是结合当时我国的政治、经济、社会背景，解雇保护此时的角色，与劳动权的承认规范属性相对，属于"剥夺劳动权"的"否认规范"：解雇此时不仅意味着个别劳动关系的结束，更意味着国家对其主人或同盟政治承诺的收回，将其国家主人身份的剥离，重新归为于劳动者群体外的"剩余群体"，视其情节的严重程度，重新加以改造或直接归于"敌对分子群体"实施专政。这一点从对解雇理由的规定可见端倪，体现在对解雇原因的不同而安排不同的法律后果：对于因为经济原因如企业改组或转产，国家对这部分被解雇的劳动者并不会剥离劳动者身份，而是给予特殊照顾，如转业安排或者企业恢复生产后优先雇佣，不会产生政治上的负面评价。但如果解雇的原因是"违反劳动纪律的情节严重使企业遭受重大损失者或者凡无正当理由而迟到、早退或者在工作时间内游荡、怠工、旷工"等个人品德方面的瑕疵，法律会对这些道德原因作出超出劳动关系层面的评价，认为其折射出被解雇者并未具备国家主人的觉悟与特质，身上还残留较多敌对成分有待改造，不适宜保留国家主人身份，因此处理的方式除了解雇外，还有可能"移交法院处理"。

由此可见，在新中国成立初期我国所存在的"解雇保护"，无论是其规范旨趣还是具体规则，都离通常意义上的解雇保护制度相去甚远，与其说是一项分子式的个体权利，不如说是一种群体性的政治权利。这项权利并不在意个体在劳动关系中的权利义务状况，特别是不关注解雇是否公平，是否需要对受到不公待遇的劳动者给予特殊的保护和照顾，关注的是劳动者群体的纯洁性与政治目标的一致性，其承载的政治任务和政治使命，远大于对个别劳动关系的保护。

(二) 统包统配时期的"解雇保护"——从"否认规范"到个体"特权"

随着新中国成立初期社会主义改造的完成，我国当时的主要矛盾也发生转变，已经从敌我矛盾转变为人民内部矛盾，即"已经是人民对于建立先进的工业国的要求同落后的农业国的现实之间的矛盾，已经是人民对于

---

① 熊晖：《解雇保护制度研究》，法律出版社2012年版，第49~50页。

经济文化迅速发展的需要同当前经济文化不能满足人民需要的状况之间的矛盾”。[1] 我国确立了高度集中的计划经济体制。这种计划经济体制体现在劳动力用工方面，就是所谓的“计划管理和统包统配”的用工制度，即用行政手段实行统一计划、统一招收、统一调配。[2] 相应地，有关劳动权和解雇制度对于敌我识别或人民与国民的识别作用，已经慢慢淡化，逐渐开始向具体劳动关系的管理面向靠拢。

这种转变体现在了解雇保护制度的权利内容上，就是口号与宣言式表达的消减，法律规范和权利法的属性开始彰显。有关解雇与解雇保护的主要规范目的不再是维护国家的政治承诺与剔除政治上不合格的群体身份，而是调整具体的劳动关系，保护劳动者的个人权益不在具体劳动关系中被用人单位侵犯，并且对于被解雇劳动者提供社会性的帮助和照顾义务。

这一时期解雇保护立法的主要成就时 1986 年国务院制定的《国营企业实行劳动合同制暂行规定》（2001 年失效）。该规定第 12 条规定：“在下列情况下，企业可以解除劳动合同：（一）劳动合同制工人在试用期内，经发现不符合录用条件的；（二）劳动合同制工人患病或非因工负伤，医疗期满后不能从事原工作的；（三）按照《国务院关于国营企业辞退违纪职工暂行规定》，属于应予辞退的；（四）企业宣告破产，或者濒临破产处于法定整顿期间的。”第 13 条规定：“劳动合同制工人被除名、开除、劳动教养，以及被判刑的，劳动合同自行解除。”第 14 条规定：“劳动合同制工人在下列情况下，企业不得解除劳动合同：（一）劳动合同期限未满，又不符合第十二条规定的；（二）患有职业病或因工负伤并经劳动鉴定委员会确认的；（三）患病或非因工负伤，在规定的医疗期内的；（四）女工在孕期、产假和哺乳期间的；（五）符合国家规定条件的。”第 16 条规定：“任何一方解除劳动合同，必须提前一个月通知对方，方可办理解除劳动合同的手续。解除劳动合同，企业应当报请上级主管部门和当地劳动行政主管部门备案。一方违反劳动合同，给对方造成经济损失的，应当根据其后果和责任大小，予以赔偿。”第 17 条规定：“企业解除劳动合同，应当

---

① 参见刘少奇：《党的八大报告》，载中国共产党新闻网 http：//cpc. people. com. cn/GB/64162/64168/64560/65452/4526567. html，2018 年 5 月 29 日访问。

② 熊晖：《解雇保护制度研究》，法律出版社 2012 年版，第 50 页。

征求本企业工会的意见。”第23条规定：“劳动合同制工人因合同期满或属于第十二条（二）项和第十五条规定情况，解除劳动合同时，企业应当按照其在本企业工作年限，每满一年发给相当于本人标准工资一个月的生活补助费；但是，最多不超过十二个月的本人标准工资。按照第十二条（三）项规定被解除劳动合同的，或按照第十三条规定自行解除劳动合同的，以及自行离职的，不发给生活补助费。”

比照我国后来正式确立解雇保护制度的《劳动法》和《劳动合同法》有关规定可以发现，这一时期的解雇保护制度无论是实体性规定还是程序性规定，都已经初具规模，与最终确立的制度相差不大。特别是其中有些规定，明确了解雇保护制度是为了保障劳动者的具体劳动权益，如对解雇事由的扩充以及详细描述，已经有了“适用条件+法律效果”的法规范形态，[①] 劳动者可以以此直接作为请求权基础维护自己的权益。此外值得注意的还有对解除劳动合同提前通知以及解除后根据工作年限给付生活补助费的规定，体现了解雇保护制度中用人单位的照顾、保障的社会性义务，[②] 使得解雇保护制度更加向现代化靠拢。

尽管这一时期我国在解雇保护具体规范构建上成就显著，但遗憾的是，囿于当时的计划经济体制以及对社会主义和市场经济体制的关系认识不清，[③] 虽然对于解雇保护制度本身的立法开始逐渐向个体权利靠拢，但却出现了解雇保护身份化甚至特权化的趋势：由于用工体制的原因，我国的工人身份出现了固定工和临时工的区别，对于固定工，一般认为适用有关解雇保护的规定不成问题，而对于那些临时工，则主要适用1962年《国务院关于国营企业使用临时工的暂行规定》，其中第1条规定：“对于临时职工，应当是由生产任务时招用来厂（场）生产，无生产任务时辞退离厂（场），都不得转为长期职工。”第7条规定：“对于季节性的临时职工可以在工作结束时签订预约合同，以便稳定其基本队伍；对于其他临时

① 参见［德］伯恩·魏德士：《法理学》，丁晓春、吴越译，法律出版社2013年版，第59页。

② 参见黄越钦：《劳动法新论（第五版）》，台湾地区翰芦图书出版有限公司2015年版，第244页。

③ 参见吴敬琏：《计划经济还是市场经济》，中国经济出版社1993年版，第2页。

职工，应当在劳动合同期满时立即辞退。”可见，对于具有临时工身份的劳动者，非但无法享受周详的解雇保护，连到期续订劳动合同的可能性都没有，解雇保护制度只在固定工群体中享有；另外，由于该时期公有制经济的绝对主导地位，前述规定解雇保护制度的法律文件标题都冠以“国营企业”字样，以示只在国营企业中执行，也就是说，只有国营企业的固定职工，才可受所谓的解雇保护制度之保护，国营企业临时工和私营企业职工，并不能享受解雇保护制度。解雇保护制度在这一时期，呈现出身份化甚至可以说是特权化的特征。这一时期的解雇保护制度已从最初的政治权利，初现其个体权利轮廓，完成了权利的“去政治化”，但囿于其并未覆盖全体劳动者，仍难谓我国解雇保护制度的最终确立。

（三）由《劳动法》和《劳动合同法》正式确立的我国解雇保护制度

1993 年党的十四届三中全会作出了《关于建立社会主义市场经济体制若干问题的决定》，标志着我国社会主义市场经济体制的正式确立。社会主义市场经济体制在我国用工体制的表现，就是从过去统包统配的计划用工方式，转向市场化的用工机制。这一转变在我国劳动法制度层面上的体现就是 1995 年《劳动法》的颁布施行。《劳动法》第 2 条明确规定：“在中华人民共和国境内的企业、个体经济组织和与之形成劳动关系的劳动者，适用本法。国家机关、事业组织、社会团体和与之建立劳动合同关系的劳动者，依照本法执行。”这一规定废除了过去依据企业所有制划分劳动者身份从而区别适用不同规则的做法，明确了劳动法规则的适用以劳动关系为唯一标准，保证了规则适用的平等性，从而为各方主体平等参与市场竞争提供了规范前提。

与之对应，解雇保护制度也通过《劳动法》的颁布，打破了之前国营企业职工、固定工等身份壁垒，平等地适用于所有与企业（不分所有制）建立了劳动关系的劳动者。自此，解雇保护制度才由新中国成立初期的政治权利、计划经济时期的身份特权，发展成为一项适用于所有劳动者、并且是用于保护劳动者具体劳动权益的个体性权利，确立了现代意义上的解雇保护制度。这是《劳动法》在解雇保护制度建设上的最突出成就。随着我国对社会主义市场经济体制和用工机制的不断探索，我国于 2007 年颁布施行了《劳动合同法》，巩固了解雇保护制度的立法成果，并在此基础上进行了深化和完善。这两部法律文件所确立的各项规范和制度，也成为我国解雇保护制度的基石。具体来说，我国现行法上的解雇保护制度主要包括以下几个方面：

1. 严格限定的解雇事由。《劳动法》将可以解雇的事由分为用人单位的过错解除、预告解除以及经济性裁员。用人单位的过错解除是指《劳动法》第25条“劳动者有下列情形之一的，用人单位可以解除劳动合同：（一）在试用期间被证明不符合录用条件的；（二）严重违反劳动纪律或者用人单位规章制度的；（三）严重失职，营私舞弊，对用人单位利益造成重大损害的；（四）被依法追究刑事责任的”的规定。预告解除是指《劳动法》第26条“有下列情形之一的，用人单位可以解除劳动合同，但是应当提前三十日以书面形式通知劳动者本人：（一）劳动者患病或者非因工负伤，医疗期满后，不能从事原工作也不能从事由用人单位另行安排的工作的；（二）劳动者不能胜任工作，经过培训或者调整工作岗位，仍不能胜任工作的；（三）劳动合同订立时所依据的客观情况发生重大变化，致使原劳动合同无法履行，经当事人协商不能就变更劳动合同达成协议的”的规定。经济性裁员指的是《劳动法》第27条“用人单位濒临破产进行法定整顿期间或者生产经营状况发生严重困难，确需裁减人员的，应当提前三十日向工会或者全体职工说明情况，听取工会或者职工的意见，经向劳动行政部门报告后，可以裁减人员。用人单位依据本条规定裁减人员，在六个月内录用人员的，应当优先录用被裁减的人员”的规定。《劳动合同法》在总结《劳动法》立法得失的基础上，对上述制度进行了相应的修补完善，主要是在用人单位过错解除制度中增加了“劳动者同时与其他用人单位建立劳动关系，对完成本单位的工作任务造成严重影响，或者经用人单位提出，拒不改正的”和“因欺诈、胁迫导致劳动合同无效”两种用人单位可以解除劳动合同的情形；① 在预告解除中增加了额外支付一个月工资的“代通知金”制度②以及经济性裁员制度中将解雇人数标准下降为“二十人以上”或“裁减不足二十人但占企业职工总数百分之十以上

① 参见《劳动合同法》第39条。

② 参见《劳动合同法》第40条。

的”，并增加了“因劳动合同订立时所依据的客观经济情况发生重大变化，致使劳动合同无法履行”的法定情形。①

2. 解雇的程序性保护。《劳动法》和《劳动合同法》中都有关于用人单位解雇时必须通知工会并听取意见的规定。《劳动法》第 30 条规定：“用人单位解除劳动合同，工会认为不适当的，有权提出意见。如果用人单位违反法律、法规或者劳动合同，工会有权要求重新处理；劳动者申请仲裁或者提起诉讼的，工会应当依法给予支持和帮助。”《劳动合同法》第 43 条也规定：“用人单位单方解除劳动合同，应当事先将理由通知工会。用人单位违反法律、行政法规规定或者劳动合同约定的，工会有权要求用人单位纠正。用人单位应当研究工会的意见，并将处理结果书面通知工会。”另外，相对于之前的规范性文件都将企业内部申诉程序作为劳动者被解雇后的主要救济手段，《劳动法》第 77 条明确规定了劳动者对劳动争议提起仲裁和诉讼的权利，标志着解雇保护争议正式进入了司法渠道，劳动者开始受到司法保护。

3. 违反解雇保护规定的法律责任。《劳动法》和《劳动合同法》都规定了预告解除和经济性裁员的经济补偿金制度。《劳动法》对于违法解雇的合同责任规定得较为简陋，只在第 91 条规定了解除劳动合同未依法支付经济补偿金时的损失赔偿制度。《劳动合同法》对违法解除劳动合同的法律责任作出了较为系统的规定：在该法第 48 条规定了用人单位违法解除劳动合同时用人单位的继续雇佣义务，并在第 87 条规定了用人单位违法解除劳动合同支付双倍经济补偿金的损害赔偿制度。

自此，现代意义的解雇保护制度正式在我国劳动法制中确立。它经历了从政治权利到个别群体的特权再到劳动者普遍享有的权利三次形变，其作用也从最初识别国家主人与构建政治联盟、排除敌对分子并维护领导阶级纯洁性这种政权表达逐步发展到保障劳动者切实享有具体劳动权、维系稳定的劳动关系并且不受非法用人单位非法解雇的侵害。

---

① 参见《劳动合同法》第 41 条。

三、我国解雇保护制度的本土化正当性：从工具主义到实用主义

（一）解雇保护立法的工具主义与实用主义

自《劳动法》和《劳动合同法》确立了我国解雇保护制度后，我国的解雇保护制度基本完成了成文法规范的建设，但解雇保护在我国的历史叙事尚未完成。与规范建设同时发生并演进的，是学术界和实务界对我国解雇保护制度的批判，既有对我国解雇保护制度目标设定的总体性批判，如解雇保护标准究竟是过高还是过低、[①] 劳动解除合同解除应难还是应易，[②] 也有对具体制度设计的疑问，如用人单位过错解除事由的封闭式列举、[③] 对用人单位不区分过错程度、[④] 定额化（经济补偿金的二倍）的损害赔偿计算方式等。[⑤] 这些批判以及回应大多是从比较法角度对话，以法律移植的必要性为论战重点，却鲜见有对解雇保护制度移植的正当性、特别是本土化正当性的讨论，也就是说出现了所谓的“只重视移植，却没有重视法律”的法理学问题。[⑥] 而这样忽视我国立法者立法思想乃至国家政治历程而单纯进行制度比较的研究，其得失也很有可能是“一叶障目，不见泰山”。

回溯前文的立法进程，可以发现在《劳动法》颁布之前，我国解雇保护立法有着明显的工具主义色彩，即立法的时效性和目的性相当明确，就是针对当时情境下最紧迫需要解决的问题。立法者在一定时期内将法律作

---

① 参见董保华：《锦上添花抑或雪中送炭——析〈中华人民共和国劳动合同法（草案）〉的基本定位》，载《法商研究》2006 年第 3 期。

② 参见董保华：《劳动关系宽严的立法选择与劳动者的实际进出》，载《中国劳动》2006 年第 10 期。

③ 参见沈同仙：《〈劳动合同法〉中劳资利益平衡的再思考——以解雇保护和强制缔约规定为切入点》，载《法学》2017 年第 1 期。

④ 参见杨浩楠：《论我国解雇保护制度的不足与完善——基于中美解雇保护制度的比较研究》，载《上海财经大学学报》2016 年第 2 期。

⑤ 参见谢增毅：《雇主不当解雇雇员的赔偿责任》，载《法律科学》2010 年第 3 期。

⑥ 参见强世功：《迈向立法者的法理学——法律移植背景下对当代法理学的反思》，载《中国社会科学》2005 年第 1 期。

为发展其他国家目标的工具，如新中国成立初期为维系初生的新中国，对劳动关系、劳动合同、解雇乃至解雇保护制度都存在一定程度上的“扭曲”——本应用于保护劳动者个人权益的解雇保护制度，被利用成为一项政治权利，关系到劳动者政治身份的有无。这样的扭曲对于制度本身的侵蚀和破坏，是显而易见的，[①] 但应当注意，从前述我国解雇保护从政治权利发展为个人权利的历程可以看出，立法者在不断地自我修正和重新定位，制度的扭曲慢慢被矫正，解雇保护制度被回复至其应有的角色定位和制度内涵；同时，解雇保护立法还存在着一种“代际补偿”或“纠正行动(affirmative action)”，对于历史上被无意迷失或牺牲的劳动者人格，用一种务实的态度，加以补偿和完善，实现对劳动者人格和权利的重新塑造。此时的法律工具主义，通过立法者有意识的自我修正和调整，已经成为了一种务实或曰现实主义，即不再刻意追求制度的语义规范，而是注重结合我国的国情，关心规范运行的真实效果，从而“真实地”保护劳动者的权利，并将这种实用主义用特定的立法技术固定在具体制度当中。这样的一种立法进程，与西方解雇保护制度的发展路径截然不同。也就是说，我国的解雇保护制度的立法出现了“这里不但可能没有不动产”，[②] 也可能没有(国外那样的）解雇保护的情况。因此，将西方语境下的解雇保护同我国后发的解雇保护制度立法进行横向对比，很有可能就是一种忽视制度土壤、形而上的徒劳无功。我国的解雇保护制度建设，也不可能走像西方那样以完善的规范体系来推动权利保护的道路，而必然是以劳动者实际权益的保护为中心来构建制度。

（二）我国解雇保护立法中现实主义的具体体现

这种实用主义在我国解雇保护具体制度中可以得到很好的例证。下文

---

① 对于法律工具主义的评价和批判，请参见 Kirby，William C（柯伟林），“China Unincorporated：Company Law and Business Enterprise in Twentieth - century China”，The Journal of Asian Studies，Vol. 54，Iss. 1 （1995）：59；对柯伟林观点的评价，请参见郭锐：《抽象理论与现实关怀——以法人概念研讨和中国经济转型为例》，载《中国政法大学学报》2016 年第 5 期。

② 参见苏力：《这里没有不动产：法律移植问题的梳理》，载《法律适用》2005 年第 8 期。

将以我国解雇保护中被学者批评得最猛烈的两项制度为例——“解雇事由的正面、封闭列举”和“不区分用人单位过错程度，定额化赔偿”，对这种现实主义进行阐发和剖析。

1. 正面、封闭式列举的解雇事由

首先来看“解雇事由的正面、封闭列举”。指的是《劳动合同法》第39条规定的用人单位因劳动者方面的过错可以解除劳动合同的制度。论者称该条对解雇事由进行了正面的列举，且是封闭式列举的制度设计，非出现该条所列的法定事由即不得解雇，过于严格，会僵化用人单位的用人机制。解决的方法应当是增设兜底条款，如“其他合理、正当事由”。① 但论者一方面忽视了我国立法进程中，一直以秉承的“不得解雇、至多是有明确条件的解雇”解雇保护立法思想和传统，断然的割裂必然导致劳动者自我身份认同的疑惑。另一方面，也忽视了“兜底条款”可能的弊端，对正面列举背后的立法智慧有所忽略。“对于终止事由，探取列举的形式，无非是企图对解雇事由予以明确地限定。”② 这种明确的限定，可以避免用人单位以其他借口解除劳动合同，更为重要的是，考虑到我国劳动者的整体素质水平、劳动者与用人单位力量对比现状，对于解雇保护事由确定性的追求，要明显大于对用人单位“解雇自由”的追求。从兜底条款的设置的效果来看，作此安排远非有利无害，“‘法律规定的其他情形兜底，并且命名为‘兜底条款’。有了这样的条款，立法倒是轻松了，也免除了‘挂一漏万’之担忧，但兜底条款同时也是开放性条款，在免去挂一漏万之虞之时，也编织了一个法律的大筐——什么都可以往‘其他情形’里装；也构造了一个法律的迷宫——寻觅并且穷尽‘法律规定’的不确定性。”③ 可以预见的是，兜底条款的设置，必然将刺激用人单位的规避性解雇行为，将原先确定的解雇情形，大量地加以模糊化，推向兜底条款并进入司法程序，劳动者被迫丧失原来法律确定范围的保护，而背负沉重的证明负担。

---

① 参见沈同仙：《〈劳动合同法〉中劳资利益平衡的再思考——以解雇保护和强制缔约规定为切入点》，载《法学》2017年第1期。

② 林更盛：《解雇保护》，载台湾地区劳动法学会编：《“劳动基准法”释义——施行二十年之回顾与展望》，台湾地区新学林出版股份有限公司2009年版，第268页。

③ 黎建飞：《解雇保护：我国大陆与台湾地区之比较研究》，载《清华法学》2010年第5期。

在当前我国劳动力整体水平偏低、工会和集体协商力量不彰、解雇保护立法时间较短并且影响力有限的情况下，设立兜底条款恐怕意味着对劳动者解雇保护的终结。可见，立法者对解雇事由的正面列举，体现了一种现实主义的价值判断，就是要通过明确、确定的手段保护劳动者不被任意解雇。选择不规定兜底条款，也是出于对这种确定性保护的维护。

2. 不区分过错程度与定额化赔偿

有学者认为，《劳动合同法》第 39 条和第 87 条设置的不区分用人单位对于劳动合同解除的过错程度进行定额化赔偿，无法惩罚用人单位的恶性行为，并认为应当借鉴美国模式，“按照不当解雇行为主观恶性之强弱以及社会危害性的大小而差异性设置不当解雇行为法律责任的做法，即对主观恶性强、社会危害大的不当解雇行为（例如违反公共政策理论或者违反诚实信用和公平交易理论之解雇行为）施加较为严格的法律责任，而对于主观恶性相对较小、社会危害性相对较轻的不当解雇行为（例如违反默示合同理论之解雇行为）施加较为轻微之法律责任。同时有必要对雇主违法解雇行为的类型进行相应区分，当违法解雇行为的主观恶性较强、社会危害性较大时，应加重雇主承担法律责任的强度。”①

这样的批评同样忽视了隐含在我国劳动立法中的“本土资源”② 和立法者的现实主义立法智慧。我国的解雇保护制度的本土化资源，司法渠道相对容易接近，无论是劳动争议仲裁还是诉讼，成本都相对较低（我国的劳动争议案件受理费只有 10 元即是例证）；有关规则对劳动者较为友好，如前文所述的解雇事由封闭性列举、举证责任倒置规则，③ 以及定额化的赔偿机制（允许劳动者不必证明实际损失，只证明解雇事由存在即可获得确定数额的赔偿）。这样的本土化规则安排背后体现了立法者的现实主义哲学：明确列举解雇事由、不以过错为要件的证明标准和举证责任倒置，降低了解雇保护的证明责任门槛，劳动者不必再举证证明用人单位的过

① 参见杨浩楠：《完善我国解雇保护法律制度的思路与对策——基于中美解雇保护机制的比较》，载《法学》2016 年第 3 期。

② 关于本土制度资源的系统理论阐释，请参见苏力：《法治及其本土资源》，中国政法大学出版社 2004 年版。

③ 参见《最高人民法院关于审理劳动争议案件适用法律若干问题的解释》第 13 条的规定。

错，提高了证明成功的概率；定额化的赔偿机制保证使劳动者不必再费力举证证明实际损失，而只需证明解雇事由存在，即可获得确定数额的赔偿。以此鼓励劳动者放心地选择劳动争议处理模式，实现解雇保护。当然，这些好处并不是让劳动者凭空获得，对诉讼高成功率的追求，是以定额制的计算标准为交换代价的，即为了追求劳动者权益的快速确定，可能适度牺牲其可主张的实际损失金额。这样的现实主义安排，是符合我国劳动关系真实生态的：劳动者力量薄弱，反映在诉讼中就是举证能力较弱，如果不进行适当的证明规则倾斜，那么劳动者败诉就是一个大概率事件；定额化的经济补偿金可能会降低劳动者通过实际举证获得高额赔偿的可能性，但劳动者是否有这个举证能力同样是一个很大的疑问，定额化的经济补偿金反倒有可能符合劳动者“拿钱走人”和用人单位“破财免灾”的诉讼真实心理。相比之下，论者所支持的美国模式是一个高证明标准、高败诉风险同时伴随可能的高收益模式。与这样的模式相匹配，需要强有力的集体协议和工会支持、强大的失业保险支持以及对诉讼过程的高人力物力投入，更为重要的是，劳动者在这种模式下，胜诉并获得高额赔偿的可能性远远低于其败诉而一无所有的可能性。而这样的安排天然地背离了我国解雇保护制度的伦理和目的，脱离我国劳动关系现实生态太远，其为立法者所不取，实为偶然中的必然。

由此可见，我国的解雇保护立法一直是在一种立法者的现实主义指引下进行的，这也就可以解释为何我国一些解雇保护制度和世界上其他主要国家的解雇保护制度有所差异，甚至与一些公认的制度理论有出入（如“谁主张、谁举证”和“赔偿金额以实际发生损失为限”等），但这样的制度安排无疑是符合我国劳动力市场状况和劳动关系实际的，也正是借由这种现实主义下的本土化，我国的解雇保护制度获得了本土正当性。

（三）现实主义视角下对我国解雇保护标准的“高低宽严”之争的审视

在一定程度上，我国解雇保护制度立法的这种现实主义，可以解释学界关于解雇保护的另一大争议焦点，即我国解雇保护标准的“高与低”“宽与严”的问题。当前我国学者对于高低之争，主要集中在一些可以量化的标准上，进行横向和纵向的考量。[①] 这些讨论数据详实、方法科学，一定程度上可以作证自己的结论，但不同国家之间横向量化比较有一个缺点，就是各国的差异性太大，需要尽可能多地把影响因素纳入，又要控制变量，才能得出一个相对科学的判断。社会科学难以像自然科学实验那样营造一个“实验室环境”，这一问题在解雇保护制度的比较研究中尤为突出。[②]

事实上，关于解雇标准的“高与低”讨论，还有一个角度在于劳动者实现权利的“难与易”。[③] 许多批评现行法上解雇保护制度标准过高的观点，其实都可以转化为对前文这种实用主义制度安排的批判，如所谓的“宽进严出”[④]“养懒人”[⑤] 或“铁饭碗”[⑥] 实际上都是对解雇事由、证明责任、证明标准、定额化赔偿这些具体安排的批判。而前文对这种实用主义进路的正当性论证，也可以在一定程度上回应这些批评意见以及修法主张。[⑦]

四、问题与展望：寻求解雇保护理念的中国化表达

借由前文对于我国解雇保护制度确立历程的梳理以及本土化正当性的

---

① 具有代表性的有王全兴：《劳动合同立法争论中需要澄清的几个基本问题》，载《法学》2006 年第 9 期；钱叶芳：《裁员保护立法的国际比较及其启示》，载《法商研究》2012 年第 2 期。

② 一个比较典型的例子就是，同样以解雇保护标准为主题的研究，由于考量因素、数据收集、变量控制等方面的原因，对于同一国家的解雇保护标准，会得出不同的判断。参见王文珍、黄昆：《劳动基准法面临的任务和对策》，载《中国劳动》2012 年第 5 期；钱叶芳：《裁员保护立法的国际比较及其启示》，载《法商研究》2012 年第 2 期。

③ 参见黎建飞：《劳动合同解除的难与易》，载《法学家》2008 年第 2 期。

④ 参见董保华：《锦上添花抑或雪中送炭——析〈中华人民共和国劳动合同法（草案）〉的基本定位》，载《法商研究》2006 年第 3 期。

⑤ 参见张五常：《突破中国经济困境的六条良方》，载《中国企业家》2016 年第 8 期。

⑥ 参见梁慧星：《劳动合同法：有什么错？为什么错?》，载中国普法网 http://www.legalinfo.gov.cn/index/content/2009-08/28/content_1145473.htm，2018 年 5 月 29 日访问。

⑦ 更为系统、详细的回应，请参见林嘉：《审慎对待〈劳动合同法〉的是与非》，载《探索与争鸣》2016 年第 8 期。

论证，我国解雇保护制度立法论上的正当性可以基本证立。接下来需要解决的问题就是关于解雇保护的理念如何进入法律文本、解决现实争议的正当性。这也是解雇保护的规范和理念，在价值共识上得到确立后，如何在语言和技术上寻求中国化表达的过程。由于我国的解雇保护立法体系上采取了对解雇事由明确列举，又无兜底条款中和的模式，确实可能带来实践中因欠缺调和而适用上过于僵化的问题。在司法实践中以及未来的立法修法中，适度引入解雇保护的理念，并将其用进行表达，将有利于解决这一问题。

大陆法系国家和地区关于解雇保护的理念的通说认为，解雇保护理念包含社会正当性、利益衡量原则和最后手段性。① 所谓社会正当性又称为解雇的社会正当理由，可分为与雇员行为、雇员本身或者企业状况相关联三种情状。② 所谓利益衡量原则，是指在基于雇员本身的原因或者经营原因解雇时，还应该全面衡量雇主和雇员双方的利益。③ 所谓最后手段性原则，是指“解雇应为雇主终极、无法回避、不得已的手段；就其内容言，实不外为广义的比例原则底下的必要性原则”。④

这些理念在我国解雇保护立法中都可以或多或少寻到踪影。如社会正当性原则，与我国《劳动合同法》上规定的解雇事由基本重合。相比之下，利益衡量原则和最后手段性原则在我国实定法规范上的体现有所不足，只在个别规范中有所体现，如我国经济性裁员制度中有关优先留用的人员的规定一定程度上体现了利益衡量原则，⑤ 又如预告解雇制度中对不胜任劳动者的先行调岗义务⑥一定程度上体现了解雇的最后手段性原则，

---

① 参见［德］雷蒙德·瓦尔特曼：《德国劳动法》，沈建峰译，法律出版社2014年版，第264页；［德］沃尔夫冈·多伊普勒：《德国劳动法》，王倩译，上海人民出版社2016年版，第259页；林更盛：《解雇之最后手段性》，载《“劳动法”案例研究（一）》，台湾地区翰芦图书出版公司2002年版，第259页。

② 黄卉：《德国劳动法中的解雇保护制度》，载《中外法学》2007年第1期。

③ ［德］沃尔夫冈·多伊普勒：《德国劳动法》，王倩译，上海人民出版社2016年版，第259页。

④ 林更盛：《解雇保护》，载台湾地区劳动法学会编：《“劳动基准法”释义——施行二十年之回顾与展望》，台湾地区新学林出版股份有限公司2009年版，第271页。

⑤ 参见《劳动合同法》第41条第2款。

⑥ 参见《劳动合同法》第40条。

但总体来看并未成为解雇保护法上的一般理念。

面对这些理念在规范层面供给不足的情况，如何在个案中对引进这些解雇保护理念，首先就涉及运用法律解释技术加以表述、解释甚至转化：如解雇的最后手段性原则，在用人单位过错解雇制度中，已经被赋予了特殊的表达符号——“严重”，具体规定在劳动者严重违反用人单位规章制度和徇私舞弊造成严重后果两种情形之中。① 而对于“严重”一词的一般通常理解，在其语词含义射程之内完全可以包含“情节或程度严重，解雇是不得以为之，除此之外别无更好手段”的意思。② 又依“事物之当然事理”“情形相似者应当作相似处理”可以进行类推适用原理，③ 至少在第39条规定的过错解雇这一相同解除原因下，其他解除事由同样要达到“严重”的情形，方可解雇。因此，在第39条项下，除试用期解雇事由外，④“严重性”对解雇适用的限制，应当类推适用至该条第（4）项后段规定的劳动者兼职经用人单位提出的情形，第（5）项因劳动者欺诈、胁迫导致劳动合同无效的情形以及第（6）项劳动者被依法追究刑事责任的情形。程度上应当理解为“除解雇外，其他方式均无法再维持劳动关系继续存在”。可见，在解雇保护理念缺乏具体成文法规范支持的情况下，运用解释技术可以一定程度上为其进入“法条”并进入个案解决提供正当性。

法律解释技术虽然可以挖掘隐含在文本中立法者埋藏的解雇保护理念，但其仍有语词含义射程的限制，⑤ 而像利益衡量这样的理念，在现行法文本上几乎彻底无迹可寻，自然就没有解释技术发挥的余地。兼之在司法实践中，法官的裁量尺度不一，难以统一适用。更为理想的方案还应当是在立法中以解雇保护理念为指导修正有些条款，或直接增加相应条款表述解雇保护理念。因此，未来解雇保护的研究，应当注意在研究国外解雇保护理念学说的同时，注重对其的中国化语境改造和表达，完成学者对解

---

① 参见《劳动合同法》第39条第（2）项、第（3）项。

② 参见杨仁寿：《法学方法论》，中国政法大学出版社2013年版，第135页。

③ 参见［德］卡尔·拉伦茨：《法学方法论》，陈爱娥译，商务印书馆2003年版，第224页。

④ 排除试用期的类推适用的论证，可参见王倩：《我国过错解雇制度的不足及其改进——兼论〈劳动合同法〉第39条的修改》，载《华东政法大学学报》2017年第4期。

⑤ 参见杨仁寿：《法学方法论》，中国政法大学出版社2013年版，第135页。

雇保护制度建构的应有贡献。

五、结 论

本文试图通过对新中国成立以来我国解雇保护立法实践的回顾和梳理，理顺我国解雇保护制度的发展脉络，并在这一过程中发掘出我国解雇保护制度发展的独特路径，完成一种国家法视角下的阐释。同时，结合一直以来对我国解雇保护制度的批判观点，特别是比较法视野和方法下的批判角度，给予回应，证立我国解雇保护制度的一种本土化正当性。

本文认为，我国的解雇保护制度经历了政治权利——身份特权——个人权利三个阶段。在这三个阶段的形变过程中，完成了我国解雇保护制度从工具主义到现实主义的探索和升华。我国现行的解雇保护制度，如正面、封闭式列举解雇事由和不区分用人单位过错程度定额化赔偿制度，其本土化正当性在于立法者对劳动者解雇保护的务实态度，重视制度对劳动者权益保护的“真实性”。我国解雇保护制度的未来发展任务，是寻求解雇保护理念的中国化表达，为其进入我国立法、司法实践进行努力。判

（本文仅代表作者个人观点）

数据产品财产权益保护问题研究*

雷震文**

案情概要①

“生意参谋”系淘宝公司在收集网络用户浏览、搜索、收藏、交易等行为痕迹所产生的巨量原始数据基础上，以特定的算法深度分析过滤、提炼整合，经匿名化脱敏处理后形成的一款数据产品。该产品性质为预测型、指数型、统计型等为主的衍生数据，以趋势图、排行榜、占比图等可视化方式呈现。其主要功能是为淘宝、天猫商家的网店运营提供系统的数据化参考服务，帮助商家提高经营水平。商家可以登录“生意参谋”平台购买和享受相应的服务。

美景公司运营“咕咕互助平台”及“咕咕生意参谋众筹”网站，吸引已订购“生意参谋”产品的淘宝公司用户下载“咕咕互助平台”软件，并借此分享、共用

---

* 本文为教育部人文社会科学重点研究基地重大项目“中国债与合同法改革”（项目号：17JJD820007）的阶段性研究成果。

** 北京航空航天大学法学院助理教授。

① 案件来源：杭州铁路运输法院（2017）浙8601民初4034号民事判决；浙江省杭州市中级人民法院（2018）浙01民终7312号民事判决。

"生意参谋"的子账户，同时，以提供远程登录"生意参谋"数据平台的技术服务招揽客户，帮客户获取信息数据，并从中获利。客户只要购买美景公司的数据产品，即可借由后者提供的技术手段远程登录淘宝公司用户在"生意参谋"平台上的子账户，获取与淘宝公司客户相同的大数据信息，而其所需支付的价格则只是"生意参谋"相应服务价格的一半。淘宝公司以美景公司的行为构成不正当竞争行为，损害其财产权益为由将美景公司诉至法院。

裁判要旨

杭州市互联网法院（杭州铁路运输法院）一审认为，淘宝公司收集、使用网络用户信息以及"生意参谋"数据产品公开使用网络用户信息的行为符合法律规定，具有正当性。"生意参谋"数据产品系淘宝公司的劳动成果，其所带来的权益，应当归淘宝公司所享有。美景公司的被诉行为违反了诚信原则和公认的商业道德，属于"不劳而获"的搭便车行为，损害了同行业竞争者淘宝公司的合法利益，具有明显的不正当性，已构成不正当竞争。法院依法判决其立即停止以不正当的方式获取、使用（包括提供他人使用）、泄露市场行情标准版和市场行情专业版"生意参谋"数据产品中的数据内容以及涉案网站上的相关宣传行为等，赔偿淘宝公司经济损失及为制止不正当竞争行为所支付的合理费用共计200万元。

美景公司不服一审判决，提出上诉。浙江省杭州市中级人民法院二审判决：驳回上诉，维持原判。

评析

由"新浪微博诉脉脉案""大众点评诉百度地图案"到"顺丰与蜂鸟""华为与微信"的数据之争，再到"淘宝公司诉美景公司案"（以下简称本案），在大数据时代，随着数字经济的崛起，数据的财产价值日益彰显，围绕着数据抓取、利用而产生的纠纷也不断增加，数据权益保护规则的构建也日趋急迫。面对成文法具体规范的阙如，我国各级法院以具体案件为立足点，对此展开了许多有益的探索。本案被誉为"全国首例数据产品不正当竞争案"，同时，入选"2018年度人民法院十大民事行政案件"，其所折射出的司法立场和裁判思路，对此后相关规则的构建，无疑颇具启发意义。

一、数据产品的财产属性

在数据权益保护规则构建中，数据法律属性的确定是个颇具争议的问题。[①] 在本案中，人民法院从涉案数据产品的特殊属性出发，明确淘宝公司对其享有“竞争性财产利益”的做法，无疑是一种独具突破性的创举。其一定程度上肯定了数据产品的“财产权益客体”地位，为此类争议的解决提供了有益的参考。

（一）作为衍生数据的数据产品

数据产品的衍生数据属性是本案区别于“新浪微博诉脉脉案”“大众点评诉百度地图案”等先前案例的重要事实要素。其形成虽需以原始数据为基础，但与对网络用户浏览、搜索、收藏、交易等行为痕迹（信息）进行数据化记录而得原始数据不同，衍生数据的产生主要是基于数据利用主体对基础数据有意识的记录、检索、整理、标注、比对、分析、挖掘等数据处理行为。因此，在不少学者看来，相较于原始数据的记录性特点，衍生数据具有较为明显的创造性（独创性）。[②] 不唯如此，数据产品作为衍生数据所具有外观的特点更是为对其法律属性的辨析提供了更为有利的条件，即更加凸显了其与信息的区别。

长期以来，“数据”与“信息”在规范与学术表述中的交互混用，不仅牵涉用语规范问题，更造成了与论者在对象（客体）认知的模糊，[③] 成为引发对数据法律属性理解分歧的主要原因。例如，在某些学者看来，那种将个人数据视为人格一部分而与主体不可分离的观点，正是混淆了“个

---

① 参见梅夏英：《数据的法律属性及其民法定位》，载《中国社会科学》2016 年第 9 期；史宇航：《数据的法律属性与保护模式》，载《网络信息法学研究》2019 年第 1 期。

② 参见杨立新、陈小江：《衍生数据是数据专有权的客体》，载《中国社会科学报》2016 年 7 月 13 日第 5 版；王融：《关于大数据交易核心法律问题——数据所有权的探讨》，载《大数据》2015 年第 2 期。

③ 譬如，在“大数据”成为热名词以前，坊间充斥的更多是关于“信息财产权”保护的讨论。陆小华：《信息的财产化进程》，载《中国政法大学学报》2009 年第 1 期；刘德良：《个人信息的财产权保护》，载《法学研究》2007 年第 3 期。

人信息”与“个人数据”的差异所致。[①] 虽然，二者的内涵差别正日益为学者所强调：信息可分为本体论信息（所有事物的存在方式和运动状态的反映）和认识论信息（已被认识到的信息两方面内涵）；[②] 而数据则是在计算机及网络中流通的以二进制数字代码0和1组合而成的比特流；[③]“信息注重于含义，而数据更注重于传输含义的物质。”[④] 而以《网络安全法》第76条第（4）项和第（5）项的规定以及《民法总则》第127条和第111条对“数据”和“个人信息”规范阐述来看，数据与信息的界分也实际已为立法者肯定。但是，就以“信息的数据化记录”为实质的原始数据而言，要严格区分二者，却着实并非易事。

而经清洗、分析、挖掘，尤其是匿名化处理，衍生数据虽仍属于“数据”范畴，依然以信息承载作为其主要的功能。但以本案为例，数据产品主要包括各类商品不同品牌的交易数、流量数、搜索人气排行，各类商品买家的性别、年龄、职业、区域分布、消费水平及会员等级的占比数，以及商品和商铺流量指数、交易指数与搜索人气的排行等内容，并以趋势图、排行榜、占比图等可视化方式向其购买者呈现，不但与用户的个人信息无涉，而且在内容与形式上也表现出与原始数据明显的不同。相较于比特流与“事物的存在方式和运动状态”的差别，数据产品与信息（主要是原始数据所承载的信息）的不同无疑更为直观和明显。

（二）数据产品的财产价值特点

作为现代社会的“新石油”“钻石矿”，数字经济的“关键生产要素”，人工智能深度学习的“燃料”，[⑤] 数据的财产价值不言而喻。随着计算能力和算法的提升，人类驾驭、运用数据的能力日益增强，数据的财产

---

① 许可：《数据权属：经济学与法学的双重视角》，载《电子知识产权》2018年第11期。

② 叶继元等：《数据与信息之间逻辑关系的探讨——兼及DIKW概念链模式》，载《中国图书馆学报》2017第5期。

③ See Joshua Fairfield, Virtual Property, 87 Boston University Law Review (2005), p. 1047.

④ 高富平：《信息财产：数字内容产业的法律基础》，法律出版社2009年版，第27页。

⑤ 邱海峰：《数据“钻石矿”受青睐》，载《人民日报》2017年6月1日第5版。

价值也将得到更加显著和广泛的体现。舍恩伯格认为，在大数据时代，所有数据都是具有价值的，包括那些最原始的、看似最平凡的信息单位。[1]而作为原始数据踵事增华的结果，[2]衍生数据的财产属性则无疑更为明显。

首先，数据产品具有更高的价值密度。原始数据因记录而得，其中不免存在较多重复、错误、冗余、断点，噪音数据不时掺杂其间，数据的可读性较差，往往缺乏直接可使用性（或直接使用的成本过高）。并且，正如学者所言，大数据在彰显巨大价值的同时，其较低的价值密度也是不可回避的事实。[3]“信息海量，但价值较低，如何通过强大的机器算法更迅速地完胜数据的‘提纯’是大数据时代亟待解决的难题。”[4]而数据挖掘的目的就是从数据中“淘金”。[5]经由整合、清晰、分析、挖掘等处理，数据不但可以更有效的方式为机器所读取、分析和处理，数据的可使用性得到较大的提高，而且，经“提纯”处理后形成的衍生数据在单位价值上也将远高于原始数据。

其次，数据产品具有更明确的使用价值。数据价值的多样性是大数据时代的重要特点，以本案中原告收集的原始数据为例，经过相应的分析、处理，其既可以如本案数据产品那样为相关经营者提供参考，同时也可以充分预测相关消费者个人的消费喜好、财产状况等的信息，为网络平台的精准营销（个性化服务）提供支持，甚至还可以为消费者提供更为有效的消费和理财指导。舍恩伯格以“冰山一角”形容当前我们对数据价值的挖掘，[6]而在大数据时代，数据尤其是原始数据用途的无限可能，也一定程度上导致了对其价值衡量的困难。但作为数据产品的衍生数据则不同，虽

---

① ［英］维克托·迈尔-舍恩伯格、肯尼思·库克耶：《大数据时代：生活、工作和思维的大变革》，盛杨燕、周涛译，浙江人民出版社2013年版，第131页。

② 参见陈俊华：《大数据时代数据开放共享中的数据权利化问题研究》，载《图书馆与情报》2018年第4期。

③ 单志广：《充分释放大数据红利抓住“开放共享”这个关键》，载《人民日报》2015年11月20日第7版。

④ 王国平：《Tableau数据可视化从入门到精通》，清华大学出版社2017年版，第3页。

⑤ 张良均：《数据挖掘：实用案例分析》，机械工业出版社2013年版，第1页。

⑥ ［英］维克托·迈尔-舍恩伯格、肯尼思·库克耶：《大数据时代：生活、工作和思维的大变革》，盛杨燕、周涛译，浙江人民出版社2013版，第127页。

不否定其与其他数据组合产生新的用途（即价值）的可能，然在一般可预见的范围内，“生意参谋”的使用价值则是相对明确的，即为相关经营者提供经营指导。

再次，数据产品具有更为全面的财产属性。以既有的经验来看，虽未必为财产的必要条件，但可转让性对于财产内涵的证成而言具有不可忽视的意义。马克思指出：“劳动产品对别人是否有用，它的产品是否能够满足别人的需要，只有在商品交换中才能得到证明。”① 交易是客体财产价值最直接的体现。而就原始数据而言，因其与个人信息间的紧密联系，在既有的规范语境下，其转让不免受到较为严格的限制。虽然此类限制不足以构成对原始数据财产属性的否定，毕竟，对于数据而言，其变现方式可以是将数据卖给第三方，也可以是利用数据开发新的服务。② 但是，以市场为视角，交易方面的限制对原始数据财产价值的充分实现亦是不争的事实。而正如学者所言，基础数据的保护原则重在权利保护，相对应的增值数据保护原则侧重于促进数据自由流通原则。③ 经脱敏处理后的衍生数据如本案中的数据产品，因其与个人信息保持足够的距离则大多可以摆脱此类束缚而令其财产属性得以更加充分的实现。在数据交易市场的实践中，用于交易的数据通常为一种基于特定目的处理后产生的“衍生数据”。

（三）数据产品财产权益的适法性

具备使用价值的数据在事实层面可兹认定为一种的财产，自不待言。④ 然而，并非所有的事实财产或利益，皆可成为法律调整和保护的对象。诚如学者所言，“抽象的利益并不构成法律”。⑤ 法律表达利益的过程，同时即是对利益选择的过程。⑥ 作为事实财产的数据产品欲获得法律（不论是立法抑或司法上）的垂青，尚需以满足相应的条件为前提。

---

① ［德］马克思：《资本论（第一卷）》，人民出版社1975年版，第104页。

② ［美］索雷斯：《大数据治理》，清华大学出版社2014年版，第5页。

③ 丁道勤：《基础数据与增值数据的二元划分》，载《财经法学》2017年第2期。

④ 参见李爱君、张珺：《数据的法律性质和权利属性》，载《新时代大数据法治峰会——大数据、新增长点、新动能、新秩序论文集》（2017年）。

⑤ ［美］弗里德曼：《法律制度》，李琼英、林欣译，中国政法大学出版社1994年版，第250页。

⑥ 付子堂：《对利益问题的法律解释》，载《法学家》2001年第2期。

首先，正如我国台湾地区学者曾世雄先生所言："生活资源是否纳入民法之规范内，供给与需求之关系，是一考虑重要因素。供需上如不生问题，无纠纷可言，在民法上几无规范之价值。"[①] 某种财产利益的稀缺性也即供需关系的不平衡，是其成为私法调整与保护对象时不可或缺的特点。以法经济学的视角来看，如果财产不具有稀缺性，国家对此设置财产权并建立法律执行机构非但不会增进社会财富和公民福利，反而是对公共财政的浪费。[②] 据此而论，数据与知识产权的客体相似，因其物理排他性的阙如，并不具有天然的稀缺性特点。对附着其上的财产利益，似乎也没有调用法律强力保护和调整的必要。然而，正如学者所言，财产价值本质上是稀缺性价值，财产的流失就是稀缺性的降低，这种降低可能是财产的价值和使用价值降低造成的，也有可能是由于供给过多，市场需求减少。[③] 数据的稀缺性并不以使用上的竞争为基础，而是一种纯粹的价值稀缺，集中体现在市场供需关系的失衡上。[④] 以本案为例，虽然，"生意参谋"数据产品使用人数的增加，并不会对淘宝公司及其用户对该数据产品的使用构成不利影响，但考虑到一定时期内，对市场对此类产品需求基本稳定的事实，其却难免导致对此类产品市场需求的减少，进而折射出数据产品稀缺性的特点。虽然，不可否认，数据（包括数据产品）此种稀缺性的特点主要由人为因素（即法律规定）作致。但是，由于数据资源分布不均，在一定期限内，数据的供给是有限度的，而数据的需求则可能未得以满足。[⑤] 数据的供需不平衡即稀缺性亦是不争的事实。

其次，经济学上认为，当测量和监督资产或资产属性的成本超过评估

---

① 曾世雄：《民法总则之现状与未来》，中国政法大学出版社 2001 年版，第 149 页。

② 熊丙万：《中国财产法的经济分析》，载《人大法律评论》2017 年第 1 辑。

③ 龙文懋：《论知识产的稀缺性和可界定性》，载《首都师范大学学报（社会科学版）》2005 年第 2 期。

④ 参见童彬：《数据财产权的理论分析和法律框架》，载《重庆邮电大学学报（社会科学版）》2019 年第 1 期。

⑤ 高完成：《数据确权与交易规则研究》，载《西安交通大学学报（社会科学版）》2018 年第 3 期。

的价值时，这种资产或属性就会被弃于公共领域，成为共同财产。① 因此，对于财产的私有化保护而言，可界定性或确定性，无疑是其不可或缺的一个因素。而对于数据来讲，其确定性的不足，却常成为学者将其排斥在民法调整范畴以外的重要原因所在。如，梅夏英教授即指出："数据从表面上看虽然具有特定的组合形式，但这种特定性并不能构成客体的特定性，主要体现为它无法为民事主体所独占和控制。"② 但实际上，正如学者所指出的那样，凭借着数据物理载体和数据处理技术，数据完全可以被界定、分析和控制，以实现其"特定化"。③ 数据是一种潜藏巨大使用价值的资源，其事实上客观存在，并可为人力所控制，应当属于适用私法调整的生活资源范畴。尤其是在本案中，生意参谋是大数据分析的结果，均为趋势图、排行榜、占比图等形式的预测型、指数型、统计型数据信息，淘宝公司亦是根据深度分析效果、内容详略等提供了市场行情标准版和专业版生意参谋。可见，其数据内容完全可以被界定、分析和控制，应属于特定性的客体。④

此外，以目前公布的政策和规范性法律文件来看，《促进大数据发展行动纲要》也将"完善法规制度和标准体系，科学规范利用大数据，切实保障数据安全"作为我国大数据战略发展的一项基本指导思想；而《民法总则》将对其的规定置于物权、债权、知识产权、股权等财产权利之后，与有关人身权利保护的规定区隔，并与有关"虚拟财产"的规定置于同一条文之内，其中隐含的对数据财产属性的肯定以及将其列入法律调整和保护范围的价值倾向无疑已十分明显。数据财产权益的适法性已具备较为充实的政策和法律基础。以此来看，在本案中，法院明确将数据财产作为一种"竞争性财产权益"加以保护的做法，实际也是对立法者（和政策制定者）隐而未显的价值取向，以更为明确的方式贯彻和彰显出来而已。按照

① ［美］Y. 巴泽尔：《产权的经济分析》，费方域、段毅才译，上海人民出版社1997年版，第102页。

② 梅夏英：《数据的法律属性及其民法定位》，载《中国社会科学》2016年第9期。

③ 许可：《数据权属：经济学与法学的双重视角》，载《电子知识产权》2018年第11期。

④ 王江桥：《数据产品的权益归属及司法保护》，载《人民司法》2019年第8期。

“司法者必须尊重立法者体现在实定法中的价值取向”的观点，[①] 如此判决也自有其合理性基础。

二、数据产品财产权益的分配

（一）数据产品财产权益的归属

数据财产权益的归属是其权益保护规则中一个更为重要且更富有争议的议题。学者指出，无论认为数据是否存在所有权，数据仍然是一种可以被控制的资源，这种控制的背后，反映出的其实就是数据的归属问题。[②] 而在既有的理论探讨中，虽有学者主张，数据的财产权（或者说所有权）应归属于数据的生产者，即产生或者首次收集数据的主体所有。[③] 然鉴于数据与信息（尤其是个人信息）的密切相关性，社会各界针对此种观点的反对声音却仍是不绝于耳。

尤其是在基础数据权益归属的问题上，目前较为主流的观点认为：“数据是世界客观事物性质、状态的反映，是客观信息的记录，不是物。数据的价值也是其记录的内容，所以数据应首先是归属于被记录方。”[④] 用户作为初始数据创造的事实主体，应当赋予其对基于自身所产生的数据享有财产权。[⑤] 对此，在本案判决中，法院亦采取了较为谨慎的观点，既未肯定网络用户就其个人信息享有独立的财产权或财产性权益，同时，囿于个人信息保护规定以及权利法定的原则，也未支持网络运营者就原始数据提出的财产权诉求。

但在数据产品财产权益归属问题的判断上，法院在本案的裁判中则基于其衍生数据的属性特点，采取了较为明确而积极的立场：数据产品所带

---

① 王轶：《民法价值判断问题的实体性论证规则——以中国民法学的学术实践为背景》，载《中国社会科学》2004 年第 6 期。

② 史宇航：《数据的法律属性与保护模式》，载《网络信息法学研究》2019 年第 1 期。

③ 王海：《基于区块链的大数据确权方案》，载《计算机科学》2018 年第 2 期。

④ 陈筱贞：《大数据权属的类型化分析：大数据产业的逻辑起点》，载《电化教育研究》2014 年第 10 期。

⑤ 高完成：《数据确权与交易规则研究》，载《西安交通大学学报（社会科学版）》2018 年第 3 期。

来的权益，应当归网络运营者（即本案中的淘宝公司）所享有。以现有法律规范和理论范式来看，此种立场颇值肯定：

首先，作为衍生数据的数据产品不但在数据的表现形式、内容上区别于原始数据，更为重要的是，经过匿名化处理，其与网络用户信息、原始网络数据已无直接对应关系。而按照《网络安全法》的规定，作为网络用户控制网络运营者相关数据采集和利用行为的依据，个人信息保护却是需以数据所承载的信息具有“可识别性”为前提的。据此，可以说个人信息主体已经丧失在法律上对数据产品的利用施加控制的权利，也更无财产权可言。

其次，“生意参谋”主要功能在于为网店经营者提供运营参考。而此功能的形成虽需以原始数据为基础，但却并非后者的简单聚合即可实现。其更多地依赖于数据产品生产者在数据分析处理、整合加工中的人力和资本等方面的投入。“专业数据处理和分析机构获取的物质利益并非源于个人信息本身的价值及其增值，而是其收集、处理和分析信息时所付出的劳动。”① 而按照传统财产权分配理论的观点，作为私人劳动的结果，数据财产权益自应归作为劳动者的网络运营者享有。斯正如域外学者所言，“如果新生物是由人工制造的，它的第一所有人通常会是它们的制造人或制造商。”②

最后，以权益保护的目的来看，依照目前较为主流的认识，强化数据保护是为了保护数据控制者的利益，形成对数据收集、处理和利用的有效激励，维护基本的数据利用规范秩序。③ 而数据产业者在数据生成的过程中发挥着重心驱动功能，对其数据价值开发核心者地位的承认是对数据利益的赋值获权，更是激励其进行数据交易化的一种内在制度保障。④ 赋予数据产品生产者（即网络经营者）以财产权益，明显更加符合数据产权保护制度构建的初衷。

---

① 崔聪聪：《个人信息控制权法律属性考辨》，载《社会科学家》2014 年第 9 期。

② ［英］F. H. 劳森、伯纳德·冉德：《英国财产法导论》，法律出版社 2009 年版，第 55 页。

③ 孟涛：《基于“丰鸟数据之争”的数据财产的法律属性与保护路径》，载《大连理工大学学报（社会科学版）》2019 年第 2 期。

④ 姬蕾蕾：《产业者财产赋权保护研究》，载《图书馆建设》2018 年第 1 期。

（二）取得财产权益的合法性要求

法律对利益的保护，不论是以赋权积极的方式，抑或是以“权益”保护的消极方式，皆反映的是法律对其肯定性的价值评断。当事人的某种利益，不论内容和状态为何，欲获得法律上强制力的保护，都应以满足法律的肯定性价值判断，即合法性为前提。《民法总则》第 3 条在强调民事主体的权益受到法律保护同时，便对其作出了“合法”的限定和要求。而在对“权益”合法性评判的诸多标准中，对利益取得合法性的要求无疑是不可或缺一项。按照《民法通则》第 72 条、第 95 条和第 96 条的规定，对当事人财产所有权、专利权和商标权的保护，皆以其权利取得的合法性为前提。而按照《物权法》第 7 条的规定，物权的取得和行使，应当遵守法律，尊重社会公德，不得损害公共利益和他人合法权益。

对网络经营者数据产品财产权益的法律保护也应以其取得财产即数据产品开发行为的合法性为基本要求。本案中，法院对在“生意参谋”数据产品形成过程中淘宝公司是否具有不正当行为的考察，其实即是对此种要求的集中反映。虽然，基于涉案数据产品的实际情况，在本案中，法院仅将淘宝公司收集并使用原始数据信息是否符合相关法律规定，是否存在侵害网络用户信息安全的行为作为主要考量方面。但是，以大数据产业发展的整体实践为考虑，在“泛数据化”的语境下，附着在数据上的却不以个人信息为限，商业秘密、作品和专利技术等信息也常见其中，甚至不乏关涉国家安全、公共安全等方面的数据内容。因此，对数据形成的合法性实际应是一项更为广泛的要求。其不但是合理平衡数据各方利益的重要手段，更是维护基本法秩序和保障国家、社会公共安全的基本要求。

虽然，原始数据的财产属性及其权益归属目前仍颇具争议，但是，作为数据产品形成的基础，原始数据的取得即数据采集的合法性依然是网络经营者数据产品财产权益获得法律保护的前提。依其来源不同，数据采集在实践中大体可分为源头采集和间接采集两种方式。源头采集包含信息数据化（即以传感或输入设备，将各类信息转化为机器可读数据的过程）和数据汇集、储存。而间接采集则主要是指利用抓取工具（如网络爬虫）将其他主体已经完成数据化的信息数据汇总和储存的行为。在本案中，淘宝公司对网络用户行为痕迹信息数据的采集应该属于源头采集的范畴。而无论采用何种采集方式，合法性，包括不违反法律法规的规定（如本案判决中所援引《网络安全法》第41条的规定）、遵守公共秩序（包括公认的道德标准）以及尊重公共利益和其他主体合法权益，皆是对数据采集者采集行为的基本要求。而按照《网络安全法》第43条和第64的规定，对以不法行为采集所得的信息数据，个人信息主体或主管部门皆可要求网络运营者删除或责令其改正。可以说，现行法律规定实际已间接地否定了网络经营者就其非法采集的个人开发数据产品并谋求法律就相应产品财产权益加以保护的可能性。

其次，在合法采集原始数据的基础上，网络经营者开发行为即数据整理、挖掘等行为的合法性，亦是其就数据产品所享有的财产权益获得法律保护不可或缺的基本条件。仅以本案中所涉及的个人信息保护问题为例，一方面，现行法律基于个人信息保护而对网络经营者行为作出的限制性规定不仅及于数据的采集，更延伸至数据的处理和利用环节。若数据产品是因超出法律规定或个人信息主体允许范围和限度的数据利用行为而取得的，则即便其对原始数据的采集符合法律规定，网络经营者就其所开发的数据产品主张可获法律保护的财产权益。另一方面，基于大数据时代匿名化效果的不彻底性，某些数据虽不含个人信息内容，但却也有可能因与其他数据的结合而具有身份识别的功能。例如，域外学者的相关研究表明，只要有4条移动通话的时间和地点数据，就能有95%的几率确定通话者的身份。① 以为民事主体的个人信息提供更为充分的保护为考虑，法律亦应对网络经营者的开发行为提出更为严格的合法性要求。譬如，在本案中，法院便是在明确涉案“生意参谋”数据产品所使用的网络用户信息经过匿名化脱敏处理后已无法识别特定个人且不能复原，公开“生意参谋”数据产品数据内容，对网络用户信息提供者不会产生不利影响的前提下，方才作出淘宝公司对该数据产品享有竞争性财产利益的肯定性判断的。

① ［美］艾伯特-拉斯洛·巴拉巴西：《爆发：大数据时代预见未来的新思维》，马慧译，中国人民大学出版社2012年版，第12页。

三、数据产品财产权益的保护方式

（一）数据财产权益保护路径的探索

在明确网络运营者对数据产品享有的可获私法保护的财产权益的基础上，对其权益保护的路径选择，亦是一个不容回避的问题。以既有的理论与实践为检讨，不少学者和业界人士以广义的数据财产权益保护为着眼，对此展开了有益的探索，形成了以物权说、知识产权说、债权说和数据财产权说等代表的多种理论模型，为就该问题进一步思考和判断提供了较为丰富的智识基础。

其中，物权保护说的观点主要来源于数据利用和交易的实践。譬如，按照《贵阳大数据交易观山湖公约》的规定，“数据确权，主要是确定数据的权利人，即谁拥有对数据的所有权、占有权、使用权、受益权”。其将数据比拟为物并参照适用物权法相关规范对其予以调整和保护，确实可以在具体规范设置上实现某种程度上的“约省”。但是，囿于大陆法系自罗马法沿袭而来的“物必有体”的基本理念，以对客体支配的物理排他性为基础建立起来规范体系，能否对附着在无形的数据财产上的财产利益作出妥当性的调整和保护，不无疑问。毕竟，《日本知识产权战略》便曾指出，“信息”与“物质”不同，它具有易模仿的特性，并且利用之后并不会被消耗，因而很多人可以同时利用。①

鉴于数据与知识产品同为无形财产的事实，将数据财产权益纳入知识产权范畴加以规范和保护的观点，曾一度盛行。按照其中较具代表性的观点，“实践中绝大多数大数据是不具有独创性的数据汇编，以邻接权保护大数据的立法模式比以版权、数据库特殊权利、商业秘密权、隐私权、合同和反不正当竞争等立法模式更加符合逻辑和法理，也具有更高的可行性。”② 不可否认，此种观点确有其一定合理性。我国 2016 年公布的《民法总则（草案一审稿）》第 108 条也曾对此作出了积极的回应，明确将数据财产权与著作权、专利权、商标权等共同列为知识产权制度调整范畴。而且，受该说影响，有学者还提出，“衍生数据是数据专有权的客体”“数

---

① 齐爱民：《界定法律意义上的信息》，载《社会科学家》2009 年第 3 期。

② 林华：《大数据的法律保护》，载《电子知识产权》2014 年第 8 期。

据专有权是一种财产权，性质属于一种新型的知识产权”的观点，[①] 对于数据产品财产权益的保护而言颇具参考价值。然而，如果考虑到包括数据产品在内许多数据皆未满足知识产权对其客体创新性核心要求的事实，以及数据库权“更加侧重于对数据库组织、编排形式的保护，而不是对数据本身的保护”的规范设计，[②] 强行将包括数据产品在内的数据纳入知识产权的保护框架体系是否合理，不无商榷。

持债权的学者则立足于数据无法权利化的事实，主张从事前“权利范式”规制转向事后“关系范式”调整，逐步构建起以契约式规制为核心、辅以代码技术调整和侵权责任法救济的数据纠纷化解路径，未尝不是一种可行选择。[③] 按照学者的分析，此种思路固然回避了数据确权问题，只是对数据交易的动态过程进行规范，难以有效对数据交易引发的问题定分止争。[④] 而责任规则的保护，则意味着对数据收集者交易和定价自主性的限制，难免将对其收集、整理和分享数据的积极性产生负面性的影响。[⑤] 因此，债权式的数据财产权保护方式虽然可以为当前数据财产保护提供一定的规范空间，但缺乏对数据产权秩序根本上构建和完善，难以满足日趋频繁的数据交易和利用实践的需求。

数据财产权说的观点则在反思传统私法权利体系对数据财产权益保护不足的基础上，主张“大数据时代，数据有价，其作为一项重要财产，在信息社会流通和交易异常频繁，逐步发展成为主要的社会基础资源，因此有必要构建数据财产制度，赋予数据财产权，保护数据财产”。[⑥] 持此主张

---

① 杨立新、陈小江：《衍生数据是数据专有权的客体》，载《中国社会科学报》2016年7月13日。

② 史宇航：《数据的法律属性与保护模式》，载《网络信息法学研究》2019年第1期。

③ 张阳：《数据权利化困境与契约规制》，载《科技与法律》2016年第6期。

④ 高完成：《数据确权与交易规则研究》，载《西安交通大学学报（社会科学版）》2018年第3期。

⑤ 参见刘铁光、吴玉宝：《大数据时代数据的保护及其二次利用侵权的规则选择——基于“卡-梅框架”的分析》，载《湘潭大学学报（哲学社会科学版）》2015年第6期。

⑥ 齐爱民、盘佳：《数据权、数据主权的确立与大数据保护的基本原则》，载《苏州大学学报（哲学社会科学版）》2015年第1期。

的学者进一步认为，法律对数据的保护需要构建一套以“控制”为核心的法律体系，在控制者合法获取数据的基础上，明确保护数据控制者所享有的权利。① 而在笔者看来，以大数据产业发展的前景为着眼，构建一种具有绝对权性质的具有独立内涵的数据财产权利，应是对包括数据产品在内所有数据财产权益保护的理想选择。但基于对“权利法定”的尊重，此种理想在相应确权法律颁布以前，恐尚难具有实现的可能性。在本案的判决中，法官便以“我国法律目前对于数据产品的权利保护尚未作出具体规定”为由，对于淘宝公司就其对涉案“生意参谋”数据产品享有财产所有权的诉讼主张，未予支持。

（二）反不正当竞争思路的得与失

以既有司法裁判案例来看，适用《反不正当竞争法》追究数据非法抓取和利用者的法律责任，是当前我国司法实践中数据财产权保护的主要方式。而根据北京市海淀区人民法院中关村法庭和中国互联网协会调解中心2017 年联合发布的《大数据与知识产权司法保护的现状及展望调研报告》统计，“在涉及大数据的相关典型案件中，不正当竞争纠纷案件占比达46. 2%”。《反不正当竞争法》在当前我国数据财产权益保护和权属纠纷司法处理中的地位和作用可见一斑。

在数据财产权基础规范阙如的背景下，以《反不正当竞争法》为依据，借由对不正当竞争行为加以规制和追责，并实现对数据持有者损害的救济，不失为数据财产保护中一种较为合理而且切合实际的思路。然而，反不正当竞争却并非数据财产权益保护的唯一和最佳路径：

一方面，因未经许可采集和利用其他网络平台数据的行为并不属于《反不正当竞争法》所明列禁止的行为范畴，其是否构成不正当竞争，尚需法官援引《反不正当竞争法》第 2 条即“一般条款”具体加以判断。而对“一般条款”的过分依赖，难免在法律适用中留给法官过多的裁量空间，诱发自由裁量权滥用的问题。当前，已有学者批评道，在反不正当竞争法领域，《反不正当竞争法》第 2 条的适用较宽泛，主观判断程度较大，

① 宇航：《数据的法律属性与保护模式》，载《网络信息法学研究》2019 年第 1 期。

因此可能导致具体司法实践中裁判争议较多，类似案件具有不同判决的情形。① 就数据财产权益的保护而言，虽然，在本案中，鉴于美景公司与淘宝公司的网络服务内容及用户群体的高度重合性，二者间的竞争关系不难认定。而前者“不劳而获”，直将他人劳动成果据为己用并获取商业利益的行为，也明显难为公认的商业道德所容允。适用《反不正当竞争法》对其行为施以规制和处罚，并对淘宝公司的权益损害作出救济，并无不妥。然而，以互联网产业结构的复杂性以及数据利用方式的多样性为虑，法官可否以高度抽象的一般条款为依据，就其间可能出现的纷繁的权益纠纷作出妥当且具有确定性的判决，却不无疑问。正如学者言，企业数据保护通过《反不正当竞争法》一般条款来实现的局限性是显而易见的，这就是具有极大的不确定性。②

另一方面，反不正当竞争法对数据财产权益的保护需以加害的行为构成不正当竞争为条件。不正当性或者违法性的基础和依据是对于行为本身的否定性评价，而不是从保护静态的或者动态的利益出发的结果。简言之，此类利益因受到制止不正当竞争行为的保护而成为法益，而不是因首先是法益而受到保护。频繁适用反不正当竞争法来实现对数据财产权益的保护，其结果要么可能是出于保护数据财产权益的需要，过多地依赖原则性规定认定新型竞争行为，导致过度干预市场竞争，使市场自由竞争秩序受到严重干预，难以发挥自由市场的优势；③ 要么则是固守法律对竞争关系和不正当竞争行为的要求，放任了某些侵害数据财产权益的行为，难以为权益主体提供周延的保护。由此来看，通过反不正当一般条款来保护数据，不仅在实践上曲折迂回，在理论上亦非圆满。④

---

① 田小静：《大数据时代互联网信息使用行为的竞争法规制——以大众点评诉百度不正当竞争纠纷案为例》，载《重庆科技学院学报（社会科学版）》2017年第2期。

② 徐实：《企业数据保护的知识产权路径及其突破》，载《东方法学》2018年第5期。

③ 周新军、彭泽南、许秀雯：《论擅自抓取数据信息构成不正当竞争的认定》，载《当代经济》2018年第8期。

④ 许可：《数据保护的三重进路——评新浪微博诉脉脉不正当竞争案》，载《上海大学学报（社会科学版）》2017年第6期。

（三）侵权责任救济模式的优越性

以数据财产权益的适法性为着眼，如上文所述，就对其损害的救济而言，侵权责任其实也应是一项不错的选择。毕竟，按照目前较为主流的观点，《侵权责任法》采用“侵害民事权益”的提法，就表明其侵权的范围不限于权利，还包括合法利益。[①] 虽然，鉴于数据财产权益的“利益”属性和规范定位，《侵权责任法》对其的救济也需要援引“一般条款”为依据，亦难免面临与《反不正当竞争法》第 2 条适用中同样的不确定性困扰。但是，基于其在权益救济法律体系中的特殊定位，在目前的私法规范语境下，对于数据财产权益的损害救济而言，相较于反不正当竞争法，侵权责任法却具有更为明显的优越性。

首先，虽然反不正当竞争法亦具有权益保护的立法目的和功能，但侵权责任法可以为数据财产权益损害提供更为周延的救济与保护。德国立法机关在 1896 年制定《德国反不正当竞争法》时，意在将不正当竞争行为视为特殊的民事责任，因此，反不正当竞争法属于民事侵权范畴，是一种特殊的侵权法。[②] 但诚如学者所言，反不正当竞争法不仅要考虑两个私人主体之间利益层面上获益受损的关系，还要去维护正常的市场竞争秩序。[③] 而且，以我国《反不正当竞争法》第 1 条对其立法目的的阐述来看，《反不正当竞争法》调整和保护的重点是维护竞争秩序和公共利益。[④] 而《侵权责任法》则是权益保护的基本法，其立法主要目的就是对民事主体的合法权益进行充分保护。[⑤] 《侵权责任法》第 1 条不但将“保护民事主体的合法权益”明确置于其立法目的最先位置，而且更以“权益”的概念表述，极大地拓展了对民事主体利益的保护范畴。保护范围的全面性是我国

---

① 王利明、周友军、高圣平：《侵权责任法疑难问题研究》，中国法制出版社 2012 年版，第 36 页。

② 邵建东：《德国反不正当竞争法研究》，中国人民大学出版社 2001 年版，第 16 页。

③ 薛军：《互联网不正当竞争的民法视角》，载《人民司法·应用》2016 年第 4 期。

④ 付常辉：《反不正当竞争法属性定位问题的研究》，载《东南大学学报（哲学社会科学版）》2018 年增刊。

⑤ 王胜明主编：《〈中华人民共和国侵权责任法〉条文解释与立法背景》，人民法院出版社 2010 年版，第 14 页。

《侵权责任法》的鲜明特征。[①]

就对数据（包括数据产品）财产权益的保护而言，虽然，基于维护行为自由的考虑，当前主流的侵权责任法理论皆要求对利益的保护加以适当限制。[②] 譬如，有学者指出，按照《德国民法典》第832条和第824条的规定，对其他法益是否仅应在违反保护性法律和故意违反善良风俗这两种情形下才予以侵权法保护。[③] 此种限制似乎也较为集中地体现在行为方式的要求上。但是，相较于反不正当竞争法对加害行为范围的限制，侵权责任法对法益侵害行为的认定无疑更加开放，对因非竞争主体的其他违反保护性法律或故意违背善良风俗行为而造成的数据财产权益损害亦不吝予以救济。其对数据财产权益的保护也无疑更加周延。

其次，侵权责任法的救济更有利于彰显数据和数据产品的客体地位。基于其立法定位，《反不正当竞争法》对数据权益的保护，常以对不正当竞争行为的规制为表征，在对权益损害的救济中，难以充分体现数据财产权益的中心地位。而《侵权责任法》立足于对权益的保护，以利益的损害为直接的救济对象，不但具有更强的权益宣导功能，更可促使裁判者以数据财产利益为核心，在审判实践中，不断强化和凸显数据与数据产品财产权益客体地位，努力探索和廓清其利益边界，为未来数据财产权的权利构造积累更为全面的实践经验。从这个角度来讲，虽然，“侵权责任法是救济法，不是设权性法律”，[④] 但其在对相关利益救济的反复实践中，却亦可一定程度上起到权利塑造的功能。判

（本文仅代表作者个人观点）

---

① 王利明：《侵权责任法学：从立法论向解释论的转变——论我国〈侵权责任法〉保护范围的特色》，载《中国人民大学学报》2010年第4期。

② 王利明：《侵权责任法研究（上卷）》，中国人民大学出版社2010年版，第99页。

③ 参见朱虎：《侵权法中的法益区分保护思想与技术》，载《比较法研究》2015年第5期。

④ 刘士国等：《侵权责任法重大疑难问题研究》，中国法制出版社2009年版，第2页。

电子商务经营者单方取消订单的责任承担

——以世纪卓越公司买卖合同纠纷案为例

程 磊[*] 武 菁[**]

案情简介①

2014年10月29日，周某在北京世纪卓越信息技术有限公司（以下简称世纪卓越公司）所有的亚马逊网站下单购买了1台“ECOVACS科沃斯智能家用扫地机战斧CEN360”，单价94元，支付94元。该网站“使用条件”载明：“本网站上展示的商品或价格等信息仅仅是要约邀请，您的订单将成为订购商品的要约。收到您的订单后，我们将向您发送电子邮件或短信确认我们已经收到您的订单，其中载明订单的细节，但该确认不代表我们接受您的订单。只有当我们向您发出送货确认的电子邮件或短信，通知您我们已将您订购的商品发出时，才构成我们对您的订单的接受，我们和您之间的订购合

* 河北经贸大学副教授。

** 北京市第三中级人民法院民三庭法官助理。

① 案件来源：北京市第三中级人民法院（2017）京03民终1189号民事判决书，对消费者姓名已经隐匿处理。

同才成立。”周某下单后，世纪卓越公司回复邮件称：已经收到订单，确定了预计送达商品的时间，但有可能由于商品缺货等原因无法发货，同时也说明该邮件仅确认收到订单，并不代表接受订单，只有发出发货确认的邮件双方之间的合同才成立。后世纪卓越公司称扫地机的价格标注为94元系操作错误，因此未发货，将货款退回给周某。周某诉至法院，要求世纪卓越公司继续履行合同交付货物，或赔偿差价款855元，并赔偿快递费、交通费、误工费、精神损失费共1元，律师费3000元。

裁判要旨

本案争议焦点为：(1) 双方的买卖合同是否成立。(2) 世纪卓越公司是否应向周某赔偿损失。北京市朝阳区人民法院经审理认为，亚马逊网站在使用条件部分明确约定商品展示的性质为要约邀请，消费者下单为要约，网站发出送货确认才构成承诺。消费者同意该使用条件，视为双方就此达成合意。世纪卓越公司并未确认可以向周某发货，故双方之间的买卖关系未成立。

在网络购物合同中，买卖双方的信息严重不对称，消费者无从知晓某种商品的库存，但是网站经营者有能力掌握商品的动态库存，在某种商品缺货的情况下应及时告知消费者并阻止消费者付款，世纪卓越公司在无法交付商品的情况下仍接受消费者下单，且未告知消费者商品标价错误一事，存在过错，应承担缔约过失责任。故判决世纪卓越公司赔偿周某购物差价及律师费损失。世纪卓越公司不服，提起上诉。北京市第三中级人民法院判决驳回上诉，维持原判。

评析

电子商务经营者以低价秒杀、特价促销等优惠活动吸引消费者购买商品，是电子商务中常见的营销手段，不仅有利于商家，而且能够给消费者带来经济便捷。但部分电子商务经营者在消费者下单之后，常以标价错误、库存不足等理由单方取消订单，损害了消费者权益。在此情形下，网络购物合同是否成立，电子商务经营者单方取消订单是否应承担赔偿责任，以及承担责任的范围，在理论和实践中均存有一定争议，由此构成本文探讨的主题。

一、网络购物合同成立的法律认定

（一）网络购物合同缔结中要约与承诺的认定

网络购物合同是经营者与消费者通过网络购物平台形成的买卖合同，需符合《中华人民共和国合同法》（以下简称《合同法》）关于合同成立的条件。[①] 网络购物流程包括电子商务经营者在平台上发布商品信息、消费者浏览信息并下单购买、经营者确认收到订单、经营者通知并确认发货、消费者确认收货等多个环节。其中，如何判断要约和承诺所对应的环节，是认定网络购物合同成立与否的关键，也影响到网络购物中出现纠纷时责任的承担。

从合同法的一般规定来看，若电子商务经营者发布的商品信息内容具体明确，且表明发布者愿意受此约束，则构成要约，消费者下单购买构成承诺，由此双方之间的买卖合同成立。在网络购物中，电子商务平台展示的信息一般都有详细的商品介绍和具体明确的交易内容，由此能够认定经营者发布该信息并有接受承诺及合同约束之意思表示。依据《合同法》第14条规定，电子商务经营者发布商品信息的行为符合要约条件，而消费者下单购买即为承诺，此时合同即成立，之后确认发货及收货行为均属对合同的履行。[②]

但在本案例中，亚马逊网站在“使用条件”中明确约定，网站上展示的商品或价格等信息仅是要约邀请，消费者的订单将成为要约，只有电子商务经营者发出送货确认信息，订购合同方才成立。亦即电子商务经营者在展示商品或价格等信息时，并未作出受其约束的意思表示。法院由此认定电子商务经营者发布的商品信息为要约邀请，消费者下单为要约；由于电子商务经营者并未确认发货，即承诺未发出，合同未成立。此种处理侧

---

① 《合同法》第13条规定：当事人订立合同，采取要约、承诺方式。

② 周洪政：《网络时代电子邀约和承诺的特殊法律问题研究》，载《清华法学》2012年第4期。

重于尊重双方当事人意思自治，在司法实践中并非个例，[①] 具有一定的理论依据及现实考量。

其一，体现了双方在交易中经协商达成一致意思表示的过程。在网络购物中，电子商务经营者在平台发布商品信息，向不特定的消费者展示商品，消费者根据不同经营者展示的商品进行挑选，下单购买。在此过程中，经营者对于消费者何时选择购买、购买商品数量等关键因素一般无法掌控。与传统买卖形式相比，基于网络平台进行交易的经营者与消费者之间，缺乏充分沟通和交换信息的环节。因此，若认定消费者下单时合同即成立，则经营者在合同订立过程中并没有表达意思的机会，而消费者则单方享有充分选择权及对合同订立的完全决定权，不符合合同法的立法旨趣。在消费者保护领域，英国学者戴恩·罗兰德曾主张经营者对消费者的个别请求必须发出“确认收讫”，该确认应被视为承诺，除非双方另有约定。[②] 将电子商务经营者发出确认发货通知的环节认定为承诺，是在消费者充分表明购买的意思表示之后，赋予经营者作出承诺表示的权利，体现了以双方协商一致为前提的合同成立条件。

其二，从交易双方权利平衡的角度来看，《合同法》赋予了当事人撤回、撤销要约和撤回承诺的权利。在要约到达受要约人之前或与要约同时，要约人可以撤回要约；在受要约人发出承诺之前，要约人还可以撤销要约。在承诺通知到达要约人之前或与承诺同时，受要约人可以撤回承诺。[③] 在网络购物当中，由于信息瞬时到达，所以一般不存在撤回要约和

---

① 在“陈剑军与苏宁云商集团股份有限公司网络购物合同纠纷案”中，法院认为：“在苏宁易购网站购物，须先注册成为该网站会员，注册时，将出现《苏宁易购会员章程》并须点击‘同意协议并注册’方可完成注册流程。上诉人陈剑军认为网站经营者并未尽到合理方式提请消费者注意义务并不属实。在注册成为苏宁易购网站会员时即认可受苏宁易购会员章程约束。……上述条款虽系苏宁易购公司提供的格式条款，但并不存在免除苏宁易购公司责任，加重陈剑军责任并排除其主要权利的情形，故上述条款对于陈剑军及苏宁易购公司均产生法律效力。”参见江苏省南京市鼓楼区人民法院（2015）鼓商初字第1422号民事判决和江苏省南京市中级人民法院（2015）宁民终字第7188号民事判决。

② 吴宏伟主编：《消费者权益保护法》，中国人民大学出版社2014年版，第185页。

③ 《合同法》第17条、第18条、第27条。

承诺的条件，除非发生系统故障和网络堵塞等特殊情形；① 但要约人依据《合同法》规定，行使要约撤销权，则没有技术上的障碍。其现实表现就是，消费者在下单购买之后，经营者确认发货之前，消费者可随时取消订单，且并不因此而承担任何责任。要约与承诺的制度设计本是为了约束双方意思表示的随意性和权利滥用行为，而在网络购物当中，若消费者下单构成承诺，合同即成立，消费者之后再取消订单则丧失了理论上的交易平等，也损害了经营者的合同利益。反之，若消费者下单购买仅是要约，经营者确认发货才构成承诺，则消费者在承诺发出之前取消订单，不仅符合网络购物的一般交易惯例，亦与合同法上撤销要约的相关规定取得了逻辑上的一致。

（二）《电子商务法》第 49 条的进步及局限

鉴于网购平台单方取消订单的随意性和多发性，2018 年 8 月 31 日通过的《中华人民共和国电子商务法》（以下简称《电子商务法》）对此进行了立法规制。该法第 49 条第 1 款规定："电子商务经营者发布的商品或者服务信息符合要约条件的，用户选择该商品或者服务并提交订单成功，合同成立。当事人另有约定的，从其约定。"第 2 款规定："电子商务经营者不得以格式条款等方式约定消费者支付价款后合同不成立；格式条款等含有该内容的，其内容无效。"上述规定对于规制电子商务经营者常以商品缺货、系统错误、订单异常等理由随意取消订单的行为具有积极意义。但需要注意的是，若上述规定确立的"消费者提交订单合同即成立——当事人另有约定除外——电商不得通过格式条款约定消费者支付价款后合同不成立"的法律规则，被机械理解为"消费者付款后合同即成立"的教条，则会引发新的问题。其中，最直接的现实原因是，在日益多样化的网络购物模式中，存在消费者先行支付价款后经营者负责采购商品的交易模式，这种模式能够为消费者提供更具针对性、高品质的服务。经营者根据消费者的下单付款情况进行采买备货，亦能够降低经营者的运营成本，尤其对于中小型经营者，能够弥补其资金不足、库存不便等弊端。对于该类经营者而言，规定消费者下单并支付价款后合同即成立，将加重经营者负

① 周洪政：《网络时代电子邀约和承诺的特殊法律问题研究》，载《清华法学》2012 年第 4 期。

担，不利于“需求拉动”“零库存”等创新商业模式的发展。①

因此，如何协调《电子商务法》第49条第1款和第2款的适用问题，不仅关涉消费者权益保护问题，亦关系到电子商务经营模式的创新与发展。本文认为，对《电子商务法》第49条第2款不应作机械理解。《合同法》第39条规定：“采用格式条款订立合同的，提供格式条款的一方应当遵循公平原则确定当事人之间的权利和义务，并采取合理的方式提请对方注意免除或者限制其责任的条款，按照对方的要求，对该条款予以说明。”可见，格式条款并非当然无效。如果提供格式条款的一方遵循公平原则确定当事人之间的权利和义务，且尽到了提示说明义务的，则其效力不应予以否定。因此，在适用《电子商务法》第49条第2款内容时，不应简单地认为，只要约定了消费者支付价款后合同不成立的内容，该条款就必然无效。关键在于，上述条款内容是否公平合理，订立过程是否经过双方当事人的充分协商。若回答肯定，则当然应适用《电子商务法》第49条第1款内容，尊重双方当事人意思自治，而不应机械适用第2款内容，认定条款内容无效。举例说明，若电子商务经营者在消费者下单之前，已经向消费者明确提示了合同条款内容和交易风险，比如声明“先到先得”“售完即止”等，使消费者在提交订单之前充分知晓经营者不受信息发布之约束，则交易过程就属透明且自愿，此时对消费者提交订单并支付价款的行为，就应遵循当事人意思自治原则，将之评价为要约而非承诺；相应地，在经营者确认之前，不应武断认为合同已经成立。

由此带来的问题是，在尊重当事人意思自治的前提下，若认定合同未成立，如何避免电子商务经营者利用信息优势恶意磋商、损害消费者合法权益的情形？本文认为，通过法律规定的缔约过失责任机制，对此可完全予以救济。

---

① 事实上，《电子商务法》发布后，部分电商平台已经意识到了该问题，比如京东在其注册条款中关于合同成立部分中增加了“当您作为消费者为生活需要下单并支付货款的情况下，您货款支付成功后即视为您与销售商之间就已支付货款部分的订单建立了合同关系”的规定而将支付货款合同即成立的条件限定为“为生活需要下单”，正体现了电商企业在《电子商务法》出台后，对如何在第49条的规定与创新之间保持平衡的纠结态度。

二、对电子商务经营者缔约过失责任的认定

（一）电子商务经营者承担缔约过失责任的原因

与传统交易模式相比，网络购物模式的虚拟性将消费者与经营者之间的信息不对称差距拉大。消费者无法通过传统的感官和经验方式去认知商品情况，而只能通过经营者提供的图片、文字等信息选择商品，对于商品的库存量等可能影响交易实现的客观情况更无法掌握。在此情形下，电子商务经营者就可能通过扭曲或隐藏部分商品信息，侵害消费者权益。例如，未完整如实披露商品规格、性能、产地、主要成分、生产日期、合格证明、使用方法等信息，虚假促销，信用评价信息造假，夸大售后承诺等。因此，在网络购物中，消费者知情权、公平交易权、自主选择权如何得到有效保护至关重要。相应的，经营者在网络购物活动中也应当负担相较于传统交易模式中更多的责任和义务，这些义务可视为对法律规定的经营者义务的进一步解释与推演。①

首先，电子商务经营者负有完整准确的信息披露的义务。② 鉴于网络购物中经营者与消费者具有信息不对称性，经营者的信息披露，应使消费者能够有效地识别交易方，清楚识别广告与销售行为，获得关于产品或服务的准确具体的信息，进而自主决定是否进行交易。③《中华人民共和国消

---

① 《消费者权益保护法》第 4 条规定：经营者与消费者进行交易，应当遵循自愿、平等、公平、诚实信用的原则。第 16 条规定：经营者向消费者提供商品或者服务，应当恪守社会公德，诚信经营，保障消费者的合法权益；不得设定不公平、不合理的交易条件，不得强制交易。

② 《电子商务法》第 17 条规定：电子商务经营者应当全面、真实、准确、及时地披露商品或者服务信息，保障消费者的知情权和选择权。电子商务经营者不得以虚构交易、编造用户评价等方式进行虚假或者引人误解的商业宣传，欺骗、误导消费者。

③ 吴宏伟主编：《消费者权益保护法》，中国人民大学出版社 2014 年版，第 178 页。

费者权益保护法》(以下简称《消费者权益保护法》)①、《网络交易管理办法》② 等均对经营者应披露的信息作出了要求。

针对经营者以特价优惠、低价折扣、秒杀等促销方式提供商品的，相关立法意见提出，经营者应当进一步提供商品的原始价款或者费用、促销方式、规则、期限、商品范围和相关限制性条件等具体信息，并按照承诺提供商品或者服务。③ 以此避免在信息不对称的情况下，消费者权益受到侵害。

其次，电子商务经营者对其自建的电子商务平台有经营管理义务。本案中，世纪卓越公司所有的亚马逊网站，既是电子商务经营者，又是电子商务平台的提供者。一方面，其掌握商品的动态信息和真实情况，能够预见可能存在的问题并采取必要措施防止损害发生；另一方面，其有保障网络交易安全顺利进行的技术能力和管理义务，应对其所售商品发布的错误信息及时处理，对异常交易系统通过代码设计、信息筛查等预防控制，保障网络交易实现。对因不履行上述义务所造成的损失，电子商务经营者应当承担赔偿责任。

本文案例中，世纪卓越公司在信息及技术方面均有能力实时显示库存量的情况下，未尽到信息披露义务及对平台的经营管理义务。故世纪卓越公司以标价错误、系统故障、库存不足等不能归咎于消费者的原因单方取消订单，主观上存有过错，应对此承担缔约过失责任。

---

① 《消费者权益保护法》第28条规定：采用网络、电视、电话、邮购等方式提供商品或者服务的经营者，以及提供证券、保险、银行等金融服务的经营者，应当向消费者提供经营地址、联系方式、商品或者服务的数量和质量、价款或者费用、履行期限和方式、安全注意事项和风险警示、售后服务、民事责任等信息。

② 《网络交易管理办法》第11条规定：网络商品经营者向消费者销售商品或者提供服务，应当向消费者提供经营地址、联系方式、商品或者服务的数量和质量、价款或者费用、履行期限和方式、支付形式、退换货方式、安全注意事项和风险警示、售后服务、民事责任等信息，采取安全保障措施确保交易安全可靠，并按照承诺提供商品或者服务。

③ 全国人大财政经济委员会电子商务法起草组编：《中国电子商务立法研究报告》，中国财政经济出版社2016年版，第137页、第145页。

（二）电子商务经营者承担缔约过失责任的范围

《合同法》第42条规定："当事人在订立合同过程中有下列情形之一，给对方造成损失的，应当承担损害赔偿责任：（一）假借订立合同，恶意进行磋商；（二）故意隐瞒与订立合同有关的重要事实或者提供虚假情况；（三）有其他违背诚实信用原则的行为。"消费者根据经营者提供的商品信息选择商品并下单购买，对网络购物合同的成立产生信赖，赋予了经营者先合同义务，即电子商务经营者按照消费者的订单发货的义务。若经营者没有及时确认发货，甚至取消了订单，则会造成消费者信赖利益的损失。本文案例中，消费者不仅丧失了以优惠价格购买该平台商品的机会，而且丧失了在优惠时间段内于其他平台购买相同商品的机会。[①] 电子商务经营者对单方取消订单存在主观过错的话，应承担相应赔偿责任。该赔偿目的是恢复消费者受到损害的利益，使消费者的状态回复到缔约之前，包括直接损失和间接损失。

直接损失是消费者因电子商务经营者取消订单直接导致的损失，在本案中就体现为差价损失，即因该订单的取消，消费者需要多花费855元购买同一商品。与直接损失相对的是间接损失，其因电子商务经营者单方取消订单的不当行为而衍生；若消费者能够证明该损失实际存在，则电子商务经营者亦应赔偿。本案中，消费者因电子商务经营者取消订单提起诉讼，为此花费3000元的律师费用，对此消费者可以证明，故法院判决支持。

在实践中，囿于维权意识和举证能力，消费者对于上述两种损失数额往往难以举证证明；此时，可根据经营者承诺发货的时间、取消订单的时间，酌定不同等级的损失赔偿金额。一般来说，距离预估发货时间越近，消费者的信赖程度越强；经营者取消订单的通知越早发出，越能降低消费者的损失。因此，经营者取消订单的时间距离承诺发货时间越近，或距离消费者下单时间越远，可能对消费者造成的损失越大，可以酌定更多的损失金额；反之，则应酌定较少的损失金额。

---

① 我国目前已经形成了固定的网络购物活动优惠时间窗口，如每年的5月20日前后、11月11日前后、12月25日前后等，各个主要网络购物平台均会举行较大优惠力度的购物活动。

三、可证明标价错误情形下的司法处理

网络购物中的标价错误，主要是指标示价格远低于商品原价的情形，[①]目前通过管理措施和技术手段尚无法完全避免。实践中亟需解决的问题是：如何认定经营者在网络平台展示的价格系标价错误而非优惠价格？在认定标价错误的情形下，经营者和消费者的权益如何获得法律保障和救济？

（一）标价错误的认定

电子商务活动是通过互联网信息平台完成，不可避免会产生一定错误。商品页面标价错误，可能源于人为输入错误等管理上的原因，也可能是源于系统传输错误等技术上的原因。

由于电子商务经营者负有信息披露义务，由此衍生出的责任包括电子商务经营者应当在管理上尽量减少人为输入信息的错误，在技术上应尽量降低技术运行的出错概率。如果在一段时间内，同一家电子商务经营者或平台多次出现其声称的标价错误情况，从举证责任上，应当由电子商务经营者对其该主张承担证明责任；无法证明的，不应认定其标价属于错误，而毋宁认定为属于一种促销手段。这样的证明责任设置，不仅符合大陆法系规范说的证明责任理论，而且有利于保护处于信息不对等情形下的消费者的合法权益，能够督促电子商务经营者规范管理制度，提高技术能力，避免标价错误的发生。

（二）标价错误的法律后果

在电子商务经营者主张存在标价错误的表象之下，其内在主观状态可分为有过错与无过错两种情形，由此导致的法律后果也应有所区分。

在有过错的情形下，若电子商务经营者故意标价错误，以低价恶意赚取流量，之后再要求消费者以实际价格购买或单方取消订单，可能构成价格欺诈。对于以欺诈手段订立合同的行为，在合同未成立的情况下，消费者可以依据《合同法》第42条规定，要求经营者承担缔约过失责任，如

---

① 对于标示价格远高于商品原价之情形，因消费者一般不会下单购买，故在此没有讨论的必要。

本文第二部分所示。在合同成立的情况下，消费者一方面可以依据《合同法》第 54 条规定，行使变更或撤销合同的权利，[①] 同时，依据《合同法》第 58 条规定，要求经营者赔偿因合同撤销所受到的损失；[②] 另一方面，消费者亦可放弃行使上述权利，要求经营者继续履行合同，以保护自身权益。

本文所讨论的“标价错误”主要是指第二种情形，即在电子商务经营者主观无过错的情形下，其对标价错误的后果是否应当承担责任，以及消费者权益应如何保障的问题。

通常而言，无过错情形下的主观态度，包括一般过失和无过失两种情况。在合同未成立的情形下，从《合同法》第 42 条规定的情形来看，一般过失和无过失均无法构成缔约过失责任；在合同成立的情形下，《合同法》第 54 条虽然规定了因重大误解订立的合同可申请撤销，但《最高人民法院关于贯彻执行〈中华人民共和国民法通则〉若干问题的意见（试行)》第 71 条并未将价格因素列入“重大误解”适用情形之中。[③] 学理也通常认为，对标的物的价值判断错误不构成误解。[④] 由此，经营者无法依据《合同法》第 54 条第 1 款以“重大误解”为由撤销合同，消费者权益自不会遭受损失。

但同时需要考虑到，标价错误又确属经营者的一种意思表示错误，若

---

① 《合同法》第 54 条规定：“下列合同，当事人一方有权请求人民法院或者仲裁机构变更或者撤销：（一）因重大误解订立的；（二）在订立合同时显失公平的。一方以欺诈、胁迫的手段或者乘人之危，使对方在违背真实意思的情况下订立的合同，受损害方有权请求人民法院或者仲裁机构变更或者撤销。当事人请求变更的，人民法院或者仲裁机构不得撤销。”

② 《合同法》第 58 条规定：“合同无效或者被撤销后，因该合同取得的财产，应当予以返还；不能返还或者没有必要返还的，应当折价补偿。有过错的一方应当赔偿对方因此所受到的损失，双方都有过错的，应当各自承担相应的责任。”

③ 《最高人民法院关于贯彻执行〈中华人民共和国民法通则〉若干问题的意见（试行)》第 71 条规定：“行为人因对行为的性质、对方当事人、标的物的品种、质量、规格和数量等的错误认识，使行为的后果与自己的意思相悖，并造成较大损失的，可以认定为重大误解。”从该条规定来看，并未将价格错误作为导致重大误解的原因。

④ 尹田：《论因误解而为的民事行为》，载《政治与法律》1993 年第 1 期。

电子商务经营者对标价错误不存在过错，则继续履行合同不利于交易公平及权益保护，似乎应赋予电子商务经营者在该条件下对合同的撤销权。在目前法律尚欠缺对该情形明确规定的情况下，只能通过对《合同法》第54条第1款进行扩张解释，若经营者以此主张，则以“显失公平”为由准许经营者撤销合同。

由此带来的问题是，对于消费者而言，其因合同被撤销受到的损失，在《合同法》第58条规定情形下，将因经营者不存在过错而无法获得有效救济。但消费者作为合同相对方，对于合同的成立、生效、履行均保持信赖，无论经营者对标价错误是否存在过错，消费者因合同撤销所受到的损害是一致的。因此，需要寻求一种不以过错为标准的信赖责任，以补充对消费者信赖利益的保护。

我国对于信赖责任并无明确规定，对此可借鉴域外相关制度予以立法完善。① 这种基于信赖责任的赔偿制度不以撤销人的过错为条件，也区别于缔约过失责任，不以责任人违反先合同义务为前提，其赔偿的依据源于受损害方对意思表示的信赖。

在网络购物中，电子商务经营者通过平台向消费者发布了具有交易意思表示的商品信息，消费者依赖于经营者提供的信息作出购买决定，对经营者提供的信息及交易的意思表示产生信赖，下单购买即对交易实现产生预期利益。此时，电子商务经营者应对其所作出的意思表示承担责任。即使经营者发现标价错误等意思表示有误的情形，根据拉伦茨的观点，“如果表意人表达有误，使相对人对意思表示做出了不同于表意人所想表达的理解，那么，表意人必须承认相对人实际所理解的意义是有效的”。② 对标价错误的经济分析认为：在标价错误情形下，禁止走出错误会给买卖双方带来错误的激励，导致买方更多的利用别人的错误牟利，而卖方则会过度预防，以致产生军备竞赛，造成社会损失；而允许走出错误则有利于避免

---

① 关于域外相关制度对此问题的处理，可参见贺琼琼：《电子错误比较研究与我国的立法选择》，载《中山大学法律评论》第10卷第1辑；雷秋玉、苏倪：《论网络购物合同的成立及标价错误》，载《昆明理工大学学报（社会科学版）》2014年第1期。

② ［德］卡尔·拉伦茨：《德国民法通论（下）》，王晓晔等译，法律出版社2003年版，第455页。

错误激励，促使双方行为接近社会最优，使社会总成本趋近于最小化。[①]因此，虽然在标价错误情形下，电子商务经营者需对消费者承担信赖责任，但该责任范围的确定，应当从节约社会总成本的角度予以考虑。一方面，该责任应当与经营者存在主观错误情形下需承担的责任相区分，即在性质上应区别于缔约过失责任和因撤销合同导致的损失赔偿责任，在金额上一般应低于后两者的赔偿数额；另一方面，该责任应有效平衡电子商务经营者与消费者双方的利益，使消费者的信赖利益得到适当的补偿，同时，也能够促使经营者投入适当预防成本，以不断降低标价错误的出现概率。

目前，在法律尚未对信赖责任予以明确规定的情况下，可以通过在电子商务平台的交易规则、买卖双方的合同约定中嵌入相关条款，来解决交易双方因标价错误所带来的利益平衡问题。比如，在当当网的交易规则中，因标价错误未能发货导致纠纷的，电子商务平台有权按照订单金额的50%且最低 10 元最高 500 元的金额赔付消费者，但最终损失由卖方承担。[②] 由此，一方面，解决了消费者信赖利益的补偿问题；另一方面，可以促使经营者通过事先衡量标价错误损失与错误发生概率，合理投入预防成本，降低纠纷的发生。当然，一旦进入司法程序，上述条款效力还需要经过裁判机关的最终确认，但事先确立的规范无疑会帮助当事人双方建立起纠纷解决的合理预期，并显著降低解决纠纷的司法裁判成本。

结　语

综上，网络购物合同的成立既要遵循要约与承诺的一般规则，又要考虑电子商务交易的特殊性。如果经营者发布的商品信息内容具体明确，且表明其经承诺即受该意思表示的约束，符合要约的条件，即构成要约，消费者下单购买，合同即告成立。同时，应尊重当事人的意思自治，在经营者已经提示所发布信息仅为要约邀请且消费者明确知晓的情况下，不宜将商品信息展示作为要约，此时，消费者提交订单构成要约，经营者确认发

---

① 张伟强：《网络交易标价错误的经济分析》，载《法律科学》2018 年第 3 期。

② 参见《当当网入驻商家先行赔付标准及流程》，载 http：//shop. dangdang. com/help/xianxingpeifubiaozhun，最后访问日期 2019 年 10 月 17 日。

货即为承诺。

消费者出于对商品信息的合理信赖而下单购买后，经营者以标价错误等原因取消交易的，若合同未成立，电子商务经营者未尽对所售商品的全面信息披露义务或对电子商务平台的经营管理义务，应承担缔约过失责任；若合同已经成立，消费者可选择依据《合同法》第58条规定，要求经营者赔偿相应损失，亦可选择要求经营者继续履行合同。在对标价错误并无主观过错的情形下，经营者可享有合同撤销权，但应基于信赖责任对消费者的损失进行合理赔偿。判

（本文仅代表作者个人观点）

从是否竞合到如何竞合

——我国货物运输合同纠纷中责任竞合的司法实践与理性选择

荣学磊*

案情概要

东京海上日动火灾保险（中国）有限公司上海分公司（以下简称东京保险上海分公司）与新杰物流集团股份有限公司（以下简称新杰物流公司）保险人代位求偿权纠纷案（以下简称本案）。①

2011 年 11 月 11 日，富士通先端科技（上海）有限公司（以下简称富士通公司）与新杰物流公司签订《货物运输服务合同书》，约定富士通公司委托新杰物流公司运输发往全国各地的货物，其中责任与赔偿一节中约定："A、甲方未委托乙方办理运输保险的，对于货物不能修复的：……铁路和公路运输的货物的实际损失价值最高按损失货物对应运费的 3 倍赔偿；货物能修复的：按接近市场价的修理费赔偿，但最高不超过 20 元（人民币）/千克。"

---

* 上海财经大学法学院博士研究生、上海市第二中级人民法院法官。

① 案例来源：一审上海市嘉定区人民法院（2016）沪 0114 民初 5194 号民事判决书、二审上海市第二中级人民法院（2017）沪 02 民终 6914 号民事判决书。

2012年3月21日，新杰物流公司车辆载运富士通公司的ATM柜员机模块从上海运往深圳途中发生交通事故。根据事故情况，交警判定涉案车辆驾驶员高某由于未按操作规程驾驶，存在过错，负事故的全部责任。

富士通公司在东京保险上海分公司处投保货物运输保险。事故发生后，根据公估结果，货物遭受严重撞击损坏严重，损失金额1464745元。2012年7月27日，东京保险上海分公司向富士通公司进行了赔偿，并依法取得代位权。其后，东京保险上海分公司先后向北京市顺义区人民法院、北京市通州区人民法院提起诉讼，后又撤回起诉。2016年2月，东京保险上海分公司向上海市嘉定区人民法院提起侵权之诉，要求新杰物流公司按照货物实际损失金额承担侵权责任。

裁判要旨

一审法院认为：新杰物流公司承运了富士通公司交付的货物后，其雇佣的驾驶员在运输过程中因未按操作规程驾驶导致交通事故，对事故的发生负有全部责任，故新杰物流公司作为用人单位应对事故造成的货物损失承担侵权赔偿责任。东京保险上海分公司提交了公估报告，证明事故导致货物损失为1464745元，予以确认。至于新杰物流公司辩称的货物运输服务合同书中有关的赔偿约定，东京保险上海分公司在本次诉讼中向新杰物流公司主张的是侵权赔偿责任，系根据新杰物流公司在事故中的过错来主张其承担责任，而上述合同书中的相关赔偿约定并不能对抗东京保险上海分公司的侵权责任赔偿主张，故对新杰物流公司的此项辩称不予采纳。一审法院判决新杰物流公司赔偿东京保险上海分公司1464745元。判决后，新杰物流公司不服，提起上诉。

二审法院认为：本案争议焦点在于，责任竞合的情况下应当如何处理侵权责任与合同责任的关系问题。根据《中华人民共和国合同法》（以下简称《合同法》）第122条的规定，因当事人一方的违约行为，侵害对方人身、财产权益的，受损害方有权选择依照本法要求其承担违约责任或者依照其他法律要求其承担侵权责任。该规定仅明确了责任竞合的情况下，当事人一方有权择一主张权利，但并未明确一方选择后，合同责任与侵权责任之间的关系，以及另一方抗辩权是否也必须择一主张。在法律并无明确规定的情况下，应当遵循自愿、公平、诚实信用的基本原则，合理平衡当事人利益。对于同一损害，当事人双方既存在合同关系又存在侵权法律关系的，不能完全割裂两者的联系，既要保护一方在请求权上的选择权，也要保护另一方依法享有的抗辩权。在责任竞合的情况下，如果允许一方选择侵权赔偿，并基于该选择排除对方基于生效合同享有的抗辩权，不仅会导致双方合同关系形同虚设，有违诚实信用原则，也会导致市场主体无法通过合同制度合理防范、处理正常的商业经营风险。

对于运输过程中货物损失的分担，富士通公司与新杰物流公司在双方的运输合同中有明确约定，该约定系双方在各自商业经营风险预判基础上，根据自愿、平等原则达成的一致安排，对双方处理合同约定的货物损失具有约束力，该约束力不因富士通公司选择侵权之诉而失效。因此，尽管东京保险上海分公司代富士通公司向新杰物流公司主张侵权赔偿，但是新杰物流公司依据涉案运输合同对富士通公司享有的合同抗辩权，同样适用于东京保险上海分公司。新杰物流公司主张引用的合同抗辩权来自新杰物流公司与富士通公司所签涉案运输合同第13条，其性质属责任限制条款。考虑到此类条款在商业货运领域较为常见，合同双方均为商事主体，缔约能力相当，且该条款意思表示明确，因此，该责任限制条款可以适用于本案。综上所述，新杰物流公司关于其有权在本案中引用合同责任限制条款的上诉理由，予以采纳。据此，二审法院改判新杰物流公司赔偿东京保险上海分公司115500元。

评析

本案纠纷在货物运输领域较为常见，案由虽为保险人代位权纠纷，但实质争议焦点在于违约责任与侵权责任竞合时，应当如何理解两者的关系。我国《民法总则》第186条承继了《合同法》第122条的规定，明确在责任竞合时，受损害方在请求权类型上具有选择权，以方便其进行权利救济。但立法规定仅仅表明立法采取了“允许竞合”的态度，至于“如何竞合”产生的争论并未随着立法的宣示而终结。由于《民法总则》和《合同法》均未明确责任竞合时，侵权责任和合同责任在实体法上的关系如何，是否可以相互影响，两者在诉讼法上如何具体展开，诉权与抗辩权的关系应当如何处理。司法实践中，法官仍然需要借助责任竞合的法理学说，来处理当事人“择一而诉”之后的问题。由于理论上对责任竞合时侵权责任与合同责任的实体法关系至少存在三种学说观点（请求权自由竞合说和请求权相互影响说统称为请求权竞合说），不同的学说观点又与不同的诉讼标的理论密切相连，实体与程序问题交错，观点分歧明显，导致法官对责任竞合的审判思路和法律适用结果大相径庭，适法不统一问题突出。通过检索梳理，对运输合同中的责任竞合问题，目前司法实践中主要有四种做法：（1）当事人选择侵权之诉的，法院不审查对方提出的合同抗辩事由，仅仅依照侵权法律规范，由侵权人按实际损失进行赔偿；① （2）当事人选择侵权之诉的，法院审查合同抗辩事由，若存在承运人故意或重大过失而造成对方财产损失，或合同条款属减免承运人责任的格式条款且未尽说明义务的，则认定合同抗辩事由不成立，按侵权主张的实际损失进行赔偿；② （3）当事人选择侵权之诉的，法院审查合同抗辩事由，若合同约定的损失计算方法、赔偿范围和免责条款均属有效条款，且当事人的行为没有脱逸出合同正当履行范围时，侵权赔偿责任应受到合同中有关赔偿条款的限制；③ （4）对于单纯因合同履行造成的损失，应坚持根据合同法保护，法院不允许当事人选择侵权责任救济。④

上述四种做法中，第一种做法系传统审判思路，即完全排除合同法的适用，第四种做法系完全排除侵权法的适用，第二、三种做法实质观点一致，均允许在侵权诉讼下提起合同抗辩，但合同抗辩能否成立还需结合合同约定和合同法规定进行判断。本案中，一审法院认为托运人的保险人代位提起的是侵权诉讼，运输合同中关于赔偿责任的约定并不能对抗侵权责任下的赔偿主张，即采纳了第一种做法；二审法院则认为，在合同已经就货损责任作出明确约定的情况下，即使托运人的保险人代位提起侵权诉讼，也应保障承运人依据合同享有的实体抗辩权利，即第三种做法。从审判实践来看，目前主要争议也正是集中在本案一、二审所体现的两种审判

---

① 参见上海市浦东新区人民法院（2014）浦民一（民）初字第41852号民事判决书、上海市第一中级人民法院（2004）沪一中民四（商）终字第708号民事判决书。

② 参见广东省深圳市中级人民法院（2013）深中法民终字第1703号民事判决书、四川省成都市中级人民法院（2014）成民终字第4119号民事判决书、安徽省合肥市中级人民法院（2015）合民一终字第05056号民事判决书。

③ 参见浙江省高级人民法院（2016）浙民申3812号民事裁定书、广东省广州市中级人民法院（2014）穗中法民一终字第3155号民事判决书、辽宁省锦州市中级人民法院（2014）锦民二终字第00199号民事判决书等。

④ 参见江苏省无锡市中级人民法院（2017）苏02民终2015号民事判决书。

思路上，而结合我国现有法律规范和责任竞合理论，本案二审所采纳的观点明显能够取得更好的法律适用效果，应当成为审判实践中的倾向性选择。具体分析如下：

一、责任竞合现行法的指引作用仅限于救济程序启动

遍观我国现有法律文件，涉及责任竞合的法律规范屈指可数，① 最为重要的当属《合同法》第 122 条“因当事人一方的违约行为，侵害对方人身、财产权益的，受损害方有权选择依照本法要求其承担违约责任或者依照其他法律要求其承担侵权责任”和《最高人民法院关于适用〈中华人民共和国合同法〉若干问题的解释（一）》（以下简称《合同法司法解释一》）第 30 条“债权人依照合同法第一百二十二条的规定向人民法院起诉时作出选择后，在一审开庭以前又变更诉讼请求的，人民法院应当准许。对方当事人提出管辖权异议，经审查异议成立的，人民法院应当驳回起诉。”这两条内容构成了司法实践处理责任竞合问题的全部规范依据。在《合同法》第 122 条仅明确了责任竞合的情况下，当事人一方有权择一主张权利，但并未明确一方选择后，对方抗辩权是否也必须择一主张。《合同法司法解释一》第 30 条的规定明确了原告选择权应当在一审开庭前确定，且被告可以依据原告选择的侵权或合同法律关系，相应提出管辖上的抗辩。

从内容来看，上述规定主要针对的是诉讼程序的制度安排，即权利人行使选择权的诉讼阶段应为起诉至一审开庭之前，不同诉由的选择适用不同的管辖规则。从文义来看，上述规定并不涉及实体法上侵权责任和合同责任的关系问题，也不涉及请求权与抗辩权的实体关系问题。通过对《合同法司法解释一》的反推及体系解释，可以得出两点结论：反推可以得出原告的请求权必须择一主张，且一审开庭后不得再行变更；体系解释可以得出原告选择侵权之诉的，被告关于管辖的抗辩应与侵权管辖规则对应，

---

① 我们通过“北大法宝”检索，能够收集到的现行有效的法律规范只有《合同法》第 122 条及《合同法司法解释一》第 30 条的规定。本案裁判时，《民法总则》尚未生效，鉴于《民法总则》与《合同法》对责任竞合的规定并无实质差异，为论述方便，本文仍然以《合同法》第 122 条作为分析对象。

不得主张合同管辖的抗辩事由。

前述第一种裁判方法是对体系解释结论的延伸，认为在责任竞合的情况下，被告的实体抗辩权也必须与原告选择的请求权相对应，故侵权诉讼中不得主张合同抗辩。具体到本案中，一审法院即采纳了此种裁判思路，仅仅审理了原告主张的侵权法律关系，并未对被告依据合同提出的抗辩事由进行实质审查。

但是，我们认为不应将体系解释的结论扩大适用于实体审理环节，请求权与抗辩权必须择一对应的规则应仅限于管辖这一程序问题之上，实体法上侵权责任与合同责任的关系并非《合同法司法解释一》意欲解决的问题。理由主要有以下三点：其一，我国责任竞合问题虽规定于《合同法》（实体法）第122条，但最高人民法院针对该条的司法解释并未涉及侵权责任和合同责任的实体关系问题，仅仅涉及竞合时的起诉及管辖问题。因为责任竞合纠纷首先面临的就是如何尽快确定纠纷管辖及审理对象。事实上，责任竞合问题第一次正式进入最高人民法院规范性文件的视野，也是因为竞合导致法院在受理和管辖问题产生争议。① 其二，在诉讼程序的启动上，赋予受害者诉讼程序选择权，是为了最大限度方便原告主张权利，并非限制被告实体法上的抗辩权利。依据我国《民事诉讼法》第119条② 的规定，当事人向法院寻求权利救济，必须明确具体的诉讼请求和理由，且必须属于受诉人民法院管辖。同时依据《民事诉讼法》第23条③和第

---

① 参见《最高人民法院全国沿海地区涉外、涉港澳经济审判工作座谈会纪要》[法（经）发〔1989〕12号]。该会议纪要是有关责任竞合问题的首个规范性文件（法信系统显示为：现行有效），其中，最高人民法院专门针对“两个诉因并存的案件的受理问题”明确规定：原告可以选择两者之中有利于自己的一种诉因提起诉讼，有管辖权的受诉法院不应以存在其他诉因为由拒绝受理。

② 《民事诉讼法》第119条规定：“起诉必须符合下列条件：（一）原告是与本案有直接利害关系的公民、法人和其他组织；（二）有明确的被告；（三）有具体的诉讼请求和事实、理由；（四）属于人民法院受理民事诉讼的范围和受诉人民法院管辖。”

③ 《民事诉讼法》第23条规定：因合同纠纷提起的诉讼，由被告住所地或者合同履行地人民法院管辖。

28条[①]的规定，合同纠纷和侵权纠纷分别适用不同的管辖规则。因此，侵权责任与合同责任竞合时，如果原告在起诉时对上述两种责任不作选择，将导致法院无法判明纠纷是否属于本院管辖范围。从《民事诉讼法》起诉及管辖的规定来看，当事人对救济方式必须作出选择，否则诉讼程序难以启动。其三，从世界各国法律实践来看，对责任竞合时实体法上侵权责任与合同责任的关系问题基本都不作明文规定，而是作为法律适用问题交由法官决定。“世界各国（地区）判例、学说，已建立一项基本共同认识，即决定契约责任与侵权责任之关系，不能纯依逻辑推理，而应探求立法意旨及平衡当事人之利益。”[②]

综上可见，现行法规范对责任竞合的适用性应限于案件的受理及管辖阶段，不应通过扩大解释将其适用于处理侵权责任与合同责任的实体法关系。对于责任竞合的实体法问题，在现行法规范没有直接规定的情形下，应当借鉴责任竞合的法理学说，选择最适合我国司法传统和实践的解决路径。

二、责任竞合学说的核心观点及其理论基底

责任竞合情况下侵权责任和合同责任的关系概括起来主要存在三种学说观点：法条竞合说、请求权竞合说和请求权规范竞合说。

（一）法条竞合说的核心观点及其适用背景

该说认为，合同违约导致的损害乃侵权损害的特殊形态，同一行为导致违约和侵权两种责任形态时，应当按照特别法优于一般法的适用规则，优先适用合同责任规则。法条竞合说的基本观点虽然较为简洁明了，但该学说对合同法与侵权法的关系处理过于简单化，回避了合同责任与侵权责任关系的复杂性。法条竞合说的适用性取决于一国民事法律体系中侵权制度与合同制度的结构性安排，在侵权制度可以普遍性调整合同纠纷的国家，为了维护合同制度存在的必要性，该说较为可行。法国判例学说至今

① 《民事诉讼法》第28条规定：因侵权行为提起的诉讼，由侵权行为地或者被告住所地人民法院管辖。

② 王泽鉴：《民法学说与判例研究》，北京大学出版社2015年版，第600页。

倾向法条竞合说，此与法国民法关于侵权责任的规定，具有密切关系。① 法国传统上将合同制度作为侵权制度的例外，禁止当事人自由选择侵权救济，其主要目的在于防止合同当事人逃避合同条款的约束（尤其是限制或排除合同责任的条款），直接依据《法国民法典》有关侵权责任的一般条款主张赔偿。② 也就是说，债务人因合同给付中的过错（合同过错）导致债权人受到损害时，后者只能主张违约责任的救济，而不能依据侵权法的规定请求赔偿，因为法国法视侵权责任之规定（《法国民法典》第1382条）为一般法的规定，而合同责任相对而言是特别法的规定。③ 需要说明的是，法国在坚持法条竞合说的传统之下，近些年已逐步开始建立例外规则，即在人身伤害案件、保护因合同不履行受有损害的第三人等情形下，开始允许合同当事人自由选择向合同当事人主张合同责任或侵权责任。④

（二）请求权竞合说的核心观点及其优劣比较

该说认为，一个具体事实，具备侵权行为和债务不履行之要件时，应就各个规范分别判断，所产生之两个请求权，系独立并存关系。⑤ 根据在请求权具体行使过程中是否彼此相互影响，请求权竞合说又可以分为请求权自由竞合说和请求权相互影响说。其中，请求权自由竞合说认为，从不同的基础法律规范出发，不同种类的两个请求权在成立要件、举证责任、赔偿范围、诉讼时效等方面彼此完全独立，权利人可以自由选择主张。请求权相互影响说承认两种基础法律规范产生两个请求权，但两者彼此相互影响，合同法的相关规定可适用于基于侵权而生的请求权，反之亦然⑥。

我们认为，侵权法和合同法作为民事权益救济体系的组成部分，虽不可避免地存在界限和分工问题，但只有协调一致才能保障民事法律体系的内在一致性和法律适用的可预期性。请求权自由竞合说则完全割裂了两者

---

① 参见王泽鉴：《民法学说与判例研究》，北京大学出版社2015年版，第594页。

② 参见李世刚：《法国侵权责任法改革——基调与方向》，人民日报出版社2017年版，第96页。

③ 叶名怡：《再谈违约与侵权的区分与竞合》，载《交大法学》2018年第1期。

④ 参见李世刚：《法国侵权责任法改革——基调与方向》，人民日报出版社2017年版，第97页。

⑤ 参见王泽鉴：《民法学说与判例研究》，北京大学出版社2015年版，第594页。

⑥ 参见王泽鉴：《民法学说与判例研究》，北京大学出版社2015年版，第595页。

之间关系，相当于否认了法律体系应当蕴含的逻辑一致性，会导致合同交易难以形成稳定法律预期，使得合同法特殊立法目的以及当事人合同目的落空，有悖于私法自治的基本原则。因此，该说的理论缺陷非常明显。

请求权互相影响说在很大程度上是为了修正请求权自由竞合说导致的理论缺陷而提出的。该说认为，在特定情形下应允许两个请求权相关作用，由法官在权衡两种法律规范的基础上，作出统一的裁判。该说面临的主要质疑在于，既然承认两个请求权相互作用，则事实上放弃了两个请求权独立并存之概念。① 我们认为，这种质疑的合理性更多停留在概念逻辑层面，请求权相互影响说承认在特定情形下，无论当事人选择侵权之诉或是合同之诉，两种法律规范都将同时适用，当事人选择的适用效果趋于统一，但这并不影响两个请求权独立并存的一般情形。因此，这种关于概念逻辑不完美的质疑，完全不影响其理论的合理内核。

（三）请求权规范竞合说的核心观点及其可操作性质疑

该说认为，一个具体行为符合债务不履行及侵权两种构成要件时，并非产生两个独立的请求权，而是仅产生一个请求权，但该请求权具有合同和侵权两个基础法律关系。② 故而在司法实践中，原告可基于权利侵害的事实提出赔偿主张，不需要对基础法律规范作出明确，其请求权能否得到支持需结合两项基础规范加以判断。

该说以新诉讼标的理论为基础，认为一种损害结果对应一种请求权，不存在当事人选择的问题，竞合的客体是产生请求权的规范。该说从理论上避免了请求权相互影响说的逻辑矛盾，但从适用结果来看，这种学说与“请求权相互影响说”无实质区别，均主张在同一诉讼中，即使原告提出的是侵权赔偿，若原被告之间存在合同关系的，则侵权主张应当受到双方合同关系的影响。③ 我们认为，请求权规范竞合说只是以“一个请求，多个基础规范”的方式，逃避了责任竞合时侵权法和合同法的具体关系问题，该说逻辑上虽能自圆其说，但对解决“如何竞合”的问题并无实质指导作用。法官在处理实际案件时，仍必须面对侵权之诉中合同抗辩能否适

① 参见王泽鉴：《民法学说与判例研究》，北京大学出版社2015年版，第599页。

② 参见王泽鉴：《民法学说与判例研究》，北京大学出版社2015年版，第596页。

③ 参见傅鼎生：《赔偿责任竞合研究》，载《政治与法律》2008年第11期。

用、如何适用的现实难题。正如日本学者在批评“规范统合说”（该说为日本版的请求权规范竞合说）时指出，规范统合说在实务上就如同只是将一艘无舵的船放入了大海。现在的裁判实务对于请求权竞合问题是采用何种观点在判例上并不明确，但是在现实处理阶段，“请求权竞合论”及一部分规范的调整似乎更能反映实务界的现状。①

三、我国司法实践选择学说观点的三个思考维度

责任竞合既是实体法问题，也是诉讼法问题。从司法适用的角度来看，实体法上的责任竞合学说并无绝对优劣之分，司法实践应借鉴何种学说，不仅要考虑实体法理论的完美性，更要考虑实体法理论能否与民法制度体系以及诉讼制度兼容。具体而言，应当从“现行法规范对理论学说选择上的限制”“我国民事法律体系中侵权法与合同法的结构性安排”以及“我国诉讼制度与司法传统”三个思考维度来审视责任竞合学说观点在我国司法实践中的适用价值。以此三个维度作为参考坐标，法条竞合说、请求权自由竞合和规范竞合说均难以成为司法实践的参考对象，而请求权相互影响说应成为最优选择。具体理由如下：

1. 法条竞合说缺少民法制度体系支撑，与现行法直接冲突，且与司法传统相悖，不能取亦不可取。一是该说与我国民事责任体系存在根本抵牾，我国民法体系中合同制度与侵权制度均较为发达，其调整领域虽有交叉，但整体处于独立并行的状态，难以视合同法为侵权法之特别规定，侵权制度也难以覆盖合同纠纷的多数形态。特别是在我国合同责任原则上不承认精神损害赔偿的情况下，剥夺当事人基于人身损害产生的侵权法救济途径，会导致权利救济不充分。是法条竞合说与现行法规范直接冲突，司法实践若采该学说存在违法之嫌。二是该说与我国司法实践向来承认责任竞合时当事人具有选择权的司法传统相悖，该司法传统已经延续了20多年，在法律实务界具有广泛的共识。三是该说不利于当事人权利救济，特别是在我国合同责任原则上不承认精神损害赔偿的情况下，剥夺当事人基于人身损害产生的侵权法救济途径，会导致权利救济不充分。

---

① 参见［日］加藤雅信等编：《民法学说百年史》，牟宪魁等译，商务印书馆2017年版，第467～468页。

2. 请求权规范竞合说过于理想化，与我国诉讼制度及司法传统难以兼容，且与现行法间接冲突，不能取亦不可取。一是该说也与现行法规范冲突。该说不承认当事人具有两种请求权，自然也不存在当事人选择权的问题。二是该说与我国诉讼制度及司法传统相悖。请求权规范竞合说以诉讼法上的新诉讼标的理论为其实践基础，而我国民事诉讼实践长期奉行实体法诉讼标的理论（旧实体法说），相关诉讼制度也是在该理论基础上展开的，如起诉时必须明确诉由，以便确定管辖法院；再如实体审理的首要环节就是要求原告明确诉讼请求及其所依据的基础法律关系；等等。可以说，旧实体法说所具有的理论优势与我国民事诉讼实践需求的契合度，是其他诉讼标的理论所无法比拟的。[①] 请求权规范竞合说虽然看似逻辑完美，但是难以在我国诉讼法制度框架下中得以有效展开，存在巨大的实践成本。若采该说，将会对现有的诸多诉讼法制度及司法习惯构成冲击，也难以被司法者普遍接受。其实，即使在该说发源地德国，也有学者指出，请求权规范竞合说与德国民法关于请求权的规定格格不入，无法实践，实际上是一种想象的理论。[②]

3. 请求权自由竞合说与现行法虽无冲突，但可能导致合同法与侵权法适用结果冲突，也与诉讼法“纠纷一次性解决”原则以及我国司法传统相悖，虽能取但不可取。如果单纯考虑强化对受害人的权利救济，请求权自由竞合说无疑是最佳选择。理论界也有学者基于《合同法》第 122 条关于受害人选择权的规定，认为我国立法者采取的是请求权自由竞合说。[③] 但是，这种观点是对现行法规范的误读，完全忽视了现行法规范的程序性特征及其背后的规范目的。实际上，最高人民法院对责任竞合时两个请求权是否可以分别独立行使，一直持否定态度。最高人民法院早在 1989 年发布的规范性文件中早已明确：“当事人不得就同一法律事实或法律行为，分别以不同的诉因提起两个诉讼。”[④] 最高人民法院最近的生效裁判也在个案

---

① 参见沈德咏主编：《〈最高人民法院民事诉讼法司法解释〉理解与适用》，人民法院出版社 2015 年版，第 635 页。

② 参见段厚省：《请求权竞合研究》，载《法学评论》2005 年第 2 期。

③ 参见程啸：《侵权责任法》（第二版），法律出版社 2015 年版，第 69 页。

④ 参见《最高人民法院全国沿海地区涉外、涉港澳经济审判工作座谈会纪要》［法（经）发〔1989〕12 号］。

中重申了两个请求权不得分别独立行使的观点。[①] 四川省高级人民法院、湖北省高级人民法院等诸多地方法院也在最近的生效裁判中重申，违约责任与侵权责任竞合时，不得分别提起违约之诉和侵权之诉，甚至侵权之诉败诉时，也不得再提起违约之诉主张赔偿。[②]

即使从应然的角度，请求权自由竞合说也不应成为我国司法实践的参照对象。该说在实体和程序两方面均存在严重缺陷。实体法方面，该说完全割裂侵权责任和合同责任的联系，孤立适用侵权法或合同法，不仅会导致侵权法和合同法适用结果上的冲突，也破坏我国民事法律体系内在的协调性。程序法方面，片面强调受害方权利救济，就同一纠纷或同一不法（违约）行为，允许权利人多次诉讼，与民事诉讼法“纠纷一次性解决”原则相冲突。毕竟，同一纠纷被人为切割开并纳入若干诉讼程序中分别加以解决，既有违节省司法资源的公共利益，也不符合节省诉讼成本的私人利益。[③]

4. 请求权相互影响说与现行法无悖，又能与现有诉讼制度及司法传统有效兼容，在实现权利充分救济的同时保障诉讼效率，应当成为我国司法实践的参考理论。首先，理论上对该说的质疑主要来自逻辑概念层面，且这种质疑存在以特殊情形否定一般原则，以概念边缘内涵否定其核心内涵的倾向，并不足以否定该说的理论合理性。具体理由上文已经详述。其次，实体上，该说的适用结果与理论上最新的“请求权规范竞合说”并无本质区别，均充分考虑侵权法与合同法的体系协调性，能够兼顾争议双方的利益平衡性。最后，程序上，该说承认两种请求权且允许当事人选择，能够与现行法规范及诉讼法实践充分兼容，既方便当事人行使诉权，又便于法院高效处理责任竞合纠纷。

对于该说的实践应用，可以按如下方式展开：在诉讼程序启动阶段，依据对现行法规范的文义解释，承认当事人具有两个请求权的同时，将其

---

① 参见最高人民法院（2016）最高法民辖终220号民事裁定书。

② 参见四川省高级人民法院（2017）川民申2587号民事裁定书、湖北省高级人民法院（2016）鄂民申2085号民事裁定书。

③ 参见陈杭平：《“纠纷事件”：美国民事诉讼标的理论探析》，载《法学论坛》2017年第11期。

选择权限定在起诉及管辖（一审开庭前）的阶段。既方便当事人及时启动权利救济，又能避免案件管辖上的扯皮（实践中存在“推管辖”和“拉管辖”的情况），有助于案件纠纷快速进入实体处理。在案件实体审理阶段，遵循现有的司法传统，首先由原告明确其诉讼请求及所依据的基础法律关系，原告依据侵权法主张权利的，对于双方合同中已经明确约定的事项，被告在侵权抗辩事由之外，有权依据双方合同约定提出相应的合同抗辩；法官应当向原告释明，其有权针对被告的合同抗辩提出对抗事由（合同条款无效或无明确约定）；在此基础上，法官应当同时适用合同法和侵权法的规定，综合考虑侵权责任是否成立及责任范围，合同约定的效力及其对侵权责任的影响，兼顾侵权法、合同法立法目的以及当事人合同目的作出实体裁判，从而实现受害方权利充分救济和纠纷一次性解决相统一。

四、结语

本案中，一审判决借鉴了“请求权自由竞合说”的法理，并以此对《合同法》第 122 条进行扩张性解读，忽视立法规定的程序性特征及其有限的指引作用。一审法院在处理责任竞合时，完全割裂了侵权法与合同法（合同约定）的关联，事实上剥夺了被告依据合同法（合同约定）享有的抗辩权利，导致被告通过合同约定应对经营风险的正当目的落空，也事实上放任了合同相对方的不诚信行为，因此并不可取。二审法院从诉讼法和实体法两个角度，全面审视了责任竞合的各种学说观点，对《合同法》第 122 条进行了平义解释和程序性解读。

二审判决认为，责任竞合时，明确在实体法角度应当借鉴“请求权相互影响说”或“请求权规范竞合说”的共通原理，承认侵权法与合同法（合同约定）能够相互影响，通盘考虑原被告双方存在的多种法律关系及其对最终责任的影响，尊重当事人私法自治，稳定当事人的行为预期。在程序法角度，既要尊重原告选择请求权，也要保障被告的抗辩权，对被告的全部抗辩事由均应实质审查，被告的实体抗辩权利既可以源自于法定抗辩事由，也可以源自约定抗辩事由，从而保障程序公平、诉讼高效。二审判决对准确把握责任竞合学说的理论精义及其适用性，公正高效处理责任竞合纠纷具有一定的借鉴意义。

责任竞合问题可能是一个理论上永远没有最正确结论的争议话题，法学理论界和实务界对责任竞合问题的探讨已经进入一个明显的“低潮期”。甚至可以说，由于对理论学说应用性研究不足，责任竞合问题正在逐渐成为法学研究领域的“鸡肋”。解决我国司法实践中的责任竞合问题，既要吸取各责任竞合学说的“最大共识”：合同法与侵权法势必相互作用，又要顾及我国的诉讼制度与司法传统，避免实体法上“最完美的理论”在诉讼实践中沦为“镜中花、水中月”。从实体法和程序法两个维度审视责任竞合理论学说，请求权相互影响说与我国司法实践的兼容度最高，应当成为我国发展责任竞合理论和法律规则的理论基础；同时应当反思责任竞合问题上对成文立法作用的“过度自信”，通过发布指导性案例、典型案例等方式，充分发挥案例对统一责任竞合法律适用的普遍价值。判

（本文仅代表作者个人观点）

论澳门特区意思表示错误制度

——以澳门特区第 PC1－12－0809－COP 号裁决评析为核心

张名扬*

案情概要

2012 年 3 月 19 日下午 3 时至 4 时左右，原告甲某在被告某有限公司①的网上商店（e－shop）以每部澳门币 500 元及以信用卡购买 10 部 HTC One X 手提电话，合共支付澳门币 5000 元。当时，被告网站显示该 HTC One X 原价澳门币 500 元。在原告支付上述费用后，被告向原告发出确认交易信息，确认相关交易。然后，被告职员透过电话表示每部手提电话的正确单价为澳门币 5880 元，其支付的澳门币 5000 元只是预订按金，以及原告须支付购买 10 部 HTC One X 手提电话的余款数额。但原告拒绝，并表示自己是以每部 500 元的金额购买，被告表示会交上级处理。其后，被告职员再次联络原告并表示其预订的手提电话单价为澳门币 5880 元，倘若原告不愿意以此价购买，被告可取消其订购的 10 部手提电话并

---

* 中国人民大学法学院博士研究生。

① 官方公布的资料中没有具体的原告及被告名称。

将有关款项退回，且被告愿意以每部澳门币200元代用券赔偿予原告。原告表示要考虑，但被告随后便将有关款项退回被告订购时的信用卡账户内。原告不服。于是原告对被告某有限公司提起诉讼，要求判处被告赔偿其解除购买手提电话合约损害赔偿澳门币5万元，并加上自提起诉讼至付清之日的法定利息及诉讼费用和职业代理费。

本案有以下重要细节：（1）被告在2012年3月19日上午11时发现其网站内的购物列表内错误显示HTC One X原价澳门币500元之事实。被告当天下午6时才将其网站内HTC One X手提电话预订网页内容更正为卖价澳门币5880元，预订按金澳门币500元。（2）被告网站发生错误标价当天，至下午6时为止被告合共收到8个预订客户，当中包括原告、其朋友及另外6名客户。当中只有被告及其朋友拒绝取消订购及接受退回款项，其余客户接受取消订购及接受退回款项或表示清楚知道澳门币500元是订金及愿意继续维持订购的意愿。（3）于2012年，上述手机网上及市场公价为3720至4500元不等，在澳门电讯商的平均市价为5000多元。

裁判要旨

法庭首先认为，被告在其网上商店（e-shop）刊登售卖HTC One X手提电话告示行为符合《澳门民法典》第217条第1款规定的意思表示之告示（即以告示形式作出的要约意思表示）。原告在接受被告网上商店（e-shop）出售HTC One X手提电话告示的有关条款时，即表示双方之间达成协议。当原告决定选择订购10部HTC One X手提电话并透过信用卡方式支付时，双方之间已达成买卖10部HTC One X手提电话协议合约。原告在本案没有与被告并没有达成变更协议条款的意思，换言之，被告不能在没有得到原告的同意之下根据自己的单方意愿更改合约条款。

判决认为，被告的预订或出售HTC One X手提电话公示内容确实出现误写情况。关于误写规定为上述曾指出的《澳门民法典》第244条规定："从意思表示之内容或其作出时之具体情况所显示之单纯误算或误写，仅导致产生更正该意思之权利。"判决认为，如果被告在订立合约后发现误写，被告可按上述规定适时通知他方立约人有关误写内容及更正的权利，而原告如反对更正，则可按《澳门民法典》第245条及第431条规定撤销有关合约。但裁判法庭认为现被告上午11时便发现其网站内有关将订金写成原价的事实，而被告没有实时作出更正，仅在当天下午6时才将原价改为订金。而且原告在当天下午 4 时购买 HTC One X 10 部手提电话，且被告在当日（19 日）下午 4 时 13 分 27 秒通过电子邮件通知原告有关交易成功的信息，所以，裁判法庭认为被告无权以该合约协议条款存有误写为由撤销有关合约。

此外，判决书亦认为被告在“我的网上商店”购物清单网页所刊登的告示存有意思表示的错误。《澳门民法典》第 240 条第 1 条规定法律行为之意思表示得因表意人的重要错误而撤销，条件是该错误为（原告）受意人可认知的错误或系因其所提供的信息而产生。被告清楚知道该手提电话的出售价为澳门币 5880 元，原则上被告是不会亦不能以远低于市面价钱出售刚上市多功能 3G 手提电话。根据本案已证事实显示，倘若被告以澳门币 500 元出售该型号手提电话，被告将会以低于原价 1/10 的价钱出售这部新上市的手提电话，从一般人的角度，尤其是从商人的角度去看一般的生意人是绝对不会以这种严重亏本的手段经商，也就是说，原则上被告（表意人）倘若知悉错误意思表示时便不会与原告达成上述买卖合约。所以判决书认为，被告在其网站购物单内刊登 HTC One X 原价澳门币 500 元属为被告意思表示之重要错误，该错误符合《澳门民法典》第 240 条第 1 款上半部分及第 2 款规定之表意人的重要错误。同时，有关的错误亦符合错误必须是（原告）受意人可认知的错误或系因其所提供的信息而产生并具有一般注意力之人处于受意人之位置，按照有关法律行为之内容及具体情况及当事人所处状况下，可察觉有关的错误。因为原告确实曾怀疑被告以远低于市价出售一部全球同步推出及拥有 3G 及四频双制式功能手提电话的事实，判决认为，一般人，尤其是一般年轻人处于受意人（原告）位置清楚知道 HTC One X 为一部拥有 3G 及四频双制式功能及全球同步推出的手提电话的售价没有可能是澳门币 500 元的。即符合《澳门民法典》第 240 条第 1 款及第 3 款规定被告知道原告错误的事实，但判决书却认为即使如此，被告的意思表示不满足《澳门民法典》第 240 条第 4 款规定，如表意人（被告）已接受有关错误出现之风险，或按照有关具体情况表意人应承担此风险，又或该错误系因表意人之重大过错而造成，则有关法律行为不得宣告为无效或撤销。被告作为澳门经营公共电信服务的专营公司，有义务为客户提供良好的服务及小心谨慎地提供信息。被告在 2012 年 3 月 19 日出售当日上午 11 时便已察觉其网站内错误地将订金写成原价的事实，然而，却仅在当日下午6时才作出更正，换言之，被告需要多达7个小时的时间才能将网站内的“原价”改为“订金”？虽然被告声称需透过不同部门及多个程序才能更改，但是裁判法庭认为被告的解释不合理，因为一个持有澳门网络特许经营权及拥有长达30年经营电讯被告已清楚知道网站内的有关错误事实，换而言之，被告在明知手提电话价格的错误前提下仍选择继续与原告达成购买10部HTC one X手提电话协议并接受原告以有关信用卡付款，以及在收取款项后以电子邮件确认购买协议。如被告在察觉错误内容时立即作出更正的话，则本案的纷争亦不会存在，因为原告是在当日下午4时才订购有关手提电话的，换言之，被告是在察觉错误5小时后才与原告达成购买上述手提电话的事实。

综上所述，被告在察觉错误后至更正为止仍继续接受订购，由此可见，从发现错误至更正的7个小时期间内被告完全处于接受有关错误可能出现的风险状况，裁判法庭根据《澳门民法典》第240条第1款至第4款规定，裁定被告不得撤销其与原告在2012年3月19日订立买卖10部HTC One X手提电话合约。并根据《澳门民法典》第240条第1款及第3款规定，裁定原告清楚知道被告错误地在“我的网上商店”内刊登以每部澳门币500元出售HTC One X手提电话的事实后仍与被告达成有关购买手提电话协议。

最后，判决书对于原告要求被告支付澳门币5万元的损害赔偿方面的请求。由于法庭认为即使裁定被告不得撤销其与原告签署买卖10部手提电话合约及单方解除合约的事实，但对于原告，透过庭审未能证明被告的不履行合约导致其有何损失，包括原告没有指明是无法透过低价购买10部手提电话导致其无法以市价出售赚取利润及抑或是原告因无法取得订购的手提电话而导致其须以额外价钱购买其他手提电话的损失以及相关的精神困扰，故此，法庭不接纳相关原告诉讼的理由及请求并驳回所有针对被告之诉讼请求。①

① 以上皆参见澳门特区履行金钱债务案第PC1－12－0809－COP号裁决。

评析

本案裁判可以主要分为三大部分，本文将分而论之。第一部分是关于《澳门民法典》第244条意思表示更正制度，第二部分是本案中关于意思表示错误成立的要件问题，第三部分是原告赔偿的请求及被告撤销法律行为能否成立。本文首先简介澳门特区的意思表示错误制度后，再分而述之。

澳门民法的意思表示制度，来自于《葡萄牙民法典》的规定，从《葡萄牙民法典》中更新出来，而《葡萄牙民法典》可以说接受了德国民法中的动机错误与表示错误划分的方式，也就是二元论的分类。① 并且很大部分与《德国民法典》中的规定相似，其以表示错误为主，动机错误或瑕疵错误为次，② 而且，除了在错误的类型划分上与德国相同，制度的设置上亦遵守“动机错误原则上不能撤销的原则，只例外地在重要的人身错误或法律行为的动机错误才引致法律行为的可撤销”。③ 所谓表示错误，即表示与效果意思不一致，如K打算以500欧元买戒指，但由于口误他说成了：“我以600欧元购买这枚戒指。”④ 动机错误或瑕疵错误，即对法律行为作出的原因（或为事实上或为法律上）的认识不确切或不认识。例如认为某楼宇层可被划分成15个小公寓，但原来只能划分为10个小公寓，当事人自己的计算错误。⑤ 然而，澳门民法继承《葡萄牙民法典》中关于表示错误与动机错误的划分，然而，它却是以瑕疵错误为主、表示错误为次，可参见上述《澳门民法典》第240条所规定的条文以及第243条“如表示或传达上的错误，以致所表示或传达之意思并符合表意人之真正意思，则第240条至第242条之规定经必

---

① 所谓二元论的分类，即以德国意思表示错误制度为代表，将意思表示划分为动机错误及表示错误，并且通说认为动机错误原则上不能撤销，例外情况下才可撤销。相对应的是一元论，即不区分动机错误及表示错误。参见韩世远：《重大误解解释论纲》，载《中外法学》2017年第3期。

② 葡萄牙民法中的瑕疵错误即动机错误，只是说法或翻译上的不同，澳门特区引用葡萄牙学理，通说上多称呼为瑕疵错误，可参见Carlos Alberto da Mota Pinto：《民法总论》（中译本），林炳辉等译，澳门大学法学院1999年版，第295页。

③ 参见《葡萄牙民法典》第251条及第252条的规定。

④ 参见［德］汉斯·布洛克斯、［德］沃尔夫·迪特里希·瓦尔克：《德国民法总论》（第33版），张艳译，中国人民大学出版社2012年版，第250页。

⑤ 参见［葡］Carlos Alberto da Mota Pinto：《民法总论》（中译本），林炳辉等译，澳门大学法学院1999年版，第295页。

要配合后，亦适用之”的规定。第241条及第242条是对瑕疵错误的效力补充规定，所以，上述规定即表示了表示错误亦是依照瑕疵错误的规定来适用的。《澳门民法典》除了参照了德国民法的动机错误及表示错误划分外，还同样把误算或笔误划分开来。按照《澳门民法典》第244条的规定，当为误算及误写的情况下，从意思表示之内容或其作出时之具体情况所显示之单纯误算或误写，仅导致产生更正该意思表示之权利。何谓误算或误写，即纯粹动作中的失误，如口误或拼写错误。①

现行《澳门民法典》的错误制度，虽有划分瑕疵错误或别称的动机错误，但实际上并没有采纳德国民法中的动机错误原则上不能撤销的设置，相反，是以瑕疵错误作为一般性制度，整个《澳门民法典》意思表示错误构建也围绕其瑕疵错误来建构。《澳门民法典》第240条规定：“一、法律行为之意思表示得因表意人之根本性错误而撤销，只要该错误为受意人可认知之错误或系因其所提供之信息而产生。二、同时符合下列条件之错误为根本性错误：a）错误系涉及对错误表意人之意思起决定性作用之动机，以致错误人如知悉真相，即不会作出有关法律行为，或仅在实质性不同之条件下方作出此行为；b）一般人处于错误表意人之位置时，如知悉真相，即不会作出有关法律行为，或仅在实质性不同之条件下方作出此行为。三、具有一般注意力之人处于受意人之位置，按照有关法律行为之内容及具体情况，以及当事人所处之状况，可察觉有关错误者，此错误视为可认知之错误。四、然而，如表意人已接受有关错误出现之风险，或按照有关具体情况表意人应承担此风险，又或该错误系因表意人之重大过错而造成，则有关法律行为不得宣告为无效或撤销。”第243条规定：“如因表示或其传达上之错误，以致所表示或传达之意思并不符合表意人之真正意思，则第二百四十条至第二百四十二条之规定经作出必要配合后，亦适用之。”第244条规定：“从意思表示之内容或其作出时之具体情况所显示之单纯误算或误写，仅导致产生更正该意思表示之权利。”从上述规定即可知，澳门民法上的意思表示错误以第240条的瑕疵错误为主，表示错误及传达错误为次，因为表示错误是以第240条的规定为参考。

---

① 参见［葡］Carlos Alberto da Mota Pinto：《民法总论》（中译本），林炳辉等译，澳门大学法学院1999年版，第287页。

一、本案并不属于误写的情况

在充分尊重本案判决的前提下，本文发表该案的法律见解。本文认为，对于本案的法律适用上，应运用上述德国及葡萄牙意思表示的分类的方式去处理，先指出本案是否出现了错误，如果有，究竟属于哪一种的错误，是表示错误或是瑕疵错误，抑或仅是属于有笔误的情况。[①] 本案的被告公司在网络上错误显示了有关智能手机的价钱，错把原价 5000 元，打成 500 元。这对于平日，双方平时约定或依普遍交易习惯，不会把一件非常便宜的对象标为天价的情况，或，双方当时约定有一个真正的意思合意的存在（至少为默示性质的），仅在标价时发生笔误或技术故障的情形相似，正如上述更正为纯粹动作中的失误，但意思上是没有不一致或疑问，例如 500 万元错打为 500 元，在该些情节下，双方都有以 500 万元成交的意思，但最后却错写为 500 元了。不过，本案并不属于单纯的误写的情况，本案的被告公司虽然在网络上错误把 5000 元改为 500 元，然而究竟为何意思，或者原来意思究为 5000 元还是 500 元，他人或者网络的购买者根本无法认知，不排除一般购买人真的认为该智能手机是以 500 元卖出的可能，而且，所为更正，按照葡萄牙学理是要求双方皆明显易见的情况，即在实际情况下立约双方都清楚明白有关的写法是误写才成立。[②] 故此，本案不存在误写，故而无法用《澳门民法典》第 244 条的规定，单纯把有关的误写更正。本文不赞同原判决中既肯定了被告公司可以根据上述条文的规定更正，但又限于被告在下午 6 时才更正有关的款项结算而不能更正的观点，在《澳门民法典》中，没有特别规定更正的期限，且亦没有规定行使更正的失效时间，而在相比较的情况，请求撤销法律行为的期限为 1 年，1 年后失效，而更正的权利则不会。故本人不同意裁判中该部分的内容，如果本案的公司的错误属真正的误写，一旦如此认定，则应给予其把 500 元更正为 5000 元的售价的权利，倘如原告不接受有关的价金，而有关退回的 500 元金额应按合同无法成立故返还价金。

---

① 不应同时审理有笔误或表示错误及瑕疵错误。

② Incêncio Galvão Telles：《Manual dos Contratos em Geral》，Fourth edition，Coimbra Editora Press，2010，pp. 202 – 203.

关于《澳门民法典》中的更正，《德国民法典》也有规定，然而，德国民法学说并非直接以笔误或误写来作另外的处理，就笔误或误写的情况，学理上认为仍属《德国民法典》第119第1款的下半段规定“表意人根本无意作出此种内容的意思表示”来撤销有关的意思表示，当然并非每次的误写或笔误皆能撤销，仍要考虑案件的具体状况及对方的信赖是否得到保护来决定是否得以撤销。① 对于《澳门民法典》第244条的更正法律行为的规定并非《澳门民法典》中创制的产物，而是来自《葡萄牙民法典》第249条的规定，有关的行文一样。该条规定，并非赋予表意人撤销有关内容的权利，而是仅更正有关的内容，该规定的“从意思表示之表示之内容或其作出时之具体情况所显示之单纯误算或误写”的解释上，应从严格的角度出发及考虑对方的信赖才可适用，否则易出现滥用的情况。与德国民法典相比，存有该“更正”规定可使在该具体情况更灵活处理，但同时也给予司法人员更大的权力及相应责任去判断是否符合可更正情况。也就如本案情况，不应给予笔误成立的裁定。

二、澳门民法错误制度中的四个要件

本案的被告公司在网络上的表示与其实际欲表示的内含意思产生不一致，公司的内部决定是欲公布每款智能手机的价钱为5000元，预缴价为500元，网络的公布上，清楚载明有关的物品类型、性质及价格。根据《澳门民法典》第211条，法律行为原则上是方式自由的规定，有关的意思表示是在该公司所设立的专属买卖网站中作出，并可以随即收取有关的买卖价金，所以有关意思表示有效，当原告在网络上购买有关的物品并随即以信用卡形式缴付有关的金额时，合同便成立。故本文首先可以确定的是，有关的合同已然成立。然而，该公司的内部真正决定，可透过案例的事实得悉为以5000元价金卖一部案中的智能手机才是其原意。故此，本案存在表示的意思与其内在意思不一致的表示，即表示错误，按照《澳门民法典》第243条的规定，表示错误引用瑕疵错误的规定来适用，换句话说，应引用《澳门民法典》第240条的规定来处理。那这里就先要指出

---

① 参见［德］汉斯·布洛克斯、［德］沃尔夫·迪特里希·瓦尔克：《德国民法总论》（第33版），张艳译，中国人民大学出版社2012年版，第254页。

《澳门民法典》错误的要件，就《澳门民法典》第 240 条的规定，本人可以总结为四个要件，满足该些要件①才可以使法律行为因错误而可撤销。

第一个要件为根本性要件又叫重要性要件：载于《澳门民法典》第 240 条第 1 款：法律行为之意思表示得因表意人之根本性错误而撤销……第 2 款规定：同时符合下列条件之错误为根本性错误：a）错误系涉及对错误表意人之意思起决定性作用之动机，以致错误人如知悉真相，即不会作出有关法律行为，或仅在实质性不同之条件下方作出此行为；b）一般人处于错误表意人之位置时，如知悉真相，即不会作出有关法律行为，或仅在实质性不同之条件下方作出此行为。

第二个要件为可认知性要件：主要见《澳门民法典》第 240 条第 3 款的规定：具有一般注意力之人处于受意人之位置，按照有关法律行为之内容及具体情况，以及当事人所处之状况，可察觉有关错误者，此错误为可认知之错误。

第三个要件为可谅性要件：主要记载在《澳门民法典》第 240 条第 4 款："如表意人已接受有关错误出现之风险，或按照有关具体情况表意人应承担此风险，又或该错误系因表意人之重大过错而做成，则有关法律行为不得宣告为无效或撤销。"

第四个要件为误导性要件：规定在《澳门民法典》第 240 条第 1 款末段："只要该错误为受意人可认知之错误，或系因其所提供之信息而产生。"其为可认知要件的替代要件，换句话说，根本性或重要性要件及可认知性要件是必须满足的要件，而可谅性要件及误导性要件则是择一满足的要件。以上即为澳门民法错误中的四个要件。

三、本案是否符合民法错误的各个要件

表示错误既然以上述四个要件作为要求，则可以检视现在被告的电讯公司能否因此撤销有关的合同。就是否成立第一要件根本性的要件，原审判决认为，本案的合同成立是将导致以低于原价 1/10 的价钱出售 10 部新上市的手提电话，从一般人的角度，尤其是从商人的角度去看，一般的生意人是绝对不会以这种严重亏本的手段经商，故此满足错误的根本性要

---

① 此处忽略了仅在学理上有支持的特有性要件。

件。本人亦赞同判决的上述见解，现在本案所发生的错误在于价钱，现行一般的交易，最重要的部分便是价钱，价钱有着决定性的作用，而价钱的差距足是原价的10倍（根据当时市场价的调查），根据《澳门民法典》第240条第2款，无论是从被告公司一方出发，还是从一般人处于被告公司的位置，当知道表示出现错误，亦不会作出如此的法律行为，故此被告公司在网络上的手机买卖表示错误的根本性是成立的。

就可认知性的判断，法院亦认为成立，并主要以该手提电话的价钱远低于常理，且一般年轻人身在原告的位置亦能知晓被告公司出现错误，因为被告所售出的手提电话的售价没有可能是澳门币500元的。本文亦认为，法院的判决是正确的，但须补充指出，价钱较低并不一定便成立可认知性，尤为网络上购物的时候，在淘宝或网上购物，往往出现低价或特惠价的情况，而某些季节或时段，亦不排除有大特惠的情况出现，故此并非以单一以价钱较低便肯定该种错误属可认知错误，但以被告公司的网站上并无出现所谓大减价的标示看来，一般人是可认知该错误出现的可能。事实上，当天还有多名顾客亦这样在网络上订购了有关的手机，但是皆接受退款或以原价的方式购买，甚至有的表示清楚知道该500元是订金，而不是总价，可知预缴订金这样的购买方法可能是购买该公司新产品的其中之一种方式，这可作为认定被告本次的错误符合可认知性要件的主要理由。而就误导性要件，现在既然是被告在网站上作出有关的买卖表示，故此并不存在由原告误导被告而作出相关低价卖出智能手机的情况。从而被告的表示倘要能撤销还须视乎能否满足可谅性的要件。

对于可谅性要件，原法院认为被告的错误表示未能满足该要件，理由是被告接收了有关错误出现的风险，因为其在当天上午11时便察觉其网站内错误地将订金写成原价的事实，仅在下午6时才作更正，所以倘若被告立即作更正便不会引起本事件。故此，被告在7小时内没有更正可认为被告接受有关错误出现的风险。本人认为，这值得商榷，被告虽然作为本地的电讯专营电讯商，理当谨慎与小心地履行其电讯业务，但对该售卖手提电话上，其与其他的手机销售商或店铺在销售手提电话上并无不同，不知何故要求其负起更谨慎的义务。其在网上销售与其他一般商人一般，并不能因此而要负更多的义务。事实上，判断可谅性要件，主要可归纳为三个基准因素：（1）根据错误表意人的职业、知识及能力的考虑。（2）表意人是否知道有关错误出现的风险。（3）错误是否出自被害人没有慎重的查知。[①] 本案中，被告虽然作为电讯营运商，但在网络上销售手机而言，并不应要求其比一般的电话销售商负更多的义务，而本事件虽说是因为被告没有查清有关的网络上的标价而产生，但是在现今普遍的网上销售中，错误地输入5000或500，是非常可能出现的情形。在本案的网络销售中，对方只需用信用卡直接付款，有关的合同便已经成立，而被告公司根本没有再考虑有关合同条款及内容的余地，亦没有在最后交由公司的人员再进行有关的购买的确认而引致，虽然这在整个网络买卖的流程上确存在设计上的过失或疏忽，但并非《澳门民法典》中所指出的重大过失。裁判书指责被告未能在合理时间内撤销有关行为，并且认为其一直容忍有关的错误多个小时而可视为其接受有关风险。然而，在本案，既然原告（买方）认为真能以如此便宜的价钱买到十部手机，则不论是在合同成立后的半小时或三小时甚至七小时再作出有关错误的通知，对于被告来说亦无论如何也是不满意的，因为原告已经在网上购买及通过信用卡付款了。此外，虽然被告在多个小时后才通知原告发生错误，但是本案有两个重要的因素，是可以将被告的过失减低的。首先，有关的交易是在网络上发生，这是一件网上的买卖案件，而不是面对面的买卖，倘是两人当面接触和联系，毫无疑问地，被告多个小时后才告知原告错误是值得谴责的。但现在是仅靠网络上的简单手续便已成交，故与平日的亲身会见的交易不同，被告的真正察之可能是需要一段时间的，更重要的是，正如被告所述的，有关的被告或表示一方是作为一间有多名员工的大企业，一个简单的网络购买错误交易的察知及到通知决策人作出有关的决定，往往需要多个部门程序及步骤和思考。一般来说，对于一间大企业在网上销售的问题，程序上是经由技术员或后勤人员发现至通知技术部门的更正再请示管理层决策处理，最后再由前线人员通知原告有关的更正，当中存在多个程序及不同人的处理，所以需要一定时间是合理的。故在此难谓被告接受有关错误的风险或有重大过错。所谓风险的接受，并不因被告的企业程序及网络原因导致通知的迟延而成立，故此本案被告应亦符合可谅性要件。总结上述，被告由于同时

---

① 参见张名扬：《澳门民法典中瑕疵错误的可谅性要件分析》，载《澳门法学》2013年第8期。

满足上述三个要件，其可撤销有关的法律行为。

四、原告的请求及被告的答辩应否获接纳

正如上文的分析，由于被告的表示错误符合澳门民法错误理论的要件，故从整体上考虑而言，被告在答辩状中请求撤销有关的法律行为亦应是获得允许的。事实上，立法者考虑错误的问题时，既要尊重合同双方的意思自治，也要指出错误制度要考虑的是对意思自治、法律行为稳定性及信赖保护三方利益的平衡。[①] 现本案所卖的手机差距足是原价的十倍，且在一般的相对人亦已经可察知有关的过失出现，在此情况，对原告信赖的保障便可相对减少，且正如海因·克茨教授曾指出的："大陆法的审判机构因对错误而撤销合同更为慷慨的深一层原因是，对方能够得到普通法所不知道的甜头，因为他可以向因撤销合同致其损失的一方要求取得补偿。"[②] 现在既然本案的原告可以根据缔约过失去追讨有关的信赖利益，或者，正如上述本案的被告愿意以每部200元的现金券去补偿原告，对于原告而言，相信已足够弥补其信赖损失，对被告而言，如果真的要被告去以低于原价1/10的价钱去卖出手机，有关的结果实在过于严苛，故此应判处有关的错误亦成立，被告可依《澳门民法典》第240条的规定去撤销有关的法律行为。以上即为本人对上述案例于《澳门民法典》错误制度适用下的个人法律见解，在此并非指出原判决的不对，只是提出本人认为有争议的问题点。事实上，澳门法院一向的判决皆维持高水平的法律见解，而本案只是本人提出不同的见解。

最后，判决书既然指被告不能撤销有关的法律行为，被告则应负起其履行责任，倘不履行则负其履行利益的赔偿或不履行责任。然而，判决书指出，即使被告无法撤销有关的法律行为，唯原告没有指出其请求赔偿5万元属违约责任还是属于信赖责任，抑或无法以底价购买手提电话而导致损失，或属精神赔偿皆没有指出，故而因为没有证明有关的损失而判决不应接纳。

---

① 参见 Heinrich Ewald Horster:《A Parte Geral Do Codigo Civil Português – Teoria Geral do Direito Civil》, Almedina press, 1992, p. 571.

② 参见［德］海因·克茨：《欧洲合同法（上卷）》，周忠海、李居迁、宫立云译，法律出版社2001年版，第258页。

然而对此判定，原告虽然没有指出有关的赔偿事项谁属，但有其请求的事实及作出有关金钱赔偿的请求。首先，有关的合同既已成立，而原判决书既然认定被告不能撤销有关的法律行为，可知其请求金钱的赔偿乃基于被告没有履行其合同责任，这可从其明确把钱退回原告的信用卡内可得知有关的事实，虽然原告没有指出其请求赔偿的性质，但从案中的事实内容可知原告是笼统地提出对方没有履行交易的义务而赔偿，在本案中是否非要如此严谨地要求原告指出请求的具体性质呢？另外，合同责任不同于侵权责任，原告只需证明有合同存在，无需证明损害内容，损害内容由没有履行合同内容而定。还是判决书可允许原告以与被告公司合同成立及不允许撤销为由再次作出清楚详细的请求呢？故此，本文虽非论述民事诉讼的问题，亦认为案件最后的判决结果存有争议。在本案中，既然裁定合同存在，而又指被告不能撤销该合同，而被告退回订金的做法明显是对有关合同不履行的行为，故此可成立支付赔偿请求的诉因，在合同不履行的情况下，对于有关的损失的举证便不如侵害行为损失那般严谨。

五、总结

透过本案可得知，澳门特区民法中的错误系统中，不论是瑕疵错误及表示错误皆以《澳门民法典》第240条的规定作为依据，而有关的错误要得以成立及影响法律行为的效果，即须满足两个必要要件及一个择一要件，其中两个为根本性要件及可认知性要件，而两个择一要件分别为一误导性要件及可谅性要件，否则，有关的意思表示人不能撤销有关的法律行为。除此之外，澳门特区民法错误架构中的“更正”制度是一个独立存在的制度，无须依照错误撤销，只在纯粹技术性的错误上许表示人更正，但是绝不能以“更正”为名，实质改变法律行为的内容。因为即使是错误要件全部成立的状况下，仍只能是给予撤销或不能撤销两种结果，而不是改变有关的法律行为。所以对于“更正”的运用或成立，应用从严的方式处理，即只在双方都清楚知悉有关的误写或记载是错误的情况下才允许运用，如本案则未能成立“更正”的要件。

最后，我国内地亦有关于意思表示错误的规定，但是在《民法通则》及《民法总则》中皆是以“重大误解”一词来表示的，但两者是否有差异，根据学者们对实务上的考察，重大误解制度的运用，与其他地区的

“错误”制度相比，在规范功能上是相似的。[①]《民法通则》第59条第1款规定：“下列民事行为，一方有权请求人民法院或者仲裁机关予以变更或者撤销：（一）行为人对行为内容有重大误解的；……”《合同法》第54条第（1）项规定：“下列合同，当事人一方有权请求人民法院或者仲裁机构变更或者撤销：（一）因重大误解订立的；……”《民法总则》第147条规定了重大误解制度：“基于重大误解实施的民事法律行为，行为人有权请求人民法院或者仲裁机构予以撤销。”从有关的行文中可看出，除了要求误解的重大性外，并没有如澳门特区民法错误成立要求的诸多要件。关于重大误解成立的构成要件虽然明文规定上未详细列出，但学者们加上很多学说去补充说明有关的要件，总结学者们的学说，重大误解构成要件为：第一个要件为意思与表示不一致。这是来自于德国学理上的理解，通说认为错误值得重视的是意思与表示的不一致，而并非动机错误，这成为德国错误学说的主流意见。而日本民法学说则划分一元论及二元论，二元论即动机错误及表示错误并将动机错误原则上排除可撤销的情况，一元论，即指其错误可撤销的规定不仅包括表示错误，即使动机错误在一定条件下仍能获得救济。[②] 而一元论及二元论的理论亦在我国内地受到广泛讨论，但普遍来说，我国内地学理及实务司法裁判上，较多主张二元论，即动机错误原则上不被获重视。[③] 第二个要件为错误在主观和客观上均具有重大性。第三个要件为表意人不知其意思与表示不一致。第四个要件为错误存在于意思表示成立时。而有两个要件是有争议性较强的：一是主要为考虑表意人有没有过失，该要件属于消极要件。有学者认为，倘表意人有过失或重大过失，则重大误解不应成立。[④] 但亦有学者指出，虽然其他国家或地区的立法例要求当表意人有过失或重大过失时无撤销权，但自《民法通则》至《合同法》到《民法总则》皆没有采纳这种规定，显然是不要求表意人的重大误解成立必须为无过失，倘表意人有过失，于撤

---

① 参见陈甦主编：《民法总则评注》（下册），法律出版社2017年版，第1051页。

② 参见张凯鑫：《论错误——关于区分动机错误、性质错误内容错误之检讨》，载《东海大学法学研究》2014年第43期。

③ 参见李宇：《民法总则要义——规范释论与判解集注》，法律出版社2017年版，第545页。

④ 参见陈甦主编：《民法总则评注》（下册），法律出版社2017年版，第1051页。

销其意思表示后相对人得依《民法总则》第 157 条向相对人承担损害赔偿责任。[①] 所以该要件在学说上仍有争议。二是重大误解的成立是否取决相对人的参与。这种相对人参与的要件可理解成三个方面：第一，相对人是否知道有关的错误存在而没有告知对方。有学者认为，我国《民法总则》第 149 条的规定应该包含这个要件的要求，当然主流意见是不同意需要有关要件的，因为法例对此没有作出规定。第二，在相对人提供信息引致错误的情况下，由于错误是因对方的信息所引起，自然也不需要特别保护对方的信赖。第三，双方共同错误。该要件要求出现相对人在参与有关法律行为时出现上述三种情况才可以撤销有关法律行为。对于我国两个有争议的要件，与上述提及的《澳门民法典》可谅性要件、误导性要件及可认知性要件的内涵是相通的，先不论《民法总则》关于重大误解是否要求该三个要件，但是可见该三个要件的内容亦非常受我国内地民法学者的重视。

实际上《澳门民法典》的四个要件体现着世界现今有关民法上错误制度立法的潮流，该法典关于错误的规定已脱离原先参照自《德国民法典》的《葡萄牙民法典》，《澳门民法典》于 1999 年生效，当中关于错误的规范的构建很可能参考了当时《欧洲合同法通则》第 4：103 条，皆因该文本与现行《澳门民法典》的四个要件的内容几乎相同。同样的，《澳门民法典》没有参照《德国民法典》以动机错误原则上不能撤销的理论。相反，虽然《澳门民法典》有划分动机错误（即瑕疵错误）及表示错误，但是不论是动机错误或表示错误，只要满足上文提及的四个要件则同样可以撤销，换句话说，《澳门民法典》虽有二元论的外表，但内涵却是一元论的，可以说是《澳门民法典》的特色之处。而《澳门民法典》的四个要件及不限制动机错误原则上不能撤销法律行为的规定是符合现行世界上民法错误的立法潮流的。

意思表示错误为民法中非常值得讨论的课题，而我国内地亦正有关于重大误解构成要件的争议。本文透过上述简单的案例，简述我国澳门特区的民法中意思表示错误的四个要件，目的是为我国内地学者在错误理论的研究上提供多一个可供参考的制度资料。判

（本文仅代表作者个人观点）

---

① 参见李宇：《民法总则要义——规范释论与判解集注》，法律出版社 2017 年版，第 545 页。

超出专利法定保护期限收费许可协议的效力分析*

谢　蔚** 彭浏宇***

案情概要

1. Brulotte v. Thys Co. 案

Thys 公司是一种啤酒花自动采摘机的专利权人，其将专利产品转让给 Brulotte，以此来获得一定的报酬，并为其发放使用该机器的许可证。在该许可证期限内，Brulotte 在每个啤酒花收获季节或需支付 500 美元的专利许可使用费，或者需从每 200 磅通过该专利机器收获的干啤酒花中支付 3.33 美元的专利许可使用费，最终费用以金额较高者为准。许可条款中约定许可证不得被转让，专利机器产品也不得从 Yakima 地区移走。Brulotte 获得的许可证中也列出了与啤酒花自动采摘机有关的 12 项专利，但是仅仅只有 7 项专利与供其使用的专利机器产品相关。而这 7 项专利在 1957 年或之前已经全部超过

* 本文系国家社会科学基金项目“个人信息保护视阈下欧盟数据可携权研究”的阶段性成果（项目编号：18CFX078）。

** 湘潭大学法学院·知识产权学院讲师、罗马第一大学法学博士。

*** 湘潭大学法学院·知识产权学院“法治湖南建设与区域社会治理”2011 协同创新中心研究人员。

专利保护期。但是被告签发的收取许可使用费条款仍然继续有效。Brulotte以 Thys 滥用专利权为由，拒绝支付在此之前和超过专利保护期限的专利许可使用费。

2. Kimble v. Marvel Enters 案

发明者 Stephen Kimble 在 1990 年获得一项保护其玩具的专利。该种玩具可以佩戴在手上并喷射出像“蜘蛛侠”电影中相似的蜘蛛网。[①] 为了转让其专利使用权，Kimble 会见了 Marvel 公司前任的总裁，讨论了专利玩具的营销策略。不久之后，在没有给予 Kimble 报酬的情况下，Marvel 公司开始销售“Web Blaster”玩具——一种和 Kimble 的发明专利相似的玩具，可以通过使用聚酯手套和泡沫罐来模仿蜘蛛侠从手中喷射蜘蛛网的动作。Kimble 于 1997 年起诉 Marvel，指控专利侵权等。双方最终通过协商和解了这场诉讼，协议约定 Marvel 公司同意以支付未来销售额 3% 的许可费为条件，购买 Stephen Kimble 的“蜘蛛侠”玩具专利。双方没有确定专利许可使用费的结束日期。随后，Marvel 偶然发现有利于其的先前判例（即 Brulotte v. Thys Co. 案），遂在 2010 年以此由拒绝执行与 Kimble 的合同约定。[②]

裁判要旨

1. Brulotte v. Thys Co. 案

初审法院作出了有利于被告的判决，华盛顿最高法院维持原判。[③] 后又进入复审阶段。[④] 复审法院认为必须推翻该判决，因为其允许专利权人收取专利到期后的专利许可使用费，而根据美国宪法的相关规定，国会需在有限的时间内确保发明者对其发明所享有的专利权保护，《美国专利法》第 154 条也对以上问题进行了相关规定。[⑤] 正如美国首席大法官 Stone 在判决书中所说：“在专利保护期限届满后，专利权人任何保留或持续垄断专

① U. S. Patent No. 5, 072, 856.

② See 379 U. S. , at 32, 85 S. Ct. 176.

③ 62 Wash. 2d 284, 382 P. 2d 271.

④ 376 U. S. 905, 84 S. Ct. 666, 11 L. ed. 2d 605.

⑤ 35 U. S. C. s 154.

利权的做法，无论采用何种法律手段，都是与专利法的政策和宗旨相违背的。”① 复审法院最终推翻了原判决，认定超期的收费协议无效。

2. Kimble v. Marvel Enters 案

Marvel 公司以 Brulotte v. Thys Co. 案的判决为依据，请求联邦地区法院以宣告性裁决确定在 Kimble 专利保护期限届满后，该公司可以停止继续支付专利许可使用费。法院支持了这一判例原则。而后，Kimble 将本案上诉至美国联邦最高法院，并请求后者推翻 Brulotte 案所确立的规则。

美国联邦最高法院认为，专利保护期通常是自申请之日起 20 年；保护期限届满后，不受限制地使用该专利技术的权利将传递到公有领域。法院谨慎地维护专利保护期限制度，拒绝执行限制公众自由获取保护期限届满专利技术的法律和合同。Brulotte 将这一原则应用于一项专利许可费到期后产生使用费的专利许可协议。专利保护期限届满后继续收取专利许可使用费条款本身是“非法的”，因为这样的约定使得专利处于持续被保护的状态。这样做会与专利法关于专利保护期限届满后专利技术进入公有领域的规定相冲突。“Brulotte 规则”可能会阻止某些当事人达成他们希望达成的交易，但当事人通常可以找到实现类似结果的方法。例如，Brulotte 案允许当事人自由推迟支付专利到期前使用的费用，以非专利权的形式支付许可使用费，或者作出非专利许可使用费基础上的商业安排。但是，Kimble 坚持认为这些替代方案还不够，他要求本法院放弃 Brulotte 案中的“亮线规则”②，而采用基于反垄断法“合理原则”③ 的个案处理方法。

在判例法国家，推翻先例总是需要特殊的理由，需要一个强有力的理

---

① Scott Paper Co. v. Marcalus Mfg. Co., 326 U. S. 249, 256, 66 S. Ct. 101, 104, 90 L. Ed. 47.

② 亮线规则（bright line rule），又称亮线测试（bright line test），是美国明确定义的规则或标准，由客观因素组成，几乎没有留下多余空间进行不同的解释。亮线法则的目的是在其应用中产生可预测的和一致的结果。

③ 合理原则（the rule of reason），是用来解释谢尔曼反托拉斯法的一个法律原则，谢尔曼反托拉斯法是美国反托拉斯法的基石之一。虽然某些行为，如价格垄断本身被认为是非法的，但其他一些行为，必须根据理性的规则加以分析，只有在其效果是对贸易的不合理限制时才被认为是非法的。

论支撑才能推翻 Brulotte 案。[①] 但是，在本案中，美国联邦最高法院认为，传统上对放弃遵循先例的做法的辩护显然不适合 Kimble 案的该种情况。首先，Brulotte 案的理论基础并没有随着时间的推移而削弱。在 Brulotte 案有争议的专利法规基本上没有变化。宣判 Brulotte 案的法院所依据的先例，与执行专利截止日期的其他判例一样，仍然是有效的判例。Brulotte 案与整个判例体系有密切的关系，这意味着推翻该判决可能威胁到其他生效判决。其次，推翻 Brulotte 案的任何理由都被证明是行不通的。[②] 相反，Brulotte 案的判决很容易适用，特别是与 Kimble 提议的替代办法相比，后者可能会产生高昂的诉讼费用和不可预测的结果。最终，美国联邦最高法院判决认为："我们可以决定做什么，我们也可以决定不做。但是，遵循先例要求我们应该谨慎地使用这种权威。[③] 我们可以发现很多坚持遵循先例的理由，而且我们也没有'特殊理由'去放弃这一做法。对 Kimble 请求否决 Brulotte 案的做法，我们不予支持。"

评析

附期限性（也即时间性）是专利权区别于以物权为代表的传统财产权利的突出特点。按照目前主流的观点，专利权保护发明创造的最终目的是鼓励创新促进社会经济发展，而并非奖励发明人。[④] 而诚如著名发明家牛顿所言："如果说我比别人看得更远些，那是因为我站在巨人的肩膀上。"对发明创造提供不附期限的保护，难免会阻碍创新发展，有违专利权制度构建的初衷。是以，各国专利立法皆对专利权的保护附加了明确的限制。我国《专利法》第 42 条也规定，发明专利权的保护期限为 20 年，实用新型专利权和外观设计专利权的保护期限为 10 年，均自申请之日起计算。据此，保护期限届满之后，专利技术将会进入公有领域，不再受专利法的保护，任何人均可对该技术方案予以利用。

专利许可是专利技术价值实现的常见方式，也是专利权利内容的重要

---

① *Halliburton Co. v. Erica P. John Fund, Inc.*, 573 U.S., 134 S. Ct. 2398, 2407, 189 L. Ed. 2d 339.

② See *Patterson*, 491 U.S., at 173, 109 S. Ct. 2363.

③ Cf. S. Lee and S. Ditko, Amazing Fantasy No. 15: "Spider-Man," p. 13 (1962).

④ 王迁：《知识产权法教程》，中国人民大学出版社 2016 年版，第 348 页。

组成部分。据常理，专利人的专利许可权亦应受专利权的期限限制自不待言。我国《合同法》第344条亦规定，专利实施许可合同只在该专利权的存续期间内有效。专利权有效期限届满或者专利权被宣布无效的，专利权人不得就该专利与他人订立专利实施许可合同。然而，以既有的商业实践来看，作为专利许可合同的主要内容，专利许可费却在合同双方的约定中确实有逾越专利法关于权利期限限制的情形。依现有规则分析，对此抱以否定态度似无不可。然虑及商业实践中多元化交易安排以及契约法内意思自治核心立场，断然禁绝当事人此类协议安排却又难免过于武断。如何协调“权利法定”与“契约自由”二者关系，在法律适用层面对既有以及将来可能出现的产业实践给予充分的尊重，成为专利许可制度发展中无法回避的问题。对此，前述二则发生在美国的判例，虽依然保持否定性的态度和立场，但其裁判中所折射出的某些思路和态度却颇具借鉴意义。

一、专利权时间性的再分析

在Kimble案中，美国联邦最高法院坚持认为推翻Brulotte案需要更加强大的理由和理论支撑，应该坚持遵循先例原则。但美国联邦最高法院的大法官Alito对此持反对意见。Alito法官认为法院引用遵循先例原则，通常是一种限制手段，来重申一个明显的司法越权案例。Brulotte案的判决指明，当事人不得订立专利期满后继续支付专利许可使用费的专利许可协议。该规定不是以专利法相关条款的解释规则为基础。相反，它是建立在一个已经被揭穿的经济学理论基础之上的。这样的判决会妨碍专利权人实现其专利的真正价值，并破坏了合同当事人的可期待利益。遵循先例并不要求我们保留这种毫无根据和破坏性的先例。《美国专利法》规定，专利法授予专利权人和其继承人或受让人20年的某些排他性权利。① 专利法中未曾提到过期后的许可费问题。但是，在Brulotte案中，法院认为，这种特许权使用费本身是非法的。法院并未以美国专利法的语言寻求对这种观点的支持。相反，该法院认为允许到期后继续收取专利许可使用费将会导致自由市场的有效期可视化。② 是以，依循Alito法官的观点，欲对专利逾

---

① 35 U. S. C. § §154 (a) (1) and (2).

② 379 U. S., at 32 - 33, 85 S. Ct. 176.

期收费协议的效力问题形成更具说服力的判断，对专利权时间性特点分析应是不可回避的议题。

（一）专利权时间性的规范内涵

就此，我国现行《专利法》的规定略显单薄。根据该法的规定，发明专利权的期限为20年，实用新型专利权和外观设计专利权的期限为10年，均自申请日起计算。环顾域外，在英、美、法、德等国的专利立法以及相关国际条约中，关于专利权期限的规范表述亦大致如是。譬如《欧洲专利公约》第63条规定，欧洲专利权的期限：（1）欧洲专利权的期限为20年，自申请日起算。（2）第一款并不限制缔约国按照适用于本国专利的同样条件。为了考虑影响该国的战争状态或类似的紧急状态，而延长欧洲专利权期限的权利。相关法律规范的文义所及仅限在时间范围的划定，至于期限届满后，权利状态为何，可否再做交易上的其他安排等，并不当然落于其语义的涵摄范围。

至于就此“一旦超过法律规定的有效期限，这一权利就自行消灭，相关知识产品即成为整个社会的共同财富”的解读,[①] 也只是学者基于专利权独占性（垄断性）特点,[②] 即“专利权是国家根据发明人或设计人的申请，以向社会公开发明创造的内容，以及发明创造对社会具有符合法律规定的利益为前提，根据法定程序在一定期限内授予发明人或设计人的一种排他性权利”,[③] 而合理推演出的结果。亦即如上述Alito法官所言，专利法关于专利权保护期限的规定，仅是明确了专利权主体在特定期限内排他性实施专利技术的权利而已，即便据此反向推理，所得出的合理结论亦应当仅是期限届满后，该项垄断性权利的消失而已。至于，“禁止继续就此收取许可使用费”的断言，确实难以在既有的文义范围内找到直接而有力的理由支撑。甚至，在部分学者看来，“在知识产权的保护期限消灭之后，权利人仍可以行使这

① 吴汉东主编：《知识产权法》，北京大学出版社2000年版，第9页。

② 《专利法》第11条规定：“发明和实用新型专利权被授予后，除本法另有规定的以外，任何单位或者个人未经专利权人许可，都不得实施其专利，即不得以生产经营为目的制造、使用、许诺销售、销售、进口其专利产品，或者使用其专利方法以及使用、许诺销售、销售、进口依照该专利方法直接获得的产品。”

③ 王迁：《知识产权法教程》，中国人民大学出版社2016年版，第267页。

种'权利'，只不过不再拥有独占性的权利，社会上的其他人也可以行使罢了。也就是说，知识产权的保护期限的消灭并不是消灭权利本身，只不过是对权利保护的消灭。"① 而从修辞规范的角度来讲，不对某项权利给予保护（特别是排他性的保护），与不允许相关主体就该项权利作出交易和利用安排，二者恐怕难以令人简单地作出等同而论的理解。

（二）专利权时间性的价值基础

时间性并非知识产权基于其权利客体而当然具备的本质属性。② 对专利权保护期限限制的设置是立法者基于利益平衡而作出的制度选择。③ "建立知识产权的目的在于采取特别的法律手段调整因知识产品创造或使用而产生的社会关系，这一制度既要促进文化知识的广泛传播，又要注重保护知识产品创造者的合法利益，协调知识产权专有性与知识产品社会性之间的矛盾。知识产权时间限制的规定，反映了建立知识产权法律制度的社会需要。"④

按照当前普获接受的观点，专利权通过赋予权利主体一定时间内对其专利技术独具有垄断特权并可许可给他人使用，收取一定的许可使用费，以此来达到鼓励发明人持续创造并公开其科技成果，为社会的科技发展造福的效果；同时，对该项垄断权利加以一定时间上的限制，以推动专利技术最终进入公有领域为后人所有，更大限度地促进科技进步。由此来看，如果说专利权的赋予较大程度上关注权利主体个人私利的话，那么，关于其权利保护期限的限制，则实际扎根于社会公共利益的宏大命题中，肩负着以使鼓励创新和鼓励传播与使用之间保持最佳利益平衡，最终实现"消费者福利最大化、信息和思想的丰富、丰富的艺术传统、分配正义、符号民主、社交活动、尊重知识产权"等理想社会规划价值的重大使命。⑤

---

① 陈飞峰：《知识产权的保护期限不属于排斥期间——对知识产权时间性的再思考》，载《湖北行政学院学报》2007年第3期。

② 参见程啸：《知识产权法若干基本问题之反思》，载《中国人民大学学报》2001年第1期。

③ 曲博：《再论知识产权的特点》，载《长春理工大学学报（社会科学版）》2008年第5期。

④ 吴汉东主编：《知识产权法》，北京大学出版社2000年版，第9页。

⑤ ［美］威廉·费歇尔：《知识产权的理论》，黄海峰译，载刘春田主编：《中国知识产权评论（第一卷）》，商务印书馆2002年版，第35页。

而专利权时间性实现此种价值的方式，就其规范效果来看，主要即是对社会公众（不确定主体）的“赋权”：解除《专利法》第 11 条对专利权主体以外的单位和个人获取和使用专利技术上的限制，授以其可以不再需要以获得专利权人的许可为前提，营利性地使用专利技术的权利。而作为被授权的主体，专利使用者究竟是否出于某种特殊目的的考虑依然选择征求原权利人的许可并选择对后者支付对价后才使用相关专利技术，则不应属于上述价值目标下，专利权保护期限规则考虑的范畴。

二、契约自由与正义的限度

值得注意的是，不论是前述美国法院的判例抑或是我国《合同法》第 344 条的规定，对于超出专利保护期限的收费许可协议皆抱以十分消极的态度，将“无效”作为此类的合同最终结局。由此，对该问题的讨论不免涉及契约法理论中至为宏大和艰深的命题：契约自由与契约正义。

（一）契约自由：无效合同认定标准的坚守

德国学者海因克茨曾言：“私法最重要的特点莫过于个人自治或其自我发展的权利。”契约自由是一种灵活的工具，其自身不断自我调节，它是自由经济市场不可或缺的特征，使私人企业成为可能，鼓励人们负责任地建立经济关系，因此，契约自由在整个私法领域具有不可估量的作用。[①]而作为现代合同法中的基本原则，契约自由，按照王利明教授的观点，首先应当表现为当事人的合意具有法律效力。[②] 亦即，除非有特别的理由，法律不应断然否定合同双方合意所具有的法律效力。

当然，作为现代法治国家的应有之义，契约自由自然并非意味着完全摆脱国家对其的干预。合同无效制度反映的即是国家对私法的干预程度，契约自由的范围依据。只有在不违背法律的强制性规定时，契约自由内容才能得到法律上的认可。《合同法》第 52 条规定的无效情形，多为合同的约定已经损害到国家、社会或者第三人之利益，其已经不属于自治之范围，当事人不能对合同效力作出有效的决定，法律必须采取否定的态度。

---

① 转引自李永军：《从契约自由原则的基础看其在现代合同法上的地位》，载《比较法研究》2002 年第 4 期。

② 王利明：《合同法研究（一）》，中国人民大学出版社 2002 年版，第 141 页。

故契约自由界限所在，在于其自治范围不可涉及第三方之利益。在不损害国家、社会以及第三方利益的基础下，最大限度地遵从自治之要求。

就超出保护期限的专利许可收费合同而言，纵然，专利权保护期限的制度设置具有明显的维护公共利益的旨趣，但是，通过对专利权人排他性权利的否认和对公众自由使用专利技术的授权，此番用意即已实际表现圆满。在此规范语境下，当事人基于其自身意志究竟作出何种交易选择，属其意思自由范畴，国家立法和司法实无需“冠上加冠”，对当事人的交易安排作出过多的干预。

（二）契约正义：基于公平原则的必要矫正

部分学者在对《合同法》第344条作出解读时曾指出，专利实施许可合同的订立是以专利权有效存续为前提的，在专利实施许可合同有效期内保证专利权持续有效是专利权人默示或明示的义务。① 专利实施许可合同只在专利有效期内有效，因为一旦专利权被宣布无效或有效期届满，转让人对该“专利技术”已不再享有专利权，合同自无存在之必要。② 此类观点在以强调“对价”“约因”为核心的英美早期契约法理论中，或许可兹作否定超出保护期限的专利许可收费合同效力的理由。毕竟，在英国人看来，对价是一个程序性要件，它表明违约损害赔偿诉权这种诉讼赖以成立的各种条件以及那些仅能通过这种诉讼而被强制执行的效力赖以确立的先决条件。③ 而在超出保护期限专利许可收费合同中，因专利权人已经失去对专利技术排他性使用权，其所倚仗作为收费的对价形式上即处于阙如的状态。但是，包括我国在内的大陆法系国家，合意是理性的反映，表明人类有天赋的自由，凭自己的理性意愿便可以建立契约关系。④ 对价并非合同效力的必备要件，而更多牵涉的是契约正义的问题。⑤ 正如李永军教授

---

① 董美根：《专利许可合同若干问题研究》，载《电子知识产权》2009年第10期。

② 江平主编：《中华人民共和国合同法精解》，中国政法大学出版社1999年版，第285～286页。

③ ［美］科宾：《科宾论合同》，王卫国等译，中国大百科全书出版社1997年版，第216页。

④ 王延川：《英国对价制度的历史变迁与当代价值》，载《河南大学学报（社会科学版）》2011年第4期。

⑤ 参见王利明：《合同法研究（一）》，中国人民大学出版社2002年版，第182页。

所言："当事人有自主决定契约内容的自由，即使当事人所订立的契约有严重的不公正和不平等，如果确系当事人自愿接受而不是出于胁迫等因素，他人也不能改变。"①

不可否认，在超出保护期限的专利许可收费合同中，对价的阙如难免会对合同的效力产生一定的影响。毕竟，"合同正义原则的表现之一是，给付与对待给付之间具有等值性。"② 当专利权人在专利有效期内利用其技术优势，以欺诈、强迫或者其他方式，促使专利使用人在意志不自由的情况下同意就超出保护期限的专利使用支付费用时，其所签订的明显不公平的收费许可协议便有可能落入《合同法》第 54 条调整的范围，成为一种可变更、可撤销的合同。然而，合同可变更、可撤销的命运并非意味着当然无效，按照合同法的规定，其最后结局如何仍待合同相对方的抉择。而且，专利保护期限的届满也并非意味着对价实际缺失和合同的显失公平。譬如，出于分化专利人使用费负担的考虑，专利权人可以在专利有效期内，在明确告知专利保护期限的情况下，经过平等协商，约定将原本应当在专利有效期内缴纳的许可费用，延长、分摊至有效期届满后一段时间内缴纳，以减轻专利使用者单位时间内使用费负担。在此种合同安排下，其实专利许可收费合同的对价并没有消失或失衡，机械地以专利有效期届满为由便否定此类合同的效力无疑抹杀了技术市场中多种交易安排的可能性，客观上增加了专利使用人的负担，实为不可取。

三、对我国制度实践的启示

由于专利制度较美国等国家来说起步较晚、发展较慢，在我国相关司法实践当中，该类型的案件还较为少见。对于我国司法实践中专利保护期限届满后许可收费协议的效力认定，主要体现在 2017 年孟庆云诉香河县气管炎哮喘医院一案中，原告孟某与被告某县气管炎哮喘医院签订和解协议约定被告每月向原告支付专利使用费若干，许可被告使用原告的四项专利技术，时间截至 2024 年 2 月 4 日止。但涉案专利申请日均为 2001 年 2 月 19 日，即其专利权期限至 2021 年 2 月 18 日为止。对此，河北省高级人民

---

① 李永军：《合同法》（第四版），中国人民大学出版社 2016 年版，第 62 页。

② 崔建远：《合同法》（第四版），法律出版社 2007 年版，第 20 页。

法院判决超期限的收费约定属于计算错误，按和解协议约定专利使用费分期履行，最后一期履行期限至专利保护期限结束。[①] 此种司法处理方式虽体现出以 Kimble 案和 Brulotte 案判例为代表的域外司法实践的高度一致性，但其是否完全妥当并且具有普遍的指导意义尚值商榷。

在美国，针对 Kimble 案和 Brulotte 案判例的反对声音其实一直存在，实践中，例外性司法判例也不乏其见。譬如，在 Zenith Radio v. Hazeltine Research Inc. 案的审判中，一个按总销售百分比来计算许可费的条款，如果是出于双方当事人之间的便利而非专利力量的强令所为，则其并非是专利权的滥用。[②] 当然，此种例外规则目前多适用于专利打包许可的案件中，例如，在 Hull v. Brunswick Corp. 案中，许可协议也要求支付使用费一直到一组专利中的最后一个过期为止，在此期间只是在被许可方使用了一个或多个未过期专利的情况下才要求其支付使用费，该协议也没有被判滥用专利权。[③]

因此，诚如徐国栋教授对正义的法律含义的解读那样，正义首先是一种分配方式，无论是利益或不利益，如果其分配方式是正当的，能使分配的参与者各得其所，它就是正义的。[④] 而又如法律格言所指：契约即公正。双方当事人自由缔结的契约即为公正这一理念的深入人心，使得人们将契约自由奉为神圣。[⑤] 对于超出保护期限的专利许可收费协议的效力问题，立法和司法实践中较为可取的方式或许并非机械地以专利保护期限为标准，全然否定此类合同的效力，而更多地关注契约双方的真实意思表示内容和此类合同中双方的利益平衡问题。为维护专利权人的利益也为促进技术应用和研发市场的发展提供更为宽松的制度环境和更多元化的交易选择。判

（本文仅代表作者个人观点）

---

① 河北省石家庄市中级人民法院（2017）冀01民初237号民事判决书。

② Zenith Radio v. Hazeltine Research Inc. , 395 U. S. 100, 136 – 138 (1969).

③ Hull v. Brunswick Corp, 704 F. 2d 1195 (10th Cir. 1983).

④ 徐国栋：《民法基本原则解释——成文法局限性之克服》，中国政法大学出版社2001年版，第326页。

⑤ 李永军：《合同法》（第四版），中国人民大学出版社2016年版，第22页。

民法典分则的体系思考与实务论争*

阙梓冰**

2019年7月25日，由中国人民大学民商事法律科学研究中心、人民法院出版社联合主办，河南大学法学院承办的第十六届“法官与学者对话”论坛暨“民法典各分编（草案）中的主要问题”研讨会在河南省开封市圆满召开。来自中国人民大学、清华大学、中国政法大学、北京航空航天大学、西南政法大学、华东政法大学等多家高校的专家学者，以及来自最高人民法院、江苏省高级人民法院、河南省高级人民法院、中国应用法学研究所等各级人民法院和司法研究机构的法官代表出席了本次论坛，多家主流媒体对论坛进行了报道。

论坛以民法典各分编（草案）为基础，就民法典分则编纂中的重点问题进行探讨，共分为三个部分：第一部分为开幕式，该部分由中国人民大学民商事法律科学研究中心主任姚辉教授主持，河南省高级人民法院郭保振副院长、河南大学孙君健副校长、中国人民大学法学

* 本文是中国人民大学2019年度拔尖创新人才培育资助计划成果。

** 中国人民大学法学院博士研究生。

院杨立新教授、人民法院出版社林志农副总编辑、中国人民大学法学院王轶院长先后致开幕词；第二部分为主题发言，来自理论与实务部门的报告人围绕论坛主题各抒己见，为民法典分则编纂建言献策；会议第三部分是闭幕式，由人民法院出版社理论部兰丽专副主任主持，姚辉教授以及本届与下届论坛承办方代表分别致闭幕辞。现选取论坛核心观点，摘录如下。

一、合同编的体例结构与争议问题

（一）合同法的现代化与立法体系

按照中央编纂民法典“两步走”的策略，在民法总则立法时“提取公因式”作业就已完成，对于民法典分则编纂而言，其主要任务是以现有规定为基础进行整合，以形成良好的内在与外在体系。

1999年施行的《合同法》成效有目共睹，合同编修订具备坚实基础，然现代交易日新月异，商业创新总会诘问滞后的法律规则，无论是国内法还是国际公约，都面临着交易规则如何回应快速交易的挑战，这亦是我国合同编编纂的重要使命。对于合同法的现代化问题，清华大学法学院韩世远教授指出，“现代化”意味着与时俱进，合同编除应保证篇章体例的外在逻辑融贯外，也应考量法典所追求的价值、所蕴含的精神以及所展示的脉络，以做到“内外双修”。同时，相较于民法典的其他篇章，合同编中的共通性规则与特色规则占比尤多，注重法的共通性与独特性的有机结合，保证合同法既能面向世界又能解决中国问题，亦是合同编立法时亟需考虑的问题。另外，最高人民法院发布的相关司法解释、指导性案例和公报案例，对合同法制的发展具有重大意义，合同编立法应对成熟经验加以借鉴。

中国人民大学法学院石佳友教授同样认为，在全球化时代，各国的相互依存性不断加强，没有任何一个国家能够“遗世而独立”。作为调整交易关系的基本法，合同法的强行性色彩较弱而任意法特质突出，在国际贸易中得以任由当事人选择适用，故设计出具有国际吸引力的规则是合同编立法的重要方向。此外，石佳友教授还针对现有合同编的规则体系提出了诸多完善建议。诸如，在外在体例排布上，《民法总则》已经对绿色原则进行了明确规定，再在合同编中加入便构成重复，建议删除。合同编草案目前缺少关于让与担保的规定，司法实践已经肯定了让与担保的效力，合同编可以进行适当回应。关于无权处分的合同效力，草案吸收了司法解释关于无权处分合同有效的规定，但将之成文化，不仅会改变无权处分应属效力待定的既有规则，还会导致善意取得制度被实际架空，造成价值目标的冲突，建议删除该规定。

中国计量大学陶丽琴教授则关注到合同编（草案）与其他特别法的衔接问题，如《合同编（草案）》（二次审议稿）第302条第2款第1项沿袭了《合同法》中的“标准援用规则”，但与新近施行的《标准化法》在立法理念、立法宗旨以及标准化原理方面存在冲突，使得一般法和特别法的内在体系相互抵牾，造成适用困难。类似条款不胜枚举，民法典编纂仍需在体系融贯方面多加努力，以便为合同当事人及法官在解决纠纷时的自由裁量提供参考，同时与国际公约和国际惯例的相关规则保持一致，推进合同法的现代化。

中国人民大学民商事法律科学研究中心主任姚辉教授和最高人民法院研究室陈现杰副巡视员在点评中指出，主题发言人关注的问题都聚焦于真正的中国问题，学者精妙论道与法官实践智慧的巧妙结合，有助于为民法典编纂以及司法裁判提供助益。

（二）合同法适用中的司法论争

1. 疑难案件中的合同效力认定

在涉合同纠纷中，对合同效力的认定是最为基础但又颇具难度的一项工作，虽然现行《民法总则》《合同法》以及其他法律和司法解释对合同的效力认定作出了规定，但瞬息万变的实践仍对现行制度进行了诸多拷问。

未取得预售许可证明的商品房预售合同效力认定便是典型适例。陕西省西安市人民法院杜豫苏副院长和王西平法官以前近审理的某商品房预售合同纠纷案为例进行介绍，在该案中，开发商在未取得商品房预售许可的情况下与购房人签订了商品房预售合同，购房人已经付清全部购房款，但未办理变更登记。后开发商起诉要求认定预售合同无效，原因是《最高人民法院关于审理商品房买卖合同纠纷案件适用法律若干问题的解释》第2条规定出卖人未取得商品房预售许可证明时与买受人订立的商品房预售合同无效。但法院认为开发商如此不正当阻止条件成就的行为具有明显恶意，违背了诚实信用原则，故判定商品房预售合同有效。该案判决进行法律续造的做法也引发了与会者的热议，支持者普遍认为法院的做法兼顾了公平正义，防止了违法者的不当获利；反对者则提出，本案虽有良好结局，但其论证仍缺乏教义学支撑，在说理方面有待加强。中国人民大学法学院院长王轶教授前近也专门撰文指出，开发商未取得预售许可证就订立商品房预售合同的，属于违反了管理性强制性规定的合同，其效力不受违法性影响，在立法论上，司法解释第2条的规定有进行调整的必要。

2. 行政条款对合同效力的影响

《合同编（草案）》（二次审议稿）中总则和分则部分均有多条涉及行政审批与合同效力关系的规定，而民法和行政法交叉的问题，一贯也是实务处理中的复杂问题。草案很大程度是延续了《合同法》的规定，在放管服的背景下，上述条款是否仍有必要存续引发了关注。郑州大学法学院申惠文副教授便认为，在《公司法》等法律和一些行政法规已经修改的情况下，草案关于不得以超越经营范围认定相应合同无效、关于租赁合同未履行备案登记不影响合同效力等条款，都没有必要存在，因为根据特别法已经可以得出这样的结论。特定留白的方式，还有助于上述事项交由当事人自主决定和法官自由裁量。姚辉教授也赞同此种意见，认为妥善处理好私法自治与行政管制的界限，能够有效地激发市场经济的活力。

3. 违约金的司法酌减难题

约定违约金的调整，一向是困扰司法实践的老大难问题。在民商合一体例下，《合同法》第114条的规定一直遭到批评，批评者指出，商事主体作为违约金债务人时具有特殊性，因为在商事交易中，不仅商事主体通常具备较丰富的交易经验和风险识别能力，而且债权人往往容易遭受可得利益损失，该种损失计算十分复杂，故事前约定违约金成为其控制风险的一种方式，有利于促进交易，维护交易安全。因此，对于商事领域的违约金原则上不应酌减。《合同编（草案）》（二次审议稿）第375条表述的变化为民事商事案件区分对待留出了空间，也势必给法官带来新的要求，该条规定引发了与会者的关注。

辽宁省大连市大连经济技术开发区法院张景馨法官坦言，《合同法》及司法解释规定的违约金调整规则如何具体适用，在审判实务尤其是基层法院中存在极大分歧。特别是，违约金过高如何认定，违约金数额应调整到何种程度，违约金调整程序又何以启动，都是困扰裁判者的难题。张法官进一步提出，违约金原则上应是补偿性的，但不排除当事人约定适用惩罚性违约金，违约金的主要作用是对损害赔偿额进行预定，以有效避免事后举证计算损害赔偿的繁琐与困难，同时，制裁违约行为以担保合同的履行也是违约金的重要作用之一。法官在行使自由裁量权时，应遵循上级法院的指导意见，并根据合同的各方面要素即庭审情况进行综合酌定，在程序上，虽然法律没有明文，但人民法院或者仲裁机构也应有权主动启动。

二、物权编的价值理念与制度构建

物权法律制度是社会良好发展和百姓安身立命的基础，物权法制问题的探讨，既需要长远宏大的政治视野，也需要精细微观的制度叙事。本次论坛与会代表尤为关注物权法制的发展演进，对物权编的理念与制度进行了认真探讨。

（一）生态文明思想的物权法表达

生态兴则文明兴，绿水青山就是金山银山，宏观政策层面，党和国家多次强调绿色发展理念。现行法上，《民法总则》第9条已将“绿色原则”成文化，在物权编中如何贯彻绿色原则有待考虑。最高人民法院应用法学研究所曹守晔副所长提出，《物权编（草案）》（二次审议稿）第124条规定探矿权、采矿权等受法律保护是必要的，但仍需进一步完善，其中，确立物权行使的保护生态和节约资源原则，有助于规范用益物权的使用，排除对公共自然资源的非法垄断，体现自然资源、公共资源共享公益理念。另外，在一般规定部分确立物的科学利用原则，并增加对浪费资源行为人的制裁措施，同样具有必要。中国政法大学刘保玉教授在点评中指出，在物权编中回应绿色原则具有政治必要性，但在规则设计上仍然任重道远，有待于共识的进一步凝聚。

（二）遗失物制度的体系重构

遗失物制度可谓在物权法律规则中占比较小，理论与实务界对此亦无过多关注，但其实，遗失物与日常生活息息相关，没有人可以回避遗失物的归属问题。中国法学会民法学研究会副会长、西南政法大学谭启平教授对此颇有研究，其认为《物权编（草案）》（二次审议稿）基本承继了《物权法》的规定，但仍有以下完善空间：首先，遗失物和遗忘物系不同概念，遗忘物是指遗忘在某处的物，行为人可以清醒认识到遗忘物的地点，遗忘物与遗失物具有不同的法律含义，侵占遗忘物可能构成刑事犯罪。其次，草案没有赋予遗失物的拾得人以报酬请求权，这在内在逻辑上不甚恰当，增加规定拾得人的报酬请求权有助于鼓励物归原主。最后，草案仍规定无人认领的遗失物收归国家所有，如此既不利国，也不利民。相反，按照先占的规则，认定遗失物归拾得人所有较为恰当，有利于物尽其用。在世界范围内，多数国家亦是遵循拾得人具有报酬请求权以及无人认领物归拾得人所有的制度。刘保玉教授认同此观点，但同时也指出，遗失物制度在十余年的司法适用中也遇到不少问题，司法机关一度也想对相应规则进行细化，但条文的修改需要考虑是否与核心价值观相契合的问题。

（三）业主撤销权制度的完善

改革开放以来推行的公有住房改革，使得我国城市住宅基本实现了商品化，城市居民对于房屋的所有权形式也逐渐从独门独户的单栋建筑所有转变为建筑物区分所有，由此也产生了小区、业主、业主大会、业主委员会和物业等概念。《物权法》第78条规定了业主权益受侵害时的救济，《物权编（草案）》（二次审议稿）对此基本未作修改。江西省靖安县人民法院徐帆法官关注到业主撤销权在实践运行中的诸多困境，如法律规定不完善，法院审判经验不足，判决执行难度大等。徐法官提出，在立法论上，应当增加规定业主行使撤销权后的损害赔偿请求权，以增加判决的执行力，在《民法总则》新增非法人组织这一民事主体的情况下，业主大会和业主委员会也应当可以作为独立担责的主体。当然，业主大会和业主委员会承担责任之后，有权向获益的业主进行追偿。

（四）农村集体经济组织成员权的属性与救济

城镇化进程的加快，使得农村征地活动日益频繁，相应地征地补偿款和收益分配问题成为亟待解决的现实问题。多种原因导致的户籍政策调整与变动，给农村集体经济组织成员的身份确认带来困难。浙江省新昌县人民法院朱淼蛟院长和丁海英专委结合基层审判实务，就农村集体经济组织成员权的确认问题进行了详细探讨，其认为，法律规则的变动远不及户籍改革般行速匆匆，农村集体经济组织成员权的核心问题是土地权益问题，将农村集体经济组织成员权界定为物权，有助于保障农民权利、深化农村土地改革。以民法典修订为契机，物权编应当规定成员权的法律地位，同时在所有权章节增设集体经济组织成员权的指引性规定，赋予农民集体所有权的完整权能，增设农村集体所有财产权的处分权和收益权，从而有效对裁判尺度进行统一。

（五）未经同意转让抵押物规则的新阐释

因房屋价格的快速上涨和“二手房”交易市场的活跃，抵押物未经抵押权人同意便发生转让成为常态。抵押物未经同意转让行为的背后，往往纠葛着房屋所有权人、抵押权人和买受人的多元利益关系，《担保法》《最高人民法院关于适用〈中华人民共和国担保法〉若干问题的解释》以及《物权法》对该问题的规定存在冲突，最高人民法院也多次以会议纪要、指导意见等形式旨在对实践进行统一。《物权编（草案）》（二次审议稿）第179条改变了《物权法》第191条的规定，重庆市第五中级人民法院民四庭王伯文副庭长和陈治宇法官结合自身审判经验提出，现有草案的态度已经从之前规定的限制抵押物转让改变为允许抵押物自由转让，“转让合同无效说”便失去了适用空间。但条文在解释上留下的空白是，第三人是否具有代位清偿权或者涤除权。其实，结合裁判案例中违约方一般是房屋出卖人的实践，借鉴域外法的立法经验，建议明文确立涤除权制度，如此应是保护第三人的更优选择。

（六）抵押权预告登记的效力分歧与解释路径

房屋交易实践中，受制于各种原因不动产抵押登记可能无法正式办理，此时当事人通常会要求抵押人协助办理抵押权的预告登记。但对于仅进行了抵押权预告登记但未办理抵押权本登记的情况下，债权人是否具有优先受偿权的问题，实务分歧较大。江苏省南京市秦淮区人民法院蒋子翘法官结合实例，通过多元解释方法的阐释与运用，认为抵押权仅进行预告登记债权人并无优先受偿效力。与此同时，针对债权人保护不足的问题，蒋法官也提出，债权人可以通过在合同中明确约定未办理正式登记的违约责任的方式，实现自身权益的保护。作为人民法院，也可以在抵押人不配合办理登记的情况下，判决对预告登记的期间进行延长，以继续履行抵押合同。最高人民法院万挺法官在评议中充分肯认了蒋法官选题的实践敏感度，同时提出，“法官不能超过立法目的进行解释”的方法，值得在法官群体中推广。

（七）抵押权代持问题的产生与应对

近年来，或出于规避各类政策，或为享受某些特殊的优惠条件，抑或囿于其他原因，借名登记现象日趋增多，抵押权代持亦是借名登记的一种表现。华东政法大学法律学院刘骏副研究员通过类型化的观察，认为当下抵押权代持可能基于多项不同的原因，有的系规避政策或管理性规定，但也有的仅是出于债权人过多的便利性考虑。因此，原则上仍应以借名登记中的一般处理方式，即“内外关系说”对真实的抵押权人进行确认，在不涉及公共利益的情况下，适当承认抵押权的代持，不仅不会破坏抵押权的从属性，还有助于平衡借名人、出名人和第三人的利益。

三、侵权责任编的制度精进与未来探索

《侵权责任编（草案）》（三次审议稿）以《侵权责任法》为基础，通过对一系列制度进行完善，切实回应了社会需求，尤其是对于高空抛物法律规则的多维设计，突出体现了立法者的远见与智慧，与会专家与法官针对侵权编中的诸多进步与局限进行了探讨与交流。

（一）高空抛物法律规则的改进及解读

近段时间以来，多地发生的高空抛物致害的侵权案件，引起了社会舆论的高度关注，面对问题，《侵权责任编（草案）》（三次审议稿）及时作出了回应，对相应规则进行了较大改动。中国法学会民法学研究会副会长、中国人民大学法学院杨立新教授多次参与立法，其介绍到，对于《侵权责任法》规定的具有“连坐”性质的高空抛物条款，社会上质疑声颇为常见。虽然在司法适用中所谓“连坐”责任方式适用要件极为严格，并不会过分伤及无辜，但《侵权责任法》第87条并非无懈可击，特别是所谓“连坐”式责任规则，在现实中时常被误用，导致一些判决结果不甚公平，为此有如下解决办法。首先，考虑到我国国情，高空抛物责任不明时的责任分担规则仍有必要规定，但法官在适用中应当慎重，尽量减少可能加害的人的范围，同时尽可能找出真正的加害人，避免无辜的人“连坐”。其

次，分清建筑物脱落致害和高空抛物致害行为的界限，明确高空抛物规则的适用范围。最后，对于高空抛物致害，刑法的介入尤有必要，一旦公安机关动用刑事侦查手段，真正的高空抛物行为人很容易被发现，如此，“连坐”式的民事责任也就没有必要适用了。

姚辉教授和陈现杰副巡视员都赞同杨立新教授的观点，姚辉教授还提出，高空抛物损害是具有“中国特色”的问题，在西方国家发生较少。问题的解决，有赖于立法者不拘泥于现有框架进行的规则创新。

（二）提供劳务受害归责原则的改进

提供劳务者受害时的归责原则问题，一直是侵权法学界讨论的热点话题。理论界主流观点认为接受劳务一方承担的是无过错责任，但实务审判中出现了同案不同判的情况，其中认为接受劳务一方归责原则应是过错原则的观点一定程度上代表了法官裁判的思维。江苏省淮安市淮阴区人民法院滕威专委认为，在利益衡量上，救济受害人诚有必要，但为追求真正意义上的公平正义，在非工伤保险救济方式下的提供劳务者受害救济过程中，接受劳务者的合法权益亦应得到保护。因此，在解释上将提供劳务者受害赔偿确认为过错推定原则，能够较好地平衡接受劳务方和提供劳务方的责任。《侵权责任编（草案）》（二次审议稿）第968条一定程度上体现了这种变化，值得充分肯定。

（三）公平责任制度的司法细化

前近舆论热议的“电梯劝烟猝死案”再次将公平责任的适用带回了人们的视野，实践中公平责任常成为“和稀泥”的工具和兜底维稳条款，使得“公平责任”不再公平，公平责任废除论一度喧嚣不绝。河南省桐柏县人民法院何志院长和张华艳法官也注意到公平责任适用不畅的问题，其认为原因主要是该条款的适用范围过广、法律后果不确定性过大导致的法官自由裁量权过大。作为法官，应严格把握公平责任的适用要件和范围，并综合考虑当事人的情况，作为上级法院，也应出台规定限制法官的自由裁量权的规定，使公平责任回归“公平”本质。南京理工大学知识产权学院汤敏讲师同样赞同保留公平责任，并认为通过小修小补的方式，能够完善公平责任的适用。另外，论坛还针对多数人侵权行为制度、网络侵权制度以及饲养动物侵权制度等条文变化进行了探讨。

四、民法典编纂与商事规范的发展

民法典编纂并非是孤立的。我国民事立法虽一贯秉持民商合一传统，但民法典的制度与原则亦是民商事活动的基本遵循，民法典的编纂对商事领域一般规则的完善至关重要。在立法技术上如何将商事特别规则嵌入民法典之中，民法典时代商事规范又将何去何从，与会专家和法官们对此展开了分析与探讨。

（一）民法典编纂下的商事规范表达

在民法典编纂背景下，采“民商合一”或“民商分立”的立法体例主要是立法技术层面的讨论，二者的核心差别在于：是否需要制定独立的商法典（商法通则）。根据历次中央文件的表述，采“民商合一”体例是主流趋势，在此前提下，商法规范如何妥当安置成为需要考虑的问题。河南大学法学院樊涛副教授提出，虽然现阶段主流观点是民商合一，但当下民事立法普遍存在“商法过度”与“商法不足”的问题，诸如在基本理念上奉行的交易优先，一定程度上就忽略了实质民法追求的公平与弱势群体保护等理念，此为商法过度；再如，《民法总则》并未明定“经营者”的概念，此为商法不足的体现。在立法论上，建议在民法典分则中加入商事一般条款，以突出商主体的特殊性。如果可能，仍有必要制定独立的《商事通则》，以达致对商事关系的有效调整。

石佳友教授同样认为，我国作为民商合一的立法体例，但却出现了民法过度商法化和商法中民法不足的问题，在价值目标上过分注重交易安全而忽略真实权利人的保护是其中的典型体现，我国民法和商法学界对此应充分重视，以形成融贯自洽的民法典体系。

（二）民法规范的破产法运用

在经济转型的大背景下，通过破产方式实现企业的良性退出是法治化的必然要求，如何在破产程序中良好地运用民事规范解决利益冲突，成为当下理论研究的热点。来自经济大省江苏省的多位法官尤为关注破产问题，江苏高级人民法院的多位法官在会议时指出，企业进入破产程序后，许多问题不能单纯运用民事规范进行解决，例如关于破产程序中抵销权的行使，就与一般的抵销权存在较大差异。关于破产中的保证金抵销，学界目前存在物权说与债权说等多种学说，学说的选择直接影响裁判的结果。讨论该问题，还是要在类型化的基础上直面利益冲突，依照物权法定原则严格认定保证金是否构成担保，以求在保证公平的基础上追求效率。

浙江省新昌县人民法院朱淼蛟院长和江西省靖安县人民法院欧阳军院长在评议中指出，本次论坛学者关注的多是精深的理论问题，法官关注的则大多是实务操作路径问题，好的立法应是回应现实的立法，亦应是可操作性强的立法。

五、结语

法律乃治国之重器，良法又是善治的前提。《民法总则》颁布施行后，立法机关的工作重点已经转向民法典分编的体系整合，分编的内容包罗万象，在社会生活中作用巨大，如何进行科学设计以表达时代精神，既需要立法机关的政治决断，也需要理论与实务界的集思广益。姚辉教授在闭幕式中指出，“法官与学者对话”论坛的宗旨就在于为理论研究与司法实务之间搭建一道“桥梁”，以消除二者间的鸿沟。如今，民法典各分编已经经过了二次审议，部分已经三次审议，明年初完整的民法典就要面世，民法典编纂工作的顺利展开有赖于法学各界的团结一致，希望论坛能够凝聚理论共识，寻找实务差异，真正为法典编纂建言献策。

下届“法官与学者对话”论坛主办方代表福建省泉州市中级人民法院李瑞阳专委从河南大学法学院王桂书记手中接过了论坛会旗，姚辉教授和兰丽专副主任共同宣布本次会议圆满落幕。判

（本文仅代表作者个人观点）

——编辑后语——

伴随着员额制改革与立案登记制的推进，案多人少的司法顽症进一步凸显。法谚云“迟到的正义非正义”，旨在破解人民法院在司法中面临的供给侧结构性矛盾，提高审判质效，在更高层次上实现公正和效率的平衡的案件繁简分流改革不断被提上日程。本辑焦点笔谈栏目择选五篇文章，探讨理论、分析实践，以期为繁简分流改革提供助力。

姚辉教授和翟墨法官的《民商事案件繁简智能分流的实践探索》一文与王菲菲老师、张志富法官、陈晨法官助理的《立案阶段繁简分流机制建设构想》一文，分别立足于所在地法院的实践，从案件繁简分流的目的定位出发，结合现行体系下存在的问题，对其实现路径、机制建构、规则确立、平台开发、综合配套等进行探讨，提供了来自司法实践的一手思路。甄峰副教授的《繁简分流实践与若干技术问题的思考》一文，从统计学的角度，于“繁案”和“简案”定义的相对性入手，对案件繁简分流的流程进行设计，并重点关注其中的人、证、事、法等关键要素的甄别，同时具体阐释统计思维在分流中的运用，为案件繁简分流提供了技术层面的支持。王金龙副庭长和朱虎副教授的《中级法院民事案件繁简分流的实践难题与对策》一文，着眼于中级人民法院层面，对其实行民事案件繁简分流机制的功能与定位及程序流程和甄别标准进行分析，为中级人民法院应对一审法院案件繁简分流后二审职能发挥所面临的挑战提供了路径参考。白志晖博士和张吉豫副教授的《知识产权纠纷繁简分流的理论证成与制度建构——基于北京知识产权法院与北京互联网法院的实践分析》一文则针对知识产权审判的现状和特征，归纳出一套全方位多层次的纠纷解决体系，为知识产权纠纷案件的繁简分流构造出了一副清晰的图景。

互联网的发展加速了工业形态和生活方式的转变，电子商务即为其重要表征之一。“双十一”“黑色星期五”等电商购物节带动全民狂欢，不断刷新消费记录，在其中扮演重要角色的网络平台在民法上的权利、义务与责任却亟待厘清。本期法学专论和案例评析栏目，从顺风车、电子商务合同、数据产品权益多角度切入，对电商平台责任进行了探究。齐晓丹法官的《论电子商务平台经营者民事责任的承担方式——以〈电子商务法〉第38条在顺风车领域的适用为视角》一文，深入剖析顺风车运营情境下各方的法律地位，区分了平台适用连带责任和补充责任的情形，为顺风车模式的法律规制提供了适用指引。程磊副教授和武菁法官的《电子商务经营者单方取消订单的责任承担——以世纪卓越公司买卖合同纠纷案为例》一文，结合《电子商务法》的规定，针对电子商务合同的成立时点这一久经争议的问题作出了新的理解，并就平台于订立电商合同缔约过失场合的责任范围等进行了检讨。雷震文助理教授的《数据产品财产权益保护问题研究》一文则结合淘宝诉美景公司不正当竞争一案，探讨数据产品的财产属性、权属及其保护方式，主张以承担侵权责任的救济方式替代当前主流的反不正当竞争模式，为数据产品财产权益的保护开拓了一条新的途径。

侵权与违约之竞合问题乃民法学界的常青树，《民法总则》《合同法》等现行立法虽已明文确认存在责任竞合时，受损害方可以自由选择请求权基础，但理论与实务界就竞合请求权的具体行使，包括实体上的关联性和程序上交错性等问题仍存在诸多争议。荣学磊法官的《从是否竞合到如何竞合——我国货物运输合同纠纷中责任竞合的司法实践与理性选择》一文，从货物运输合同责任竞合审判实践的四种处理思路出发，对责任竞合学说的核心观点和理论基底进行追本溯源，围绕"现行法规范对理论学说选择上的限制""我国民事法律体系中侵权法与合同法的结构性安排"以及"我国诉讼制度与司法传统"三个维度审视相关学说，对宜采请求权竞合相互影响说，于提起侵权之诉时应受有效合同损害赔偿和免责条款的限制的观点进行了证成。

实践出真知，法官身处司法的最前沿，擅于发现裁判中的真问题。然而实践经验尚需理论升华，方能成就治本之法，这离不开理论界同仁的努力。本书一直秉持"加强判解研究，推进司法改革"的理念，旨在为理论研究与司法实务之间搭建一道"桥梁"，通过寻找实务差异，凝聚理论共识，以实现法学研究的进步。本辑选取的繁简分流、电子商务等系列文章，结合司法改革和社会动态两大热点，紧扣司法裁判的前沿动向，从实践中发现理论的实效，在理论上指出实践的得失，展现了理论和实践结合的最新成果，期望为读者带来新的思考。

——征稿启事——

《判解研究》系教育部人文社会科学重点研究基地——中国人民大学民商事法律科学研究中心主办、《判解研究》编辑部编辑、人民法院出版社出版的，面向海内外公开发行的全国性法律专业连续性出版物。本刊秉持“加强判解研究，推进司法改革”的宗旨，以裁判实践以及相关法律、司法解释的研究为基本关注，设有法学专论、司法解释之窗、法官论坛、判例评析、公报案例评析、焦点笔谈、调查与研究、海外判例选介等多个栏目，力图多视角、全方位地追踪和展示中国的判例、司法解释及相关研究之全貌，总结司法经验，探求法治精神，积极推动国家法制建设与法学研究的发展。

本丛书恪守求实、严谨、公正的办刊理念，弘扬兼容并蓄的学术传统，诚邀法学理论及实务工作者惠赐佳作。来稿要求：

1. 来稿应属未以任何形式公开发表过的作品。本丛书不接受一稿多投，因此类行为给本丛书造成不良影响和损失的，将予以严肃追究。

2. 本丛书对来稿的篇幅原则上不作限定，但对于全文低于八千字或超过二万字（含注释部分文字）的稿件，适用更为谨慎的编审程序。

3. 来稿应遵守本丛书注释体例，注释以必要和合理为原则，不使用伪注；标点符号、数字的使用应遵守国家有关规定。

4. 案件评析的稿件应包含案情概要、裁判要旨以及学理评析三部分，且前两部分所占篇幅应限制在全文的五分之一以内；所评须为真实案例，并附注裁判文书字号。

5. 本丛书用稿实行匿名评审制度，请作者将姓名、出生年月、性别、工作单位、职称、学位、职务、通讯地址、联系电话、电子邮箱等个人信息，单独放在首页，稿件正文不要体现上述信息。

6. 本丛书不退来稿，稿件采用后，编辑部会及时与作者联系；稿件寄出后两个月未收到用稿通知，作者可另作处理。

7. 凡本丛书所发表的文章，自发表之日起一年内，由本刊享有专有版权和使用权，任何转载、摘登、翻译或集结出版等事宜，均须事先得到本刊编辑部的书面许可。

8. 来稿请寄：北京市海淀区中关村大街59号中国人民大学明德法学楼1015室《判解研究》编辑部（100872）；或发送邮箱：panjieyanjiu@163.com。

《判解研究》编辑部

附：《判解研究》注释体例

1. 文中注释一律采用脚注，每页独立注码，样式为：①②③等；

2. 非直接引用原文时，注释前加“参见”；引用非原始资料时，请注明“转引自”。

3. 请规范数字用法，其中非直接引用法条的序号用阿拉伯数字(包括正文)。

4. 注释及参考文献范例：

（1）著作类：

①《马克思恩格斯选集》（第4卷上册），人民出版社1972年版，第24页。

②佟柔：《中国民法》，法律出版社1990年版，第67页。

（2）论文类：

①苏永钦：《私法自治中的国家强制》，载《中外法学》2001年第1期。

（3）文集类：

①龚祥瑞：《比较宪法学的研究方法》，载《比较宪法研究论文集》（第一集），南京大学出版社1993年版。

（4）译作类：

①［古希腊］亚里士多德：《政治学》，吴寿彭译，商务印书馆1983年版，第54页。

（5）报纸类：

①张志铭：《现代化与中国律师制度的发展》，载《光明日报》2003年9月23日。

（6）古籍类：

①［清］沈家本：《沈寄簃先生遗书》甲编，第43卷。

（7）辞书类：

①《新英汉法律词典》，法律出版社1998年版，第24页。

（8）网络资料类：

①郑成思：《“入世”、知识产权保护与民商法的现代化》，载中国法学网 http：//www.iolaw.org.cn/showNews.asp？id＝243，访问时间：2007年4月29日。

（9）英文类：

①L. Fuller，The Morality of Law，revised edition，New Haven：Yale University Press，1969，p. 143.

②See Roscoe Pound，The Spirit of the Common Law，New Brunswick：Transaction Publishers，1999，pp. 179～180.

③Joseph Raz，“Legal Principles and The Limits of Law”，81 Yale Law Journal（1972），p. 839.

④H. L. A. Hart，“Jhering's Heaven of Concepts and Modern Analytical Jurisprudence”，in Essays in Jurisprudence and Philosophy，London：Oxford University Press，1983，pp. 269～270.